本研究获国家重点研发计划支持，为"川西北和甘南退化高寒生态系统综合整治"第五课题"基于藏区本土文化的高寒生态系统保护与技术推广模式研究"之研究成果（课题编号：2017YFC0504805）。

教育部人文社会科学重点研究基地
兰州大学西北少数民族研究中心

游牧民生计方式变迁与心理适应研究

李 静　刘生琰 ◎ 著

中国社会科学出版社

图书在版编目(CIP)数据

游牧民生计方式变迁与心理适应研究 / 李静，刘生琰著. —北京：中国社会科学出版社，2021.6

（兰州大学民族学与社会学丛书. 第一辑）

ISBN 978-7-5203-8125-3

Ⅰ.①游… Ⅱ.①李…②刘… Ⅲ.①游牧民族—生活方式—社会变迁—研究—北方地区 Ⅳ.①K28

中国版本图书馆 CIP 数据核字（2021）第 047052 号

出 版 人	赵剑英
责任编辑	任　明　周怡冰
责任校对	赵雪姣
责任印制	郝美娜

出　版	中国社会科学出版社
社　址	北京鼓楼西大街甲 158 号
邮　编	100720
网　址	http://www.csspw.cn
发 行 部	010-84083685
门 市 部	010-84029450
经　销	新华书店及其他书店

印刷装订	北京君升印刷有限公司
版　　次	2021 年 6 月第 1 版
印　　次	2021 年 6 月第 1 次印刷

开　本	710×1000　1/16
印　张	17.25
插　页	2
字　数	287 千字
定　价	90.00 元

凡购买中国社会科学出版社图书，如有质量问题请与本社营销中心联系调换
电话：010-84083683
版权所有　侵权必究

《兰州大学民族学与社会学丛书》第一辑丛书编委会

顾问：杨建新

主编：赵利生　周传斌

编委：王　力　王希隆　王建新　王海飞
　　　切　排　田　烨　闫丽娟　李树辉
　　　李　静　杨文炯　阿旺嘉措　陈文江
　　　武　沐　罗红光　周传斌　宗喀·漾正冈布
　　　赵利生　徐黎丽

《兰州大学民族学与社会学丛书》
总　　序

　　学界一般认为，民族学与人类学（尤其是文化人类学）基本上是同义的，同时，民族学与社会学也有着密切的关系。作为我国民族学先驱之一的吴文藻先生，先后获得美国达特默斯学院社会学学士（1925年）、哥伦比亚大学社会学硕士（1926年）和博士（1929年）学位。在哥伦比亚大学就学期间，他旁听美国人类学之父博厄斯的课程，从而"意识到人类学与社会学之间密切的关系以及把这两门学科结合起来进行研究的必要性"[①]。回国之后，他任教的燕京大学社会学系成为我国人类学与社会学的重镇。他的弟子费孝通先生，也主张"在中国，社会学和民族学从学术分科上说可以合而为一的"[②]。民族学与社会学相融通，成为老一代中国民族学家的一个特征。

　　兰州大学具有悠久的民族学与社会学研究传统。在20世纪30—40年代的第二次中国边疆研究高潮中，马鹤天、顾颉刚、黄奋生等均为当时的代表人物，而这三位学者都与兰州大学有或多或少的交集。1928年，马鹤天曾任兰州中山大学校长。顾颉刚不仅先后有六次西北之行，并且还曾于1948年任兰州大学历史系主任。黄奋生则曾于20世纪50年代在兰州大学历史系兼职讲授藏族史课程。1946年，国民政府正式设立"国立兰州大学"时，辛树帜校长首倡开设边疆语文学系，设藏语、蒙古语、维吾尔语专业，成为兰州大学民族学教学与研究的标志性事件。1952年的院系大调整中，边语系整体并入了新成立的西北民族学院。此后，又有兰州大学历史系学子杨建新于1959年赴中央民族学院深造，在翁独健、王

[①] 吴文藻：《吴文藻自传》，《晋阳学刊》1982年第6期。
[②] 费孝通：《民族社会学调查的尝试》，《中央民族学院学报》1982年第2期。

辅仁、贾敬颜门下完成学业，并于1963年回兰州大学任教，接续了兰州大学的民族学学术谱系。

20世纪40—50年代，亦有两位毕业于清华大学（西南联大）社会学系的学者先后来兰州大学任教。出生于兰州的谷苞，1935年赴清华大学求学，后转入社会学系。1941年10月，他转到由吴文藻教授、费孝通教授主持的云南大学和燕京大学合组的社会学研究室工作，度过了三年的"魁阁"调查时期。1944年，他到兰州大学任教，开设社会学课程并在洮河、白龙江流域及甘肃各地开展田野调查。1949年8月，谷苞随解放军西去新疆，开始了另一段学术生涯。1941年毕业于西南联大社会学系的晏昇东，是晏阳初的侄子。1951年，晏昇东曾来兰州大学任教，开设《少数民族概况》《社会调查》等课程。1980年费孝通主持北京大学社会学系复建，曾邀请晏昇东讲授《社会调查方法》。

改革开放以后，兰州大学民族学与社会学系得到恢复，并获得了长足的发展。1983年，从新疆社科院离休的谷苞先生，返回兰州大学任兼职教授，协助培养了首批民族学专业硕士生。杨建新教授创建的兰州大学西北少数民族研究中心，不仅成为教育部人文社科重点研究基地，还逐渐形成了从民族学本科到硕士、博士、博士后培养的完整体系，成为我国西北地区民族学研究与人才培养的高地。同时，兰州大学也建有社会学系，开展社会学研究并培养了大批人才。

民族学与社会学的交叉，也是20世纪90年代以来兰州大学西北少数民族研究中心的学术特色之一。在民族学一级学科博士点和硕士点下，自设了民族社会学二级专业。除较早出版《民族社会学》（2003年）专著外，西北少数民族研究中心的不少博士、硕士学位论文和学术专著，也都体现了民族学题材与社会学方法的交融。这既是对中国民族学学术传统的继承，又体现了兰州大学民族学研究的一个特点。

在习近平新时代中国特色社会主义思想的指导下，在"一带一路"倡议的引领下，兰州大学西北少数民族研究中心老、中、青三代学者立足西北，辛勤耕耘，收获颇丰。基于此，我们拟出版"兰州大学民族学与社会学丛书"，陆续推出一系列的研究成果，恳请学术界批评指正。

是为序。

赵利生　周传斌
2018年7月

前　言

随着社会的发展，大部分游牧民族都面临着从游牧到或定牧或农耕或城镇的转型，如藏族、蒙古族、裕固族、哈萨克族等。游牧民族拥有自己独特的生计方式、生活空间、民族文化、社会结构与民族心理。生态环境保护、社会发展以及国家改善游牧民生活的相关制度转变了他们祖祖辈辈沿袭的生计方式，他们中的部分人经历、正在经历或即将经历生计方式的转型。这种转型与变迁改变了其原有的生计方式、生活空间、传统文化及民族心理结构，使他们经历复杂的心理转变历程，最终要完成生计方式的转换、生活空间的转变及传统文化的重构，进而完成认知结构的重构，开创一个全新的生活场域。社会转型是目前我国面临的大问题，对各民族都有影响，而那些保持着传统生计的民族则面临着更大的转型。在转型中，人们往往重视转型本身的变化，而缺乏对转型期民族心理承受与适应性的调查研究。本书的研究就是关注游牧民在传统生计方式的变迁中，所面临的生活方式的变化，民族文化的变迁及生计转型、生活场域发生变化后的心理困惑，研究民族心理适应与承受能力。处于变迁中的游牧民需要调整原有的生计方式以适应新的环境与文化，包括观念、行为、对新环境的认知与适应、心理的调适等。在已有的研究中，还没有出现面对如此重大的社会文化生活变迁时，民族心理承受能力的综合性研究，同时，在面对巨大社会变迁时，如何积极疏导群体的不适状况，调适民族心理、提高面对变迁的适应能力等问题在学术上成果比较少。

研究游牧民的生计变迁及心理适应具有十分重要的学术意义。首先，本研究的场域地处西北，为研究提供了丰富的田野场地。学界有关藏族、裕固族等牧民生活变迁的研究最近几年涌现得比较多，但是专注于生计方式变迁的研究处于相对冷清状态，对游牧民心理适应的研究更是十分少见，并且大多数研究社会适应的文章只是将其作为文化适应的一个方面略有提及。这些研究大多缺少理论分析，未能完整系统地深掘游牧民心理适应的表象和内涵。本书以游牧民的生计方式变迁和民族群体的心理适应为主题，将少数民族生计变迁、文化变迁、变迁后呈现的不同心理适应串联起来，展现出在生计方式变迁中牧民生活的方方面面，特别是表现出来的种种心理现象。研究牧民心理适应，应对了游牧民族在当下的心理诉求与渴望，这些研究丰富了学术领域中对牧区、牧民的研究内容，呈现出独有的创新性。其次，我们将牧民的流动社会研究纳入社区研究的范畴。社区研究是民族学、社会学研究的一个十分重要的领域，也是重要的研究方法，王铭铭提出，"社区社会——文化的多重性描述，不仅要求我们放眼观察，反映多重社会风貌，而且要求我们采用多样化的文本模式，把不同的文化（包括写文化）并置在描述的空间之中"[①]。社区强调了各种的边界，如心理、政治、经济边界，大多数研究者特别强调社区的地理空间边界，将社区的地理空间边界想象为在一定时期内一般是明晰和稳定的。而我们所研究的游牧民的社区又具有流动性，由于看似没有稳定与清晰的地理空间边界，所以很少有学者将这种游牧社会纳入民族学社区研究的领域展开全面的认识。最后，本书展现了从流动的游牧社区到定居的城镇的变迁，探讨生计方式变迁背景下社区文化传统的延续与断裂，以及牧民表现在生计方式转变中的心理困惑与无奈、民族文化变迁的不适、身份认同转换的迷茫及对本民族发展的忧患。这些都是让我们感兴趣并觉得值得关注的问题。

　　研究中涉及的少数民族民族文化的重大变化——从游牧到定居及其之后的一系列变迁是一场深刻的社会变革，涉及民族生产方式、文化观念、民族心理的转变。以游牧民定居工程为例，移民如果只是把牧民从草原迁入城镇，或者从草场迁入田间，安排好他们的工作与生活，那还仅仅是自然生态意义上的移民，其中还应该考虑牧民的文化、心理因素，在自然生态移民中做好文化生态移民的工作——尽可能做好文化的保护与传承工作，关注牧民在变迁中的心理承受与适应能力。生计方式变迁结束了部分牧民的传统生计方式，如果对于依赖这种生计方式产生的具有悠久历史的文化弃之不顾或漠视他们的心理承受力，则为牧区的发展埋下许多隐患。

　　我们的研究以甘南藏族自治州玛曲县为主要切入点，同时辅以青海玉

[①] 王铭铭：《社会人类学与中国研究》，广西师范大学出版社2005年版，第29页。

树以及甘肃肃南的调研，依靠翔实的调查资料，在借鉴学界已有研究成果和相关理论的基础上，从民族学、心理学、社会学、生态学等多角度梳理了人类在青藏高原的活动历史与足迹，重点探究了上述地区牧民生计方式变迁与心理适应问题。生计方式变迁是世界民族发展中面临的普遍问题，亦是我国很多民族在发展中面临的现实问题，在这里我们重点对调研点牧民生计方式的变迁进行了田野调查与归纳整理。而心理适应是我们从民族心理学的角度出发对生计方式变迁中的牧民心理过程的一种深层探讨和研究。"适应"一词源于"生物适应"（adaptation in biology）的概念，朱智贤主编的《心理学大辞典》中是这样定义的："适应是源于生物学的一个词，用来表示能增加有机体生存机会的那些身体上和行为上的改变。心理学中用来表示对环境变化做出的反应。"[①] 心理适应是主体对环境变化所做出的一种反应，没有环境的变化就无所谓适应或不适应。瑞士著名心理学家皮亚杰提出内外因相互作用的发展观，即他强调内外因的相互作用，又强调在这种相互作用中心理不断产生量和质的变化。他从生物学的角度出发，对适应做了具体的分析。他认为，个体的每个心理反应，不管是指向于外部的动作，还是内化了的思维动作，都是一种适应。适应本质在于取得机体与环境的平衡。

本书在进行田野调查的基础上，围绕游牧文化变迁所带来的民族心理变化，运用了民族心理学"心理分析""心理描述"等研究方法，集中对"民族文化变迁与心理适应"进行深度研究，依据民族心理学原理，提出了文化变迁语境下民族心理适应机制。成果可以分为这样几个大的部分：第一部分梳理了牧民生计方式变迁的类型为：游牧到定牧、定牧到第三产业、半农半牧到第三产业、从牧业到农业；从自然动因、政府动因和社会动因入手分析了牧民生计方式变迁的原因。第二部分对生活于青藏高原藏族的本土生态知识进行了历史与现实的研究，对其本土生态知识进行分类有助于我们了解他们对人与自然关系的价值体系，从而更好地理解其生计模式形成的基础。第三部分从物质文化、精神文化两个方面分析了转型期的文化变迁。第四部分对变迁语境中的牧民心理困惑进行了民族心理学分析，认为对生计方式变迁的"无奈"、民族文化转变的"不适"、身份转换认同的"迷茫"、对本民族发展的"忧患"等是转型期牧民的心理困

---

① 朱智贤：《心理学大辞典》，北京师范大学出版社1989年版，第618页。

感。第五部分从民族心理学出发，建构了变迁语境下的民族心理适应机制。其中包括心理适应的外部机制与内部机制，外部机制是实现内部机制的前提，同时具有可变性，即随着不同的文化变迁，其构成要素是随之发生相应地改变；而心理适应的内部机制则是具有相对恒定性的指标，其构成要素具有稳定性，具体由民族的内驱力、同化与顺应、认知调节和情感适应模式等构成。

  本书从民族心理学角度出发对文化变迁与心理适应进行了理论与实践研究，在进行了大量田野调查的基础上，运用多学科研究方法，提出了"变迁语境下民族心理适应机制"。这种学术探索可能还需要进一步研究进行完善，欣慰的是我们迈出了探索的一步。

李　静

2018 年 12 月 7 日于兰州大学

目　录

绪论 …………………………………………………………………（1）
 一　国内外对于游牧、游牧民族的研究 ……………………………（2）
 二　有关生计方式的研究 ……………………………………………（5）
 三　与生计方式有关的文化变迁研究 ………………………………（6）

第一章　田野点自然生态环境与人类活动 …………………………（10）
 一　甘南高原自然环境与人类活动 …………………………………（10）
 二　肃南裕固族自治县地理环境及生态移民 ………………………（32）
 三　青海玉树自然及人文概况 ………………………………………（39）

第二章　甘南藏族本土生态知识 ……………………………………（44）
 一　藏族生态知识的起源 ……………………………………………（44）
 二　藏族本土生态知识类别 …………………………………………（52）
 三　玛曲生态文化变迁 ………………………………………………（66）

第三章　牧民传统生计方式及民族文化 ……………………………（72）
 一　牧民传统生计方式 ………………………………………………（72）
 二　传统生计方式与民族文化 ………………………………………（77）

第四章　牧民生计方式变迁 …………………………………………（94）
 一　牧民生计方式变迁类型 …………………………………………（94）
 二　生计方式变迁的动因 ……………………………………………（104）
 三　牧民生计方式变迁的特征 ………………………………………（109）

第五章　生计方式变迁下的民族文化变迁 …………………………（114）
 一　物质文化变迁 ……………………………………………………（114）
 二　精神文化变迁 ……………………………………………………（151）

第六章　文化变迁中的民族心理现状 ………………………………（163）
 一　牧民生态心理调查 ………………………………………………（163）

二　牧民积极心理适应的表现 ……………………………（183）
　　三　文化变迁带来的心理困惑 ……………………………（185）
第七章　变迁语境下民族心理适应机制 ……………………（209）
　　一　民族心理适应外部机制 ………………………………（210）
　　二　民族心理适应内部机制 ………………………………（227）
结语：心理人类学话语中的心理适应 ………………………（243）
　　一　政府作为：民族心理适应的保障 ……………………（243）
　　二　公共保障：民族心理适应的社会情境 ………………（244）
　　三　心理适应：机体与环境的平衡 ………………………（245）
附录　"构建适合藏区民族文化特点的草地管理模式"
　　　调查问卷 ………………………………………………（249）
参考文献 ……………………………………………………（254）

绪 论

近些年有关牧区生态环境的研究中,很多学者的共识是牧民的超载放牧是生态环境破坏的一个重要原因,这似乎成了尽人皆知的常识。但是在我们的田野调查中,多追问几个为什么会得出不同的结论。我们的研究注意到,草场早已承包到以"户"为单位,牧民也已经领到草原承包使用证,承包制度避免了"吃大锅饭"的问题,使牧业经济得以持续稳定发展。根据2018年甘南州统计数据,畜牧业方面,牲畜总增、出栏、商品率预计分别达到38.3%、50.5%、44.6%,羊肉价格回暖,群众收入增加。[①] 牧区的人均收入在不断增加,呈现喜人情势。但是在实际调研中牧民却告诉我们这样的事实:天气干旱,气候远不如以前,卖掉大量牲畜以后看似现金收入增加了,实际上日子越发难过了。牧民声称在草原上实行单户承包制度有其不合理之处。近些年,不少学者推荐通过工业化和城市化道路解决草原人口压力问题,但是我们发现这种方式目前并没有帮助恢复草原的生态环境。另外,草原人口减少,一部分牧民进城以后,随着生计方式的改变,他们养成的依赖草原资源的心理并没有改变,随之又出现了许多心理的不适应。

游牧民族拥有自己独特的生计方式、生活空间、民族文化、社会结构与民族心理。牧民在转型中,其生计方式的转型可能有这样一些类型:从游牧到定牧、从游牧到半农半牧、从游牧到农业、从农村到城镇以及剩余劳动力的转移等类型。其中有些转型相对顺利,有些存在问题,而关键问题就是传统生计转型期民族心理适应与承受能力问题。在部分民族中存在的转型中传统文化断裂、社区重构以及心理承受能力等重大问题需要引起相关学者与国家的高度重视。本书关注传统生计方式正在或即将变迁的游

---

① 资料来源于2018年甘南州政府工作报告。

牧民心理适应能力，对于正确面对或解决这些民族发展中存在的问题，其实践意义是巨大的。

一 国内外对于游牧、游牧民族的研究

有关游牧的研究，国外早期有埃文斯—普理查德（E. E. Evans-Pritchard）在游牧社会所做的民族志研究。① 20 世纪七八十年代在非洲以及中东地区的持续干旱，使这一地区成为欧美学者调查研究工作的主要地区之一。这一时期的调查研究主要聚焦于文化生态学领域，考察游牧文化对环境的适应问题。人类学家们试图弄明白游牧民是如何对应干旱与环境变化问题的，这一阶段也是各种国际大型计划实施的高潮时期。在哈丁（G. Hardin）的"公地悲剧"（Tragedy of Commons）理论框架下②，特别是在非洲，领地的私有化、牧场的商业化、游牧的定居化等提案被广泛提出来。于是，理论方法也就从文化生态学转入政治生态学。在"人—家畜—土地"相互关系的解释上，"承载力""沙漠化"等渐渐为"公共所有权""经济类别""社会阶层化"以及国家组织如何对游牧群体进行组织管理等理论所代替。然而，哈丁的理论也受到一定程度的批判。因为实际上土地的自由使用是非现实的，在公地里人们无限追求私有利益的行为实际上是被严格限制的。学界最近十年的研究，则着重于"适应模式"研究，强调游牧边缘地带土地使用的合理性，指明畜群规模的柔软性、畜群结构的多样性及人畜数量的可变性等。③ 而对游牧是如何改变环境的问题并没有予以足够关注。

学术界许多研究者对游牧、游牧民族、畜牧、游牧者的转场都提出了自己的定义和观点。如庄孔韶在《人类学概论》中论述了人类的生计方式，他提到了游牧的人类学定义：游牧（Nomadism）一词（和游猎、游耕）一样表明这是一种具有流动性的生计方式。在全球不同的环境中，绝大多数牧人依赖自然生长的草场提供生计基础，放牧着牛、骆驼、绵

---

① E. E. Evans-Pritchard, *The Nuer: a Description of the Modes of Livelihood and Political Institutions of a Nilotic People*, New York. Oxford: Clarendon Press, 1940, p. 1969.
② Hardin. G, "The Tragedy of the Commons" *Science*, Vol. 162, 1968, pp. 1243-1248.
③ [日] 今西锦司：《游牧论及其他》，《今西锦司全集》，讲谈社 1974 年版，第 214—243 页。

羊、山羊、驯鹿、马、美洲驼、南美羊驼、牦牛等各类群居动物，并依靠畜类提供的肉、奶、奶制品、毛等产品维持生计和生活。①

人类学家哈维兰在《文化人类学》中将"畜牧"定义为：在一种社会里人们把放牧啃食牧草的动物看作理想的谋生方式，而且把整个或部分社会的迁移看作正常的或自然的生活方式，把"Transhumance"（转场）定义为在不同环境地带之间严格地根据季节流动的模式。

吴宁在其论文《川西草地的传统利用——关于游牧的辩驳》中综合学术界对游牧的不同界定，将传统上的游牧定义为"游动型畜牧业"，并且把游动型畜牧业划分为几种不同的类型。他认为"游牧：指一种依靠牲畜饲养的生存方式与经济系统，其中涉及的群体携带其主要家产——牲畜，在一定的地域范围内进行间歇性的或者周期性的空间迁移，以保证在特定环境、经济和社会政治条件下的生活"；"半游牧（Semi-nomadism）：在这种系统中牲畜及其迁徙同样是重要的经济要素，但非畜牧活动（特别是种植业）也占有相当的地位。半游牧的特点是迁移距离较短，畜群相对较小，除了可移动的居所外，在农耕地附近还常常拥有永久性的固定居所。牧民家庭常常在全年大部分时间随着牲畜在不同的草场间进行转场迁移，但是在耕种和收获时节要回到固定居所从事农业劳动，而不跟随放牧"②。

生态人类学研究游牧、游牧民族，通常是将"调适（适应）"作为其关键词，认为人类文化多样性与生态有密切的关系，尤其在生计方式上呈现出与其他经济生产不同的特征。人类社会的生计方式包括狩猎和采集、园艺、畜牧、集约农业以及工业等，游牧这一生计方式也是适应环境的表现，相关的研究有 D. G. 贝茨和 F. 普洛格（D. G. Bates and F.Plog）：《人类的调适策略》（*Human Adaptive Strategies*），V. 勒斯蒂格—阿雷科（v. Lustig-Arecco）：《技术：生存策略》（*Technology：Strategies for Survival*）。③

20 世纪 80 年代以后，由于我国放牧规模显著扩大的缘故，草原植被退化严重，有关植被保护的课题逐渐被列入研究日程。围绕传统游牧问题

---

① 庄孔韶：《人类学概论》，中国人民大学出版社 2006 年版，第 212 页。

② 吴宁：《川西草地的传统利用——关于游牧的辩驳》，《山地学报》2004 年第 6 期。

③ ［美］威廉·A. 哈维兰：《文化人类学》（第十版），瞿铁鹏、张珏译，上海社会科学院出版社 2006 年版，第 191 页。

有众多的论说产生。纵观各种观点，因为受到前人"游牧"定位文化的影响，大多数论点都集中于否定游牧这种生计方式。例如，徐万宝在《集约化草地生产与草地生产机械化》中提出我国草地生产还处于游牧半游牧状态，原始的经营方式所带来的直接后果就是牲畜周转率慢，商品率低，指出亟须走专业化联合，集约化经营和机械化生产的道路。昭和斯图在《内蒙古草地的放牧制度》中指出目前畜牧以定居自由放牧为主导，然而伴随有原始游牧的遗存，牧民虽然选择季节性营地放牧，但是因为界限不明，时间不严格，导致超期放牧或者一个畜群刚走，另一个畜群随后进入的状况，造成事实上的连续放牧而使草原退化。强调游牧对环境的不适应，以及对环境的改恶。还有一部分观点是对"游牧"持肯定态度，试图从传统游牧文化人——草场关系中寻找到改善环境的因素。例如，麻国庆对草原生态和蒙古族的民间环境知识进行了探讨研究，认为在具体社会经济发展中，要考虑到民间知识体系的合理内涵。同时指出人类是经由什么途径、采取什么方式来影响草原生态的，以及自身的社会结构、文化体系、价值观念与其关系如何等问题学界还很少给予关注。[1] 陈烨认为，草原生态环境问题的产生，是与农耕文化的介入与气候变化有关的。[2] 吴琼认为，游牧民在适应自己所处的生态环境中，渐渐形成如青草发芽后不许动土等朴素的生态保护思想，但同时认为，游牧民族绝大多数对周围环境知情率低、漠不关心、盲目乐观，因而应对其宣传草场保护的思想。[3] 王玉认为生态恶化的原因在于自然原因与人为原因的综合方面，指出从保护生态环境来看，游牧是最积极、科学的方式。[4] 刘兰凯指出，尊重生命自然是一种全新的自然生态观，而西部地区在经济发展过程中，其生态观进入误区，从敬重自然变为人定胜天，由满足自给自足的生活变为追求最大利益。提出树立人与环境共同进化的生态文化观。[5] 总之，不论是游牧与环境恶化之间存在正的相关关系或负的相关联系，已意识到了游牧与环境之间存在着一种适应或被适应的关系。

---

[1] 麻国庆：《草原生态与蒙古族的民间环境知识》，《内蒙古社会科学》2001年第1期。
[2] 陈烨：《蒙古族文化的生态学思考》，《内蒙古社会科学》2001年第9期。
[3] 吴琼：《游牧文化中的生态环境观浅析》，《西北民族研究》2001年第4期。
[4] 王玉：《草原生态建设与少数民族繁荣》，《理论研究》2001年第6期。
[5] 刘兰凯：《民族地区经济发展中自然生态观的重新整合》，《云南民族学院学报》2001年第2期。

二 有关生计方式的研究

提到对生计方式的研究，不得不提费孝通先生所著的《江村经济》一书。在该书中，尽管费先生没有明确采用"生计"这个概念进行描述，但在其所描述和分析当中囊括了大量生计方式的内涵。从该书第七章"生活"开始直到最后一章"资金"，都包含着关于生计方式的丰富内容，书中对开弦弓村村民利用现有资源维持生计的模式以及影响其生计经营的因素进行了系统的分析。

我国学者多以民族为基本分析单元关注生计方式进行研究，始见于20世纪90年代尹绍亭先生所著的《一个充满争议的文化生态体系——云南刀耕火种研究》一书。该书以云南少数民族传统的"刀耕火种"的生计方式为基础，认为云南少数民族的刀耕火种是一种适应了当地特殊生态环境的谋生方式，而不是传统意义上的掠夺式的开发、耕作方式，他的研究使我们开始关注对民族生计方式的研究。在此之后，他又先后出版了《森林孕育的农耕文化》和《人与森林》两本著作。与前者一样，这两本著作仍是围绕着云南少数民族"刀耕火种"的生计方式，进一步论述了他的观点。

除此之外，国内学者关于生计方式的研究成果还有罗康隆的《论民族生计方式与生存环境的关系》，他在文中主要从理论角度分析了民族的生计方式与生存环境二者间的相互关系，认为二者之间的互动是一个复杂的过程，民族生存与其中的自然环境和社会关系构成其总体的生存环境，二者当中任何一方的改变都会带来民族生计方式的改变，这当中社会环境的改变所带来的影响尤为明显。罗柳宁在其《生态环境与文化调适》一文中以广西矮山村的壮族为例，认为民族生计方式的变迁是由其生态环境的变迁而导致，而民族的文化则在这个过程中发挥着调适的作用。吕俊彪的《"靠海吃海"生计内涵的演变》，从生计方式内涵的角度对广西京族人生计方式的变迁进行了详细分析。玉时阶在《美国瑶族生计方式的变迁》一文中，以从老挝、泰国迁居美国的瑶族人为调查对象，分析了为适应迁居后现代化生活所发生的生计方式的转变以及这种转变的原因及其影响，认为"生计方式的改变，使其从一个刀耕火种的山地农耕民族成为一个现代化的都市民族"①。

部分学者认为农作物的变化也会带来生计方式的变化。其中，秦红增、唐剑玲的《定居与流动：布努瑶作物、生计与文化的共变》认为布努瑶族的生计方式转变是导致其文化特质由定居转向流动的主要因素。这种生计方式的转变主要表现为布努瑶族种植作物的转变，即由过去的以玉米种植为主转变为以经济作物为主的种植和养殖业。作者以此说明了生计方式、作物以及文化之间的某种共变性。黄应贵的《作物、经济与社会：东埔社布农人的例子》，以台湾东埔社布农人从1920年到1990年这70年间种植作物的变化，以及在这个变化过程中所表现出来的不同社会性质、伴随着新作物出现而出现的原有信仰、活动及其意义体系的转变等。

三 与生计方式有关的文化变迁研究

文化变迁作为人类学和民族学的主要研究课题之一，在学术史上经久不衰。从早期的古典进化论学派、传播学派、历史学派、功能学派到心理学派、文化相对论学派、新进化论学派等，尽管各自侧重的角度不同，但可以说文化变迁在某种意义上是人类文化的本质属性之一。因此，以各民族的文化创造为基本研究对象的人类学和民族学的各种理论流派，都从不同角度、不同程度上探讨过文化变迁的问题。正是在学术史上各种流派兴废交替的过程中，人类学界有关文化变迁的研究逐渐取得了进展。

早在20世纪30年代，美国历史学派人类学家博厄斯（F. Boas）在其著作《人类学研究的目的》一文中，就强调要通过详尽的描述性的民族学调查，细致地观察文化变迁的过程。人类学家赫斯科维茨（M. J. Herskovits）从20世纪30年代开始便把文化变迁作为专门的研究课题。20世纪40年代英国功能主义人类学大师马凌诺夫斯基（B. Malinowski）出版了《文化变迁的动力》一书，对文化变迁做了具体的阐释。

第二次世界大战之后，由于世界政治格局的改变，以及科技革命带给人类社会的日新月异的变化，文化变迁成为当时社会的研究热点。国外有关文化变迁研究的著作众多，其中巴尼特（H. G. Barnett）1953年出版的

---

① 玉时阶：《美国瑶族生计方式的变迁》，《中南民族大学学报》（人文社会科学版）2007年第3期。

《创新：文化变迁的基础》被认为是研究文化变迁的基础之作，在书中他提出"创新是所有文化变迁的基础"的观点。

在我国民族学（文化人类学）研究中，现代化进程中的文化变迁问题引起学界的普遍重视。近年来，国内有关文化变迁研究的成果颇为丰富，相关研究以民族文化为主，对于影响文化变迁的因素趋于多元化分析，部分学者还研究了一些国家和地区的文化变迁问题。

现有研究成果中很大一部分集中于对某一民族文化变迁的关注，这些研究中同样存在对民族生计方式变迁的讨论，其中比较有代表性的如：李静等著的《交往与流动话语中的村落社会变迁》，该书在研究民族交往心理的过程中，对甘肃白龙江流域藏族的传统生计方式及其重构进行了分析。郭育晗的《现代化进程中的壮族社会文化变迁》在分析国营企业对广西百色龙来村必罗屯壮族传统文化所造成的影响的同时，也涉及了对其生计方式的论述。路宪民的《社会文化变迁中的西部民族关系》则讨论了我国西部各民族所经历的社会变迁以及在此过程中的民族关系特点，而这其中同样包括民族生计方式随社会发展尤其是西部开发而产生的变迁。胡美术的《生计转型视角下的蓝靛瑶传统纺织文化变迁》以生计方式变迁作为考察的背景，梳理了蓝靛瑶族传统纺织文化的变迁历程，并对传统纺织文化变迁所面临的内外部环境进行了解释。秦红增的《瑶族村寨的生计转型与文化变迁》则分析了生计方式的变化对瑶族传统文化变迁造成的影响，认为生计转型对其族群的迁徙、衣食住行用、社区教育、民俗文化等方面都造成了深刻的影响。文化（苏依拉）的《卫拉特——西蒙古文化变迁》从历史和现实的角度，系统分析了居住在我国境内以及跨居国外的卫拉特蒙古社会文化的变迁情况，其中对其经济文化变迁的论述中包含有对生计方式变迁的描述。

从上述分析中我们可以发现，目前学术界对生计方式变迁的研究呈现出以下特点：

首先，从研究的内容来看，现有成果当中缺乏对生计变迁过程中民族心理的系统研究。目前学术界关注的焦点主要集中在关于民族生计方式变迁自身的理论探讨和实证研究；关于民族生计方式与自然环境因素相关性的研究；关于生计方式与文化变迁的关系研究等方面。民族心理的形成和发展与民族所处的自然环境及其社会环境关系密切，民族心理在形成之后，时刻影响着民族成员的行为以及民族社会的发展。由于客观现实对民族心理的影响，所以当民族生计方式出现变化的时候，民族心理特征也会相应地出现新的特征。民族心理特征是民族的重要特征，因而也构成了民族问题研究中的一个重要内容，在生计方式变迁的研究中同样应该得到重视。

其次，从研究视角来看，目前的研究多从宏观视角以生计方式的变迁为镜像，透视民族文化模式的结构性嬗变，缺乏对生计变迁的行动者心理变化的微观考察。如果将某一民族的生计变迁看作一个宏观的现象，那么在这一过程中民族成员的心理体验和认知结果则可谓微观的存在。由于人类心理活动的特殊性，个体的心理活动会随着社会现实的变化而发生变化，不同个体之间的心理活动则可能会表现出不同的特征。从微观的民族心理层面探讨民族成员在生计变迁过程中的心理变化情况，掌握民族文化这一宏观结构下微观的心理特征，为生计方式变迁的研究提供了一个新的视角，也为更好地解决生计方式变迁过程中可能出现的问题提供了更多的解决渠道。

最后，从研究方法上，目前的研究注重对生计方式转变过程的"描述"，缺乏对这一过程形成机制的心理"解释"。民族成员在认知和改造客观世界的过程中，其以往的经验发挥着重要的"参照图式"的作用，民族成员往往根据已有的经验对客观现象做出判断和选择，并进一步采取相应的行为。因此，民族心理层面的需要也是生计方式变迁发生的一个重要原因。这就要求我们在研究中不仅要依靠生态学、社会学、政治学等学科的研究方法，同样需要我们运用民族心理学和社会心理学的研究方法，从民族心理的层面寻求解释。生计方式的改变会使民族生存的环境出现新的情况，但其自身拥有的经验往往不足以提供足够的支持，此时民族成员就需要经历一个重新积累经验的过程，重新认知客观世界以储备足够的知识。客观环境的改变往往会促使民族心理中出现新的特征，因而在这个随着生计变迁而来的重新储备的过程中，民族心理也会或多或少地发生变化。

就藏族而言，游牧文化是藏族牧民对草原生态环境做出的适应性选择，其中包含一套独具特色的思想观念、心理构成与行为方式，居住环境的改变必然引起牧区巨大的民族文化变迁。文化的变化要以民族心理变化为前提，而民族文化整体变化反过来又制约民族心理的变化。民族文化是民族心理的外化，民族心理是民族文化的内化，两者是同一个过程的两个方面，是相互转换、相互制约、相辅相成、密不可分的。因此，面对急剧的变迁，对民族心理的调试和适应是牧民首先面对的考验，如何处理因变迁而有可能产生的一些不悦后果和消极心理体验，重构民族心理、提高面对变迁的心理适应性等问题还是我们应该关注与研究的方面。

第一章　田野点自然生态环境与人类活动

本书选取的主要田野点是甘南藏族自治州玛曲县、碌曲县，同时辅以青海玉树称多县及甘肃肃南裕固族自治县的田野资料。我们在调研中发现，尽管这几个地方在地理空间上相去甚远，但是当地的藏族、裕固族都面临着生计方式的变迁，面临着变迁中的心理困惑与文化适应。本章从三地的地理概况、人文社会、草原生态现状等方面论述调研点自然地理环境与人文社会概貌，以便对研究区域有初步的认识。

一　甘南高原自然环境与人类活动

地理环境是指一定社会所处的地理位置以及与此相联系的各种自然条件的总和，包括气候、土地、河流、湖泊、山脉、矿藏以及动植物资源等。社会文化环境包括人口、社会、国家、民族、语言、文化和民俗等方面的地域分布特征和组织结构关系。社会文化环境是人类社会本身所形成的一种地理环境。我们从地理概况、历史沿革、人文社会来展现田野点的概貌。

1. 地理概况及历史沿革

甘南藏族自治州是全国 31 个少数民族自治州之一。甘南州地处青藏高原东北边缘，位于甘肃省西南部，东与定西、陇南地区毗邻，西与青海省果洛、黄南州相连，南与四川省阿坝州接壤，北倚临夏回族自治州。地理坐标在东经 100°45′—104°45′，北纬 33°06′—35°34′，总面积 4.5 万平方公里。[①] 这种东连秦陇、西接雪域、南邻天府、北与甘肃省临夏回族自

[①] 甘南藏族自治州地方史志编纂委员会：《甘南州志》，民族出版社 1999 年版，第 1 页。

治州接壤的地理位置，使其早在历史上就是中原地区通往青、藏及川北的交通要道。特殊的地理位置，决定了甘南藏族自治州在地理上与涉藏地区之间起着承接过渡的作用。甘南藏族自治州是青藏高原社会的窗口，是"藏族现代化的跳板"。

甘南藏族自治州现有人口74.23万人，其中藏族人口41.51万人，占总人口的54.2%。[1] 甘南州人口在地域布局上呈现"东密西疏、农密牧疏、镇密乡疏、谷密山疏"的特点，夏河、碌曲、玛曲三县人口相对稀少。全州人口平均密度为每平方公里13人，平均密度仅为全国的1/8和全省的1/3，人口密度最低的玛曲县每平方公里只有3人。各乡镇人口密度悬殊，人口密度最高的临潭县城关镇每平方公里535人，人口密度最低的玛曲县木西合乡每平方公里只有0.01人。

甘南州现辖合作市、夏河、临潭、卓尼、舟曲、迭部、碌曲、玛曲七县一市，聚居着藏、汉、回、蒙古、土、撒拉、保安、东乡等24个民族。境内海拔在1200—4800米，整个地形西北高、东南低。全州分三个自然类型区：南部为岷迭山区，区内重峦叠嶂、山大沟深，气候比较温和，森林面积占甘肃省的30%，蓄积量占甘肃的45%；东部为丘陵山地，气候高寒阴湿，农林牧兼营；西北部为广阔的草甸草原，属于全省主要牧区，[2] 也是我们的田野调研所在地。

我们在甘南藏族自治州的田野调查点主要集中于甘南州下辖的玛曲县与碌曲县。玛曲县与碌曲县同属于甘肃省主要牧区。玛曲县属于纯牧业县，而在碌曲县，玛艾、郎木寺、尕海、拉仁关属于纯牧业乡，西仓乡、阿拉乡、双岔乡是属于半农半牧地区。

玛曲，在藏文中是"黄河"之意，玛曲县因临黄河而得名。玛曲县位于甘肃省西南部，青藏高原东端，甘、青、川三省交界处，黄河第一弯曲部。地处东经100°45′—102°29′，北纬33°06′—34°30′，东北以西倾山为界与本州碌曲县接壤，东南与四川省阿坝藏族羌族自治州若尔盖县、阿坝县为邻，西与青海省果洛藏族自治州久治县、甘德县、玛沁县毗邻，北接青海省黄南藏族自治州河南蒙古族自治县。1955年设县，全县总面积10190.80平方公里，县域东西最长距离160公里，南北约158公里，据

---

[1] 数据截至2017年，相关信息来自《甘南藏族自治州2017年国民经济和社会发展统计公报》。

[2] 甘南藏族自治州地方史志编纂委员会：《甘南州志》，民族出版社1999年版，第29页。

甘肃省省会兰州市450公里。玛曲县辖1个镇、7个乡：尼玛镇、欧拉乡、欧拉秀玛乡、阿万仓乡、木西合乡、齐哈玛乡、采日玛乡、曼日玛乡。县城平均海拔3340米。气候属于明显的高原大陆性高寒湿润区，无四季之分，仅有冷暖之别。玛曲既是甘肃省重要的生态类型区，又是一个纯牧业县，有天然草原1288万亩。天然草原是县内面积最大的土地类型，占全县土地总面积的89.54%，夏季降雨较多，牧草生长期190天。玛曲县不仅是甘肃省少数民族聚居地区和传统的畜牧业生产基地，也是黄河上游重要的水源涵养区，是水土保持、防风固沙的重要生态屏障。草原生态是构成玛曲生态系统的主体。①

碌曲县地处甘、青、川三省交界，青藏高原东部，甘肃省西南部，全县总面积5298.6平方公里，境内大部分地区海拔为2900—4287米。草场面积约591万亩；林地25.7万亩；耕地面积4.44万亩，人口3万余人，其中藏族占80%以上。②

2. 甘南藏族的历史足迹

在有文字记载之前，青藏高原就已经有了人类的生存。考古工作已经证明，在昆仑山以南至喜马拉雅山的广阔区域内，自远古时代就有人类生活在雪域高原，旧石器时代就有人类活动，此时的高原人类以狩猎采集为主要生存手段，持续至新石器时代。考古研究发现，从旧石器时代后期至新石器时代，雪域高原上的古人类逐渐脱离单纯的游猎生活，进入定居模式，从狩猎采集扩至农业和饲养家畜。这便是青藏高原上原始文明的写照。

（1）甘南高原的人类活动

甘南在夏、商、周以至春秋战国时期属古西羌地。当时羌人活动范围很广，西起黄河源头，东到陇西地区，南达川西北，北至新疆鄯善一带。甘南是羌人主要发祥地和活动地区之一，他们世代生息繁衍在这里，并留下了大量珍贵的遗迹、遗物。据史料记载，羌人首领无弋爰剑主要活动在甘南河曲一带③。秦穆公三十七年（前623年），秦国向西扩展，拓地千

---

① 《玛曲县志》编纂委员会：《玛曲县志》，甘肃民族出版社2005年版，第31页。
② 《碌曲县志》编纂委员会：《碌曲县志》，甘肃民族出版社2006年版，第51页。
③ 甘南州州志编纂委员会：《甘南藏族自治州州志》（上册），民族出版社1999年版，第158页。

里，今临潭、舟曲等地进入秦国版图。汉武帝元鼎六年（111年），汉军征讨河湟羌人，在河湟设护羌校尉，甘南东部地区就正式纳入了中原封建王朝郡县制之中，今临潭县属陇西郡，西部仍为羌人之地。三国时，甘南州境内东部属魏国。247年后迭山以南属蜀国①。4世纪初，吐谷浑自西晋永嘉末年（313年），度陇而西，以洮河流域为中心，建国于郡羌之地，至唐龙朔三年（663年）为吐蕃所灭。甘南为吐谷浑统辖，吐谷浑人开辟的"丝绸南路"，成为中原联系西域、西藏、印度的交通要道，增进了各民族的交往。

公元7世纪，松赞干布统一西藏高原，建立吐蕃王朝后，吐蕃正式占领洮州，统治甘青大部分地方至1073年，本州境均归吐蕃管辖。甘南州对开发青藏高原，对发展汉藏关系贡献很大，有名的唐蕃古道就经过甘南藏族自治州。公元998年，河湟流域的吐蕃人建立了唃厮啰政权，藏史称"宗喀王"，甘南州境大部分地方为其所辖②。据史学家考证，甘加思柔古城（现存遗址）便是唃厮啰政权所建。唃厮啰采取"联宋抗夏"的方略，启动茶马交易，开通"丝绸南路"，发展了汉藏友好往来关系。13世纪，蒙古部众先后进入青藏高原，将青藏高原纳入蒙古汗国版图，元朝在河州设立吐蕃等处宣慰司都元帅府，本州境就在其管辖之内。③明朝在青南、川西设朵甘行都指挥使司，总管藏区事务，本州境内由其统辖。17世纪（1636年）厄鲁特蒙古和硕特部众由天山以北迁居青藏高原，成为青藏高原的统治民族，甘南西部在其管辖内。至清雍正初年罗卜藏旦津反清失败，由清朝西安行都指挥使司总辖河州、朵干、乌斯藏三卫，甘南西部为青海循化厅管辖。民国时期，甘南为甘肃省管辖。1927年设立拉卜楞设治区，1928年改为夏河县④。1937年设立卓尼设治局⑤。中华人民共和国

---

① 甘南州州志编纂委员会：《甘南藏族自治州州志》（上册），民族出版社1999年版，第159页。

② 甘南州州志编纂委员会：《甘南藏族自治州州志》（上册），民族出版社1999年版，第21页。

③ 甘南州州志编纂委员会：《甘南藏族自治州州志》（上册），民族出版社1999年版，第24页。

④ 甘南州州志编纂委员会：《甘南藏族自治州州志》（上册），民族出版社1999年版，第168页。

⑤ 甘南州州志编纂委员会：《甘南藏族自治州州志》（上册），民族出版社1999年版，第172页。

成立后，1953年10月甘南自治区在夏河拉卜楞成立，1955年7月1日改为甘南藏族自治州，州府设在合作，是全州政治、经济、文化中心。[①]

玛曲属羌区析支，最早见于《后汉书》记载：西周牧穆王时（公元前967年），西征犬戎获其五王，又获四白鹿。《安多政教史》、《西藏王统记》亦称：占据高原三峰者藏族六大姓之一，以白鹿为图腾的董氏（党项）迷所属玛柯（河曲）部繁衍于此。[②]秦时仍属滇零之种存部。晋北朝时，黄河首弯部属党项弥药地区。隋时大部属河源郡。唐时属吐蕃将军悉参（节度使）多弥卫（卫府设在河曲）属同恰（州）九州六部之——玛柯（藏语、意为河曲）董氏。宋时，属吐蕃诸部脱思麻（多弥）地区。元时属吐蕃等处宣慰司之脱思麻路，此地仍沿称岭地。明朝时除卓格尼玛属陕西都司洮州卫外，其余属朵甘都司赞善王分地——巴西诸郡。清时隶蒙古厄鲁特和硕特部。[③]1723年发生"罗卜藏丹津叛清事件"以后，属清朝钦差办理青海蒙古番子事务大臣管辖。1777年夏河拉卜楞寺院在河曲组成第一个流官制部落——欧拉部落。1898年河曲南北归拉卜楞寺管辖。1928年属甘肃省夏河县，但其政令唯有通过拉卜楞寺院才能在河曲各部施行。1949年9月18日，夏河县解放以后，为夏河县第七区。1953年3月，中共欧拉工委、欧拉行政工作组正式进入黄河第一弯曲部开展工作，同年九月改为玛曲工委和玛曲行政委员会。1955年6月，经甘肃省人民委员会批准建县，因玛曲地处黄河第一弯，而黄河藏语称为"玛曲"，故称玛曲县，隶属甘南藏族自治州。1959年1月1日，玛曲、禄曲二县合并，设洮江县；1962年1月1日，撤销洮江县，恢复玛曲、禄曲两县建制。1991—2004年，玛曲县各乡、行政村、场（站）的行政区划略作变动。2003年9月15日尼玛乡撤乡建镇，11月12日设立尼玛、卓格社区。是年，兰州军区大水军牧场移交甘南州管理。2004年底，玛曲县辖1镇7乡2社区，即：尼玛镇、欧拉乡、欧拉秀玛乡、曼日玛乡、阿万仓乡、木西合乡、采日玛乡、齐哈玛乡、尼玛社区、卓格社区，36个行政村，以及县属阿孜畜牧实验站、西柯河大鹿厂，州属国有河曲马

[①] 甘南州地方史志办公室：《甘南州年鉴（1991—2000）》，甘肃人民出版社2003年版，第2页。

[②] 《玛曲县志》编纂委员会：《玛曲县志》，甘肃民族出版社2005年版，第43页。

[③] 详见《玛曲县志》编纂委员会《玛曲县志》，甘肃人民出版社2001年版，第111—113页。

场、国有玛曲渔场、大水军牧场。自然村数法定 232 个，实际发展到 238 个，新增 6 个，其中曼日玛乡新增 5 个，采日玛乡新增 1 个。①

碌曲县位于甘、青、川三省交界中心，为氐羌部族摇篮。夏朝属于雍州之城，为羌族部落占据。②南北朝时期，碌曲为吐谷浑统辖。五代十国时期，碌曲境内为吐蕃部族所居。唐宋时期，碌曲在藏区唃厮啰政权统治之下达百年之久，元朝归入吐蕃等处宣慰使司都元帅府，明朝，实行土司制，清朝乾隆年间，碌曲县境内藏族由土官和寺院喇嘛控制。③中华民国二年（1913 年），划甘肃为七道政区，碌曲县为临潭所辖。中华人民共和国成立以后，1953 年成立了碌曲行政委员会，隶属于甘南藏族自治州，1955 年 12 月 26 日国务院批复同意撤销甘南藏族自治州原属的舟曲、碌曲、玛曲 3 个行政委员会的组织，并分别设舟曲县、碌曲县、玛曲县。碌曲县管辖的区域是：原属临潭县的西仓、双岔、郎木寺 3 大部落。县人民委员会驻西仓。6 月 18 日成立。1958 年 12 月 20 日国务院全体会议第 82 次会议决定撤销碌曲、玛曲 2 县，将原 2 县的行政区域合并设立洮江县。洮江县驻尕海。1961 年恢复碌曲县。④ 2000 年，碌曲县辖 7 个乡：玛艾乡、西仓乡、拉仁关乡、双岔乡、阿拉乡、尕海乡、郎木寺乡。⑤

（2）汉至清甘南藏族的历史足迹

西汉中期以后汉帝国的势力逐渐进入河湟地区，东汉时期汉帝国占据河湟，因此史官有了来自驻军官员所提供的关于羌人的资料，这些由东汉后期以来积累的关于羌人的资料都被 5 世纪的范晔写入《后汉书》中，《后汉书·西羌传》对河湟部落的民众经济生活有这样的描述："所居无常，依随水草。地少五谷，以产牧为业。"⑥此记载也说明了他们的经济生活基本上是游牧的。汉代西羌有将马与牛羊分开放牧的习惯，他们认为马群的移动能力很强，放到较远的地方去吃草免得和牛羊争食。而关于汉代河湟羌人的季节性游牧活动，中国历史文献中没有直接记载，只是一些零散的历史记载，王明珂所写的《游牧者的抉择》一书中根据《汉书》

---

① 《玛曲县志》编纂委员会：《玛曲县志》，甘肃民族出版社 2005 年版，第 43 页。
② 《碌曲县志》编纂委员会：《碌曲县志》，甘肃文化出版社 2006 年版，第 46 页。
③ 《碌曲县志》编纂委员会：《碌曲县志》，甘肃文化出版社 2006 年版，第 48—52 页。
④ 《碌曲县志》编纂委员会：《碌曲县志》，甘肃文化出版社 2006 年版，第 54 页。
⑤ 碌曲县人民政府网站。
⑥ （南朝宋）范晔：《后汉书·西羌传》，中华书局 1999 年版，第 1939 页。

的史料中来探讨河湟羌人的游牧活动，河湟羌人大概在阴历四月出冬季草场，从而开始一年的游牧，由此可知当时河湟的河谷地区草生是在阴历四月，当代本地藏族离开冬场开始放牧是在阳历四月到五月，计算阴历、阳历之差，可以说汉代羌人放牧的季节与今日藏族差不多。①

秋末是牧草最为丰盛的季节，一年的游牧时间大致结束，这时候要把牛马养得肥壮，为了能够抵御缺乏草料的寒冬，冬季至初春是羌人最为艰难的季节，都以畜产为食，牛马虚弱，躲避在牲畜可过冬的避风山谷。此外，当时占领河谷地带的羌人部落兼具农业生产，春季在低平的河谷种下麦子，然后赶着牲畜逐渐向四周高地迁移，以利用夏季高地较佳的水源和牧草，这和现代青海东部的藏族游牧方式基本相同。②

魏晋南北朝时期，甘青宁地区的政权频易，战乱不已，生产力遭到极大破坏，使汉代以来初具规模的农业生产开始衰退，耕地亦相应减退。而西北游牧民族的内迁使农牧界南移，从事游牧的北方民族在此活动频繁，畜牧业经济得到发展，牧业区域得到进一步扩大。

宋时期的甘肃藏族社会是动荡不安的，战争打乱了生活的节奏，经济得不到长足发展，畜牧业发展也没有保障。当时放牧地带主要分布于河西、大夏河、洮河、黄河流域，这一时期的畜牧业以马、羊、牦牛为主。马不仅是牧民的坐骑还是作战的利器，当地的牦牛和汉族地区的黄牛杂交而生的犏牛也因为其个子高大有力气而成为贡品。

元朝时候的藏区结束了动荡不安的分裂局面，纳入中央王朝的统治体系，使藏区进入一个比较稳定的发展时期，此时的藏区大都以部落为单位从事畜牧业生产。元代藏区划分卫藏、康、安多，并将三个地区的特征，概括为"卫藏法区，康为人区，安多马区"，其义为卫藏是佛法兴盛之地，康区的人长得高大英俊，而安多是产宝马的地方。这种概括，已不单纯是一种地理概念，而给地域赋予了一种文化的内涵，即三区的划分是以文化特性为依据。由于地缘关系，甘南地区所在的安多藏区，自古以来就与东边的汉文化和北方的阿尔泰文化联系密切。历史上这里也是多民族聚居的地方，藏、汉、蒙古、土、回、撒拉等族的先民们，在历史变迁中实现交往交流交融，逐步形成了今天独特的安多文化。

---

① 王明珂：《游牧者的抉择》，广西师范大学出版社2008年版，第168页。
② 王明珂：《游牧者的抉择》，广西师范大学出版社2008年版，第170页。

"人类社会与自然生态系统作为两个并存的复杂系统,其间存在着诸多相似性,这种相似性贯穿到各民族文化与生态系统的互动关系中,在民族文化中得到完整的反应。"[①] 安多地区有广阔无垠的大草原,黄河上游的草原、环青海湖草原,都是优良的天然牧场,青藏高原地区最丰美的草原均在安多地区。草原为藏族游牧民提供了生存空间,并相应地产生了以放牧为主的生计方式,形成了高原游牧文化,即适宜于高海拔地带的一种生活方式,积累了丰厚而实用的高原生存经验。元代甘肃的牧场辽阔,水草丰美,气候适宜具有发展畜牧业的优越条件,牲畜的种类还是牦牛、羊、马匹,其中以羊为多,马匹集中在甘南、河西一带。

明代的藏区比现在的藏区要大得多,但是对明代藏族部落的记载相对较少。经过宋元两代的发展,甘肃藏区在明代已经趋于稳定,其中非常重要的一点原因,是中央政府采取政教合一的形式,以土司制度对当地进行管理。社会各项事业趋于稳定,作为经济支柱的畜牧业也得到了大发展。

(3) 清至民国川西北及玛曲藏族诸部落

按照我们研究的设定以及所进行的田野调查,这里的分析主要以玛曲县诸部落为主。

欧拉部落。欧拉部落位于今甘南州玛曲县中西部的欧拉乡以及欧拉秀玛乡,即民间所谓"上下欧拉"。"欧拉"系藏语音译。在今玛曲县城南黄河对岸的扎西滩下有一座孤立于草滩中的小山,山巅覆盖着银灰色的岩石,当地牧民奉为神山,尊称"阿米欧拉"("阿米"意为"老人";"欧拉"意为"银角",即"银角老人")。[②] 该神山为当地的保护神,数百年来为藏族部落所祭祀朝拜,信奉不移。久而久之,神山的名称演变为地名,该部落也因山得名"欧拉"。关于欧拉部落的形成,据《安多政教史》记载:

> 佐格阿珠(尼玛部落的先祖之一)之妾霍萨妃有三个儿子,其后裔叫霍萨后代。她是一切知吉美旺波的主要施主。怙主尊者于霍萨妃的儿子茨成木死后进行超度法事时,曾第一次到达这个地区。她献布施骡马一百匹,白银三百两。自此以后,不论任何时候到达那地

[①] 罗康隆:《论民族文化与生态系统的耦合运行》,《青海民族研究》2010年第2期。
[②] 甘南州政协文史资料委员会:《甘南文史资料》(第6辑),1994年版,第745页。

区,她都在附近扎帐侍奉,一切知心中非常喜欢她,特称为"阿妈仓"。①火鸡(丁酉年),嘉木样曾于佐格阿玛仓处安置了一百匹马及两个牧马人。以后这两个牧马人各自成立了家业,发展成为夏哇南嘉、佳仓、阿旺仙巴等约二十户人家,再加上从桑科和科才两部落来的二十户人家,全部委托给拉果官人、贡采、索南三者,使其在欧拉地区放收,以后形成了欧拉拉德部落。②

藏历铁牛年(1782年)的夏季,久美旺布大师驾临欧拉,给僧侣们制定了教规教法,让民众起誓戒偷盗等不良行为。藏历火羊年(1788年)七月,久美旺布大师再次驾临欧拉居住达半月之久,满足了教徒们的求法膜拜愿望,同时施舍了许多处境困难、远道而来的乞丐等人,愿留者予以安排,去者自由。从而,拉卜楞寺直接统管欧拉部落的一切政教事务。至欧拉第二任头人囊端盖时,在赛底和依日地方建有贡唐仓的牧场,茂曲一带建有拉卜楞寺的马场等,恰秀等地分布着果洛的帐圈,同时还有从蒙古地区陆续迁来的部分藏族帐圈及其他牧帐,相继居牧于这一地区。各部之头人,经由选举组成"格日岗奥",即部落头人会议组织,决定部落内重大事务,"格日岗奥"成员从部落头人中推选,候选人呈报嘉木样大师审定后,由大师颁发允准批文及护身结来委任。头人每年的薪俸是将本部牧户在盛夏季节一天所产的酥油。头人任期三年。同时,拉卜楞寺委派的法台只管教务,不参与政务。这种制度后来则改为由拉卜楞寺相佐堪布直接管理。③

尼玛部落。尼玛部落位于今甘南州玛曲县境东北部的尼玛镇。据《安多政教史》等有关史料记载,大约在12世纪末,尼玛部落的先民佐盖部落居住在四川若尔盖县一带,该部的某代头人娶了三房妻室,即热卜萨、德合让萨、巴萨,三妃各生一子。头人过世后,其三子各自立业,逐渐繁衍为三部。其长子为热卜萨妃之子,承袭父业管理麦多,其后裔即今所谓佐盖多玛部(若尔盖县一带)。次子为德合让萨妃所生,管理着今若尔盖县辖麦区一带,该部中又分出娶唐萨妃所生后裔的一支,称为"唐

---

① 智观巴·贡曲乎丹巴绕吉:《安多政教史》,吴均等译,甘肃民族出版社1989年版,第233—234页。

② 智观巴·贡曲乎丹巴绕吉:《安多政教史》,吴均等译,甘肃民族出版社1989年版,第287页。

③ 玛曲县志编纂委员会:《玛曲县志》,甘肃民族出版社2005年版,第854页。

果尔"（若尔盖唐克区一带）部。三子为巴萨妃所生（即尼玛部始祖），其后裔罗哲桑约在13世纪他的后裔中又分出拜洪布、浪哇洪布、热合东洪布和下佐盖五部洪布等部落。其中，浪哇部落首领热卜丹于藏历水龙年（1712年）迎请拉卜楞寺一世嘉木样俄昂宗哲大师，尊者对此地水草丰美，赞不绝口。热卜丹之子周太加（阿周）占据黄河、麦曲两河流域汇合地带，他善于射箭，享年一百多岁。其妻有三子，长子卓格·罗桑达尔吉（俗称阿吾），次子阿南，幼子阿东。妾霍萨亦生有三子，长子桑杰秀，次子慈成木，幼子万德贡，世称霍萨三子。卓格尼玛八大游牧部落起源于此。霍氏次子去世后，为了超度法事，迎请了二世嘉木样前来超度。六世班禅曾指示嘉木样在当地建寺，嘉木样大师遂决定于察干卫相地方奠基寺址，但是，洪布华尔贡不肯献寺址，只好于藏历铁鼠年（1780年）移至智龙贡玛地方建寺，名为卫相寺。藏历铁狗年（1790年）洪布华尔贡临终时说："对原先没有允许在本部辖区内建寺之事，深感悔憾，现若愿在那里建寺就在那里修建吧。"遵其遗嘱，由索多和英嘉喇嘛承担这份责任，察看寺址，把卫相寺从智龙贡玛移回察干外香，并由久美南卡（1768—1881）任堪布予以护持至藏历土马年（1798年）。索多之后代勒旦曾掌管拉卜楞寺大法会。勒旦之子佐格南杰于藏历水鼠年（1852年）迎请了三世嘉木样和土观等诸位活佛。从此，尼玛部落共辖佐盖尼玛、泽卫、莫合日、参木让、堪布、喀尔等六部，总称为尼玛六部。清末民初时，佐盖尼玛六部归属拉卜楞寺管辖，成为拉卜楞寺直属的八大部落之一。①

科才三部。科才部落即今科才乡，位于夏河县西南部，东南与阿木去乎乡为邻，西南和青海泽库县、河南蒙古族自治县相连，北与桑科乡为界。科才部落由三个部落所组成，即科才部落、科才甘加部落、科才堪布部落。②

科才部落。"科才"是当地一山神的简化名。据当地民间传说，大约在清康熙年间，贡唐仓第一世赤钦更登彭措的一部分亲族眷属从其诞生地的玛曲齐哈玛泽核地方，迁至青海河南蒙旗，不久又从河南蒙旗迁到今科才地方，为了求得本地土地神的护佑，便在该地"阿尼科才"山神之前

---

① 玛曲县志编纂委员会：《玛曲县志》，甘肃民族出版社2005年版，第850页。
② 夏河县志编纂委员会：《夏河县志》，甘肃文化出版社1999年版，第238—239页。

举行了插箭仪式，并取"阿尼科才"的"科才"二字命名为部落之名，之后又演变为地名。[①] 又有传说认为，该部落源起于 19 世纪初，嘉木样二世吉美旺波为了弘扬佛法，到河南蒙旗讲经说法，河南亲王派一位章京（蒙旗官名，相当于副旗长）统领一百户牧民作为属民（"拉德"）献与大师，以表示对佛教的虔诚信仰。嘉木样大师将他们安置在科才沟，并在科才扎（意为科才山脚下）举行了插箭仪式，正式将部落命名为科才。该部落后来容纳了青海泽库、玛曲欧拉等地迁来的部分牧户，逐渐发展为十二帐圈，成为科才三部中的科才部落。

科才甘加部落：约在清康熙末年至乾隆初年，青海河南蒙旗亲王府中尊奉的拉喀仓活佛，因是甘加某部落中所诞生，故而当其迎往河南蒙旗时，部分家族随同前往。后来这位王师活佛临终时将其全部牧户奉献与拉卜楞寺主二世嘉木样大师。大师遂将其安排到科才地方住牧。该部共由五个帐圈组成。[②]

科才堪布部落：相佐堪布仓系嘉木样三世时拉卜楞寺八大堪布之一。他在担任相佐（即总管）期间，将其家族和属民十户，迁到科才地方住牧，逐渐形成三个措哇。该部因为是相佐堪布迁来的亲族牧户，所以人们就称其为"堪布拉德"。[③]

科才三部总称为"科才措哇"，在科才三部开始形成之际，二世嘉木样就派科才郭哇来此进行统治，并送给每个部落一面上盖有嘉木样印章的大旗，以示科才三部是拉卜楞寺的属民，受拉卜楞寺的保护。

桑科七部。"桑科"，系藏语音译名，其含义为"焚香祭祀之谷"。根据民间传说，很早以前，格萨尔王曾在此地燔柴供施，焚香祭祀，香烟弥漫沟谷，因得其名。相传，游牧在桑科地区最早的部族是藏族四大姓氏中的"东氏"十八"察"之玉擦氏后裔。后来，木尼合（西夏）部占据桑科一带，建有城郭。约在 15 世纪，有称作"擦尔察"氏的游牧人家居牧于"盖格塘"一带。16 世纪中叶，他们逐渐搬迁到今桑科"察高"一带作为住址地牧游。同一时期，有位叫作华秀·哈吾那儿的首领率近百户牧帐迁徙至此居牧。清康熙年间，拉卜楞寺建成后，桑科地区也随之有了较大的发展。桑科的"阴面五部"和"阳面香火两部"亦渐趋形成，称为

---

① 洲塔：《甘肃藏族部落的社会与历史研究》，甘肃民族出版社 1996 年版，第 138 页。
② 夏河县志编纂委员会：《夏河县志》，甘肃文化出版社 1999 年版，第 239 页。
③ 夏河县志编纂委员会：《夏河县志》，甘肃文化出版社 1999 年版，第 239 页。

桑科"措再七大部落"。桑科七大部落指的是阴面的噶尔果、日芒、多玛、岗察、擦尔察等五部和阳面的赛赤、德哇两香火。另外，两香火部中还有一个称作华瑞哇的部落，所以，亦称"阳面香火三部"。①

3. 草场及草原生态现状②

地形地貌及水、热、光诸多气候因子的综合影响，直接影响着植被的生长规律及分布、草场的配置，从而构成了草场类型的多样性。按照草场资源的类、组、型三级分类系统，玛曲县草场可分为 6 类 11 组，20 个草场型。

亚高山草甸类。该类草场是玛曲县草场的主体和精华，在县城中低山地、丘陵、坡麓、洪积冲积滩地、河岸阶地均有大面积分布。分布于海拔 3400—3900 米之间，在县东部地区分布界限可达 4000 米。

灌丛草甸类。该类草场在玛曲县西部是较大的一类，往往镶嵌分布于亚高山草甸之中，在海拔 3400—3900 米的滩地、沟谷、低山阴坡坡麓地带均有分布。

高山草甸类。主要分布于欧拉、欧拉秀玛、木西合三乡海拔 4000 米以上的高山山坡及缓山脊，西倾山也有零星分布。

草原化草甸类。主要分布于西部欧拉秀玛乡的西宁山与黄河交汇地带在木西合、采日玛、尼玛镇、大水军牧场的局部地区也有零星分布。

沼泽类。主要分布于河曲马场—曼日玛—采日玛一线的黄河故道及东部丘间地势低洼地段。齐哈玛、阿万仓、欧拉、尼玛镇的局部低洼地段也有零星分布。

沼泽化草甸类。主要分布于曼日玛、采日玛、齐哈玛、阿万仓、尼玛部分沼泽地带的边缘，呈不规则的带状分布，在东南部沼泽内局部地段，也呈岛状分布，在排水不良、季节性积水洼地，也有片状分布。

表 1-1　　　　　　　　　玛曲县天然草场类型面积

类型	草场面积（亩）	占草场总面积（%）
高山草甸草场	1126699.3	8.75
亚高山草甸草场	6730182.4	52.25

---

① 夏河县志编纂委员会：《夏河县志》，甘肃文化出版社 1999 年版，第 241 页。
② 本部分内容，除明确标注之处外，相关内容及统计数据均来自玛曲县和碌曲县草原站。为行文方便，在此一并说明。

续表

类型	草场面积（亩）	占草场总面积（%）
草原化草甸草场	947148.5	7.35
灌丛草甸草场	2697249.4	20.94
沼泽化草甸草场	903300	7.02
沼泽草甸	475602.4	3.69
合计	12880182	100

碌曲县是甘肃省的重要牧区之一。境内有天然草地591.07万亩，占土地总面积92.64%，其中亚高山灌丛草甸、亚高山草甸、沼泽化草甸等草地类型是碌曲草地的精华，不仅具有极高的经济利用价值，而且是维护黄河、长江源头地区生态安全的重要屏障。

表 1-2　　　　　　　玛曲县天然草原分乡面积统计

乡、场	草地面积（万亩）	占所在乡面积（%）	占全县草面积（%）	可利用面积（%）	占所在乡草面积（%）	利用面积（%）
尼玛镇	69.35	83.02	5.38	66.97	96.57	5.38
欧拉乡	179.69	84.73	13.95	17.27	97	13.99
欧拉秀玛	155.12	83.47	12.04	151	97.34	12.13
阿万仓	241.99	97.84	18.79	234.09	96.74	18.8
木西合	212.61	89	16.51	207.5	97.6	16.67
曼日玛	165.11	98.54	12.82	158.5	96	12.73
采日玛	95.67	930.21	7.43	91.5	95.64	7.35
齐哈玛	100.34	97.91	7.79	96.5	96	7.75
河曲马场	56.95	95.08	4.42	54.39	95.5	4.37
阿孜站	7.32	84.82	0.57	7.04	96.17	0.57
大水军	3.87	99.36	0.3	3.7	95.42	0.3

我们调研选取的半农半牧的田野点西仓乡辖新寺、唐龙多、贡去乎三个行政村委会19个村民小组，计453户2560人，草场总面积35.5万亩；双岔乡辖青禾、毛日、洛措、二地四个行政村委会19个村民小组，计869户5125人，草场总面积56万亩；阿拉乡辖田多、立池、博拉三个行政村委会15个村民小组，计464户3110人，草场总面积21.9万亩；三个半农半牧区草场类型主要以灌丛草甸和林间草场为主，有各类草场

113.5万亩，其中可利用面积为69.02万亩，占60.8%，共计有牧户1786户10795人。

表1-3　　　　　　　　　　碌曲县草场类型

类	组	型
Ⅰ 亚高山草甸	1. 阳坡禾草草场	①异针茅+硬质早熟禾异针茅+线叶蒿草+珠芽蓼 ②短柄草+密生薹草
	2. 滩阶地禾草草场	①垂穗披碱草+鹅绒委陵菜 ②异针茅+矮生蒿草
	3. 沟坡莎草、杂类草草场	①珠芽蓼+线叶蒿草+紫羊茅+珠芽蓼+线叶蒿草+银莲花
	4. 梁山、山顶夷平面莎莎草草场	①糙喙薹草+禾叶蒿草+狭穗针茅
Ⅱ 灌丛草甸	1. 丘、滩、阶地层叶灌丛草场	①金露梅—珠芽蓼+紫羊茅+矮生蒿草
	2. 阴坡落叶、常绿草叶灌丛草场	①高山柳—珠芽蓼+蒿草+黑褐薹草 ②狭叶鲜卑花—珠芽蓼+川甘蒿草+杂类草 ③杜鹃—珠芽蓼+黑褐薹草+糙喙薹草
	3. 阳坡具刺灌丛草场	①沙棘—短柄草+野青茅
Ⅳ 林间草甸	1. 阴坡暗针叶林间草场	①杂灌—野青茅+糙喙薹草+高山蒿草
Ⅵ 沼泽草甸	1. 浸水丘墩莎草草场	①藏蒿草+甘肃蒿草

随着我国西部地区生态问题日益严峻，国家把西部地区天然草原的建设与保护提到了前所未有的高度。国务院通过的《全国生态环境建设规划》中，把甘南列为优先建设的西部重点草原区。农业部制定的《西部草原保护与建设规划》，确定了全国草原生态环境建设的四大重点区，甘肃被列为其中前三大区的重点建设区域。草原资源在农林牧副渔综合发展以及水土保持、培育基地和维护生态环境平衡中的突出作用，日益引起全社会的重视。草原是国土整治和维护农业生态系统平衡的重要组成部分，草原资源以其巨大的生物蕴藏量给整体草地农业生态系统的能量转化和物质循环创造基础。结合我国生态建设实际，面向以西部地区为主，在甘南藏区保护草原生态环境主要通过实行休牧育草、划区轮牧、封山育草、舍饲圈养等措施，使西部地区的天然草原得以休养生息，促进草原植被恢复，寄希望于把西部草原建成一道天然的绿色屏障。

表 1-4　　　　　　　　碌曲县草场资源类型面积比例

草场种类	草场总面积（万亩）	比例（%）	可利用面积（万亩）	比例（%）
全县合计	590.16	100	536.60	100
林间草甸	76.15	12.9	29.40	5.48
灌丛草甸	226.87	38.44	220.06	41.01
亚高山草甸	235.58	39.92	235.58	43.90
沼泽化草甸	51.56	8.74	51.56	9.61

草原畜牧业是甘南的基础产业，在甘南经济中占有举足轻重的地位，牧民的收入基本全部直接或间接来自畜牧业。草原的保护和建设对甘南的意义主要表现在以下几个方面：

第一，草原的保护和建设维系生态安全。近年来，草原保护和建设力度不断加大。但是关于草地参与式管理模式，即草场承包责任制对草原实施禁牧封育，是否是草原生态恢复最有效的途径和措施，以及依靠减人减畜来恢复草原植被在甘南能否有成效等，是我们重点要思考的问题。在甘南藏区，天然草原是广大牧民生产、生活的基本资源。在调查中，我们发现草场划分带来的一系列问题和矛盾已经显现。以玛曲县为例，玛曲草原位于黄河上游，面积大，分布广，对黄河上游地区防风固沙、涵养水源、保持水土、净化空气等具有不可替代的生态功能。同时，对减少地表水土冲刷、减少黄河泥沙淤积，降低黄河中下游地区水灾隐患、防止荒漠化扩展和控制沙尘暴危害具有重要作用。黄河水源主要依赖草原涵养，而玛曲县是黄河的主要水源涵养区。玛曲县有草原1288万余亩，其中可利用面积1245万余亩，占全州天然草原面积的30.94%。但玛曲的草地生态环境相当脆弱，加上近年来气候的变化以及人类不合理开发活动的存在，使天然草原退化、沙化日益加剧，鼠虫害泛滥。截至2018年，全县90%以上的天然草场呈现出了不同程度的退化，其中重度退化346.31万亩，占可利用草场的27.82%，中、轻度退化达723.01万亩，占可利用草场的58.07%，沙化面积达80万亩，占可利用草场面积的6.4%，干涸缺水草场面积达300万亩，占可利用草场面积的24.1%，草层高度由20世纪80年代的40厘米下降到现在的约10厘米，植被覆盖度由20世纪80年代的90%下降到现在的50%左右，首曲湿地萎缩近2/3，由20世纪80年代的

100多万亩干涸到现在的不足30万亩。[①]

第二，草原保护和建设关系到少数民族地区经济兴衰和社会稳定。甘南州是少数民族自治州，2018年底全州藏族42.13万人，占总人口的56.28%[②]。可以说，草原资源是广大牧民群众维系生计的基本生产和生活资料，草原畜牧业是维系经济的支柱产业。保护和建设好天然草原，是促进草原畜牧业可持续发展和民族经济繁荣，维护民族团结与稳定的需要。

第三，畜牧业在甘南州经济中占有举足轻重的地位。玛曲是甘南的纯牧业县之一，畜牧业发展与否，直接影响着畜牧经济链的衔接与断裂，它不仅关系到牧区经济的兴衰，也对全州农业经济发展产生深远的影响。同时，草原又能为医药、育种、游乐、纤维、染料、编织、食品、燃料、肥料等其他行业提供丰富的资源，是不可替代的经济资源库，其多方面的经济价值及商品属性在农业以及各行各业中具有重要的作用和地位。

第四，草原湿地显现物种和遗传的多样性。首曲湿地栖息有黑颈鹤、黑鹳、大白鹭、苍鹭、雁鸭类等国家级或省级保护动物20余种，野生植物57科，204属，430余种。丰富的野生动植物资源对研究高原生态系统的变迁和演替，保存野生动植物种质的遗传多样性和栖息，保护和拯救濒危物种，开展生态学研究具有独特的价值。下面是对阿万仓大湿地的调查与描述：

阿万仓大湿地

玛曲是公认的亚洲最好的天然牧场，也有中国最大的湿地，其中阿万仓湿地是玛曲最典型的沼泽、湖泊湿地。前些年国际湿地泥炭地专家考察黄河首曲——玛曲湿地后给予高度评价："这是国际上保存最原始、最完好没有受到人为破坏的最好的泥炭地，这里是自然遗产和人类有独特性质的文化历史遗产相结合保存最完好的典范。"

"阿万仓

这里，草，牦牛，

和几匹陷入冥想中的马

---

① 资料来源：玛曲草原站。

② 资料来源：甘南州统计局。

都像被一双潮湿的大手

刚刚抚摸过

……"

——藏族诗人

来之前，我们知道阿万仓应该是湿漉漉的，它用自己融化自阿尼玛卿雪山的几条细而缠绵的河流，在甘肃第一个迎接了黄河。

阿万仓乡位于玛曲县境南部，东与河曲马场、阿孜科技示范园区相接。南与四川省阿坝县求吉玛乡、青海省久治县康赛尔乡相邻，西与本县木西合乡接壤，北与本县欧拉乡相连。地势西北高、东南低，一般海拔在3600—4000米之间，最高峰拉日玛海拔为4500米，最低贡赛尔喀木道海拔为3538米。全乡总面积为1582.14平方公里，辖贡赛尔（红旗）、道尔加（红原）、洛隆（红星）、贡乃（五星）、沃特（黄河）5个村。乡政府驻曲麦洒桑，距玛曲县城54公里。

俯瞰山坡下的平地，一汪汪水洼纵横交错的盘绕在大沼泽中，晴空下银光闪闪。

去阿万仓的第一户牧民家，我们就去了道尔加大队主任才代的家里。才代说（20世纪）50年代，这里叫作红原村，现在改为道尔加大队，大队下属一共7个队，居住得十分分散。

"政府规定要实行草场承包到户，但是我们这些牧民基本上都是亲戚关系，我们不愿意分开。2001年，开始做承包工作，这里有些草场有水，有些就没有水，而且单户划分的话，就必须重新开牧道，所以我们商量后决定不细分草场，但是内部做了规定，每个牧民牛羊总数加起来不能超过25只，嫁娶的牧民是15只。现在草不够了，大家商量后只好把每人可拥有的牛羊数降低到21只，嫁娶过来没有草场的降低到10只，上报政府的时候就按单户统计，按单户发承包证，但实际上还是按照联户来放。这也是大家都同意的事。"

"政府知道了怎么办？"

"当年划分草场，大概估算了一下给我们划的。对于单户承包当时要求十分严格，必须要我们单户放牧。这两年草场承包政策慢慢放松了，我们当时避过了风头，现在想来这样放牧估计也没有人管了。80几户毕竟人数还是挺多的，有些牧民家的关系搞僵了，以前都是请村里的老人来调解，现在有的会去乡上请技术员过来测量，主动要求和别家分开单户放牧的。有时即使申请了，技术员也不会来。比如5队70多户联户又出现了矛盾，以前这样的事村上调解，或者请寺院来调解后就会解决了，现在出现新办法，他们主动去县政府申请划分草场这样大的联户只是个别，大多数还是组成小联队共同放牧。我们红原1队80多户一共12万亩草场，政府不能强制让我们分家，因为一划分以后，有些牧户的草场的确是没有水源的。而且我们这里严重缺水，多处都没有水。"

"来的时候看到了大湿地的。"

"因为今年雨水比较好，才看到了些本初的模样。事实上，大湿地在过去几年的干旱里差一点就彻底干了。"

"我九岁就在生产队里放牧，早就把这里的大小山谷河沟走了个遍。那时候，哪一条山沟里都有水在流淌，从山上往下去，整个山坡下都是大的沼泽地。我小的时候就从来没有听说过哪年沼泽里的水干涸过。到20几岁的时候，发现水就慢慢变少了。到现在也快20年了。以前沼泽里的水是真的大，好些地方牛羊也进不去，人就是骑着马也没法通过，现在不一样，骑着摩托车就可以轻松穿过去了，摩托车骑过去，全是一股股的白烟尘。我们饮水也很困难。人取水要用摩托到山里的溪流去驮，没有摩托的人家就只好自己爬上高高的山头了。我自己就是到15公里外的采日玛乡的一个山头上驮水。冬天的时候，就在冰层较薄的地方砸开口子，把冰背回家。其实如果有点钱的话我们打口压水井也行。但要找外面的工人。"

于是，给我们讲述了先前调查中听说的一个有关水泵的故事：

"他们先买了一个，结果泵和发电机掉到水里了，后来又买了一个，结果功率小水越来越深，就抽不上来水了，因为已经用了一年没有办法换，现在就还是用大河里的水。就是这样的，我们这里也听说了。我们自己的人没有这个技术，而且要是我家这边的话，因为地势高没法打压井还得到山里取水。"

"山沟里的夏季草场是水源最紧缺的地方。前几年几条山沟都因为连年的干旱而断了水源，大家只好把牛羊都集中到某几个有水的山头上。有一次5队的20来户人家就聚集在唯一有水源的小山沟里住着。"

"还有一次,去县里开会回来后爬上山头,却发现自家的牛一头都不剩了。一般给牛饮水都是牛羊聚集在一小片水坑旁排队喝水,强壮的牛抢在前面,体弱的跟在后面,一个吃完另一个接上吃。就算是牛喝不到水也能在山上坚持几天,但我发现我的牛群因为喝不到水竟然全部跑光了。这可把我急坏了,我骑着摩托车一路找,一直追到了20多公里以外的黄河边才把牛群都追回来。我的祖祖辈辈都守在这片沼泽里,却还是头一回碰到因为没水喝牲畜跑丢的事情。"

"水源为什么会消失呢?"

"政府说是因为植被不好了,所以水也留不住了。但按照我们藏民的说法,每一眼泉水都有一位水神,水神一走这个泉眼就干了。我如果是科学家,能讲出科学依据,我如果有神通,可能也能看到水神离开。但是我也不知道是什么原因。干旱严重时,我们就在泉眼上祭神,求水神保佑泉水长流。"

为了让我们体验他们日常生活的烦琐和辛苦,才代让自己的儿子尕藏骑着摩托车让我们的车尾随走一趟。短短不到半小时的路程,却让我们在道与道的围栏之间东绕西绕。尕藏每碰到一个围栏门,确定狗不在的时候,就停下摩托车,把门打开,等大家的车过去后,再把门拴好,很是费工夫。这些绵绵延延的围栏硬生生地把草原割成了很多片。

"有时候牛羊去饮水,不得不经过别人家的牧场。牛羊每隔三天就要饮一次水,要是碰上不下雨的旱天,就支撑不住快要渴死了。有的牧民同意走他们家的草场,有的就是给钱也不同意,毕竟隔几天就又来一次,很破坏草场。为此,有些牧民之间关系都搞僵了,这是大实话。"

"家里的女人要天天去背水,这边牧民居住得都很分散,有的人家背水四十分钟就能回来,一百多斤水,都是用大塑料桶装的,一天去个两三趟是没有问题。有的人家离水源比较远,走着去一个来回也要两个小时,因为水沟中的水很少,接起水来就很慢,又要耽搁很长时间。人口多的家里要是再做些曲拉什么的,200斤都不够。最远的一趟要三四个小时。"

"这些问题反映过吗？"

我们道尔加一年比一年缺水，赶紧想办法赶快解决。引水工程耗资巨大，我们也没有提出这样的高要求，只希望政府能给我们打机井，给我们拉电。

"2002年来这里时，鼠害就已经相当严重了，刚开始还用了药，后来发现用药越来越厉害，牧民也没有办法，煨桑念经还能起点作用。我们牧民也只能相信佛爷会给我们安排一条好的前景吧，但愿今年的雨水多一些，草就长得密、高一些，鼠兔自然就少了。鼠兔这个东西草一长高，就繁殖得慢，成活率也低，因为草高挡住了它的视线，长期精神紧张自然生育率也就低。你说怪不怪。"

缺水已经成了住在这原本以湿地面积大，水源丰富而闻名的阿万仓乡牧民的心病。[①]

由牧民讲述的有关打井与吃水难的问题，反映了草原上水资源的紧张与匮乏。近几年，草场持续干旱，无法实现草畜平衡，草原生态不容乐观。主要表现在：

第一，草原"三化"严重，草地生产能力下降。近年来，气候持续干旱，草场超载过牧严重，使天然草原退化日益加剧。走在草原上，常常会碰到凹形的大坑，据当地牧民讲，是草皮死亡加上人为挖取地下的沙石所造成的。目前，玛曲县天然草原90%以上出现了不同程度的退化，各乡均有分布。例如，尼玛镇56.9万亩，欧拉乡141.4万亩，欧拉秀玛乡121.8万亩，阿万仓乡201.69万亩，木西合乡182万亩，齐哈玛乡77.2万亩，采日玛乡52.35万亩、曼日玛乡147.4万亩，阿孜试验站6.12万亩，河曲马场49.5万亩，大水牧场2.96万亩。大面积草场的退化导致可食牧草的指标大幅度下降，牧草产量由1981年的5860公斤/公顷下降到2005年的4000公斤/公顷，降幅达1/4，草层高度由1990年的35厘米下降到现在的15厘米，植被盖度下降到目前的50%左右。草地鼠虫害面积逐年增加，已达386万亩，占全县草地可利用面积的31%，毒杂草比例上升到37%，在全县草场内呈不同程度的分布，也就是"大坑"草场面积

---

① 部分资料参见《阿万仓大湿地一度干涸》，《人与生物圈》2010年第2期。

不断扩大。

第二，生物多样性破坏严重。草地退化使大量的动植物消失，植物群落结构简化，群落结构中禾本科牧草减少了，杂毒草比例上升。草地退化直接导致草地上的动物区系种群陷入危机，有益昆虫和鼠虫害的天敌减少，草原开始向逆向性演替，鼠虫害泛滥。在草场我们随地行走时，发现有许多鼠兔，鼠兔是专门生活在草原上的动物，草原鼠兔不仅挖洞，而且还将挖出的土堆积在洞口外，这使草无法生长。更为严重的是缺乏植被的保护，一场暴雨过后，地面被冲刷得沟槽纵横，加重了水土流失，这样破坏的范围更大，更加重了草场的沙化和退化。玛曲草原鼠兔猖獗，受害草地面积逐年扩大，1995年为12.3万公顷，2001年达到16.7万公顷。近几年来，发生鼠兔害的面积以每年14.2%的速度增长。目前，鼠兔害的面积已占玛曲草原面积的50%以上，成为草地沙化的另一个重要原因。玛曲草原气温明显上升，降水量减少，对其生态环境造成的恶果主要有两个方面：一是使黄河首曲众多支流的高山源区的结雪层变薄、雪线上升，从而使山区下泄的径流量明显减少，造成许多湖泊和沼泽萎缩或干涸，黄河首曲及其支流水流量锐减；二是玛曲草原气温升高引起地温随之升高，造成常年冻土层融化，加上草原上鼠兔洞穴星罗棋布，因而使降水形成的地表水向土层中渗透加剧，明显减少了地表径流量和注入黄河首曲水网中的水量。但因气温和地温明显升高，冻土层融化，又使植被和土壤的蒸发量大增，从而使草地土壤湿度不会因地表水下渗量的增加而增大。这样，就必然造成近地层空气和土壤趋于干旱化，促使原来的高寒沼泽草甸逐渐演变为高寒草甸草场，原来的高寒草甸草场植被的覆盖度降低，裸地扩展，严重的变成了高寒荒漠。此外，自20世纪80年代以来，人们对秦艽、贝母、冬虫夏草、红景天等名贵中草药和其他藏药的滥采乱挖，以及矿山开采、道路和城镇建设、旅游等，对玛曲草原生态环境的破坏也不可小视。

第三，水资源锐减。草地退化导致草地涵养水分的能力减弱，境内河流量减少，许多小溪断流，许多较大支流干涸或成为季节河，从而导致地下水位下降，更加导致了干旱缺水草场增加，近年来，玛曲段的水量以平均每年15%左右的速度减少，也是造成黄河断流的重要原因。玛曲的草场从20世纪60年代初开始逐渐恶化，此后恶化的速度明显加快。近二三十年来，玛曲境内众多的黄河支流，大多数已常年干涸或变成季节性河流，流入黄河的水量锐减。黄河从玛曲县境西北部流出到距离不远的青海省兴海县的唐乃亥水文站，这里 1956—1986 年 30 年平均年径流量为 219.1 亿立方米，1987—2000 年的 14 年平均年径流量为 182.4 亿立方米，减少了 16.8%。黄河河源至玛曲的水资源，其年际变化曲线呈现下降趋势，大约每 10 年减少 1.5 亿多立方米。同时，玛曲已有数百个湖泊、沼泽明显萎缩，例如：位于玛曲县城以南的乔科沼泽（又称河曲沼泽）大面积干涸，湿地面积已由 6.7 万公顷左右缩小至 2 万公顷；玛曲县城北面尼玛镇的贡玛滩，原有约 7 万公顷的沼泽，现已萎缩成零星的小水洼。干涸的沼泽地如今变成了一片片泛黑略带潮气的"黑土滩"，晴天时白色的盐碱地反射着阳光。[①]

第四，水土流失加剧。草地退化导致草地的渗水能力和蓄水能力降低，地表径流加剧，水土流失严重，黄河河段土壤侵蚀加剧，黄河泥沙含量增大，扬沙天气频繁，每逢冬季的多风季节，遍地沙尘滚滚，沙土被风卷扬升达百米之高，扬沙波及数十公里。

第五，草畜失衡。草原超载过牧，加上基础设施建设和厂矿企业用地等人为活动，严重破坏了草原植被，加之投入不足，建设标准低，畜牧业生产条件得不到彻底改观，防御自然灾害能力差，牲畜"夏饱、秋肥、冬瘦、春死"的局面难以改变，草原建设速度经济发展和生态平衡之间的矛盾日趋尖锐，草地畜牧业生产水平低下。

第六，对草原生态建设重视不够，投入严重不足。受地方财政困难的制约，草原生态建设没有专项资金，对国家有关项目配套资金也不能全面落实，和草原生产效益相比，投入远远不够畜牧业可持续发展的需要。

第七，从事草原保护与建设的基层科技力量薄弱，科技成果转化率低。调查点玛曲县从事草原科技服务的技术人员仅有 37 人，其中专业技术人员 20 人，而乡一级的专职草原科技人员寥寥无几，草原基层技术人员不论从力量还是从工作设施手段上，远远不能满足和适应目前草原建设形势的需求，草原战线科教推广衔接不够，科技工作研究方面比较突出，但推广力度不够，科技转化率低。[②]

---

① 资料来源：玛曲县县政府。
② 资料来源：玛曲县畜牧局。

二 肃南裕固族自治县地理环境及生态移民

裕固族是居住在中国甘肃祁连山下的人口较少民族，据 2010 年人口普查，全国共有裕固族 14378 人。这个民族具有悠久的历史和古老的文化，以藏传佛教为主要宗教信仰。近年来，基于生态保护和改善他们生活环境的需要，政府对其实施了生态移民工程。他们中的许多人离开了祖祖辈辈生活的牧场，开始了新的生活，转向了农业劳作。裕固族固有的生计模式发生了变化、生活空间发生了变化，他们的文化、习俗等发生变化。在新的生活环境中，如何进行社区文化的重建、如何保护裕固族的传统文化就成了一个重要的问题。我们的研究关注裕固族社区建设及其文化的保护发展，认为社区文化活动中心或社区博物馆的建设是一个比较好的措施。

1. 地理概况

裕固族主要分布在祁连山北麓和河西走廊中段。其中，祁连山区主要分布有肃南裕固族自治县的皇城区、康乐区和大河区裕固族；河西走廊中段平川区主要是肃南裕固族自治县的明花区裕固族和酒泉市黄泥堡裕固族。[①] 分布在祁连山区的裕固族主要从事畜牧业生产，祁连山北麓是一片狭长的天然山地牧场，在历史上，自秦汉时期起，这里就是古代游牧民族繁衍生息的理想场所。肃南裕固族自治县总面积约 23887 平方公里，其中可利用草原面积约 1800 平方公里，绝大多数草原都分布在高寒山区，海拔多在 2000 米以上。分布在河西走廊的裕固族分属张掖和酒泉两个地区。其中肃南县明花区属戈壁绿洲草原地带，这里的裕固族仍然以畜牧业为生，而黄泥堡裕固族则主要从事农业生产。在总体上，裕固族是一个畜牧为主的民族，畜牧业经济是其社会经济的主体。但随着时代的发展变化，裕固族的经济形态逐渐发生了一些结构性的变化，这就是在逐步实现定居化的同时，发展了农耕经济，这就使现代裕固族的经济形态具有了一定的多重性。

2. 裕固族历史沿革

裕固族自称"尧乎尔"，该词与今天的"维吾尔"和历史上的"回

[①] 王文元：《祁连山中裕固人》，《森林与人类》2004 年第 4 期。

鹘""回纥""袁纥"等都是同源词,是不同历史时期的汉语译音。裕固族文化基本属于北方游牧文化的范畴,除汉文化之外,裕固族文化中明显地包含有许多蒙古族和藏族文化的成分。

裕固族的祖先,可追溯至古代的回纥。回纥是古代突厥语"团结""联合"的意思,是他们的自称。745年,建立了回纥汗国,疆域包括贝加尔湖以南,阴山以北,大兴安岭以西和阿尔泰山以东的蒙古草原地区。在回纥汗国存在的近百年中,草原上各游牧部落以回纥部为核心,逐渐融合团聚成为统一的回纥族。从那以后,"回纥"一称已经成为一个包括草原各游牧部落的古代民族的名称了。回纥汗国的历代可汗都接受唐朝的册封,成为唐朝的属国。一般认为,裕固族主要来源于唐代后期(9世纪中期)西迁到河西走廊的甘州回鹘人。其族源可追溯到魏晋南北朝时期的敕勒或铁勒,秦汉时期的丁零。[1] 他们初到河西走廊时,依附于当时统治这一地区的吐蕃。并在名义上归附于唐王朝。840年,汗国在天灾和外敌的夹击下崩溃。部众分几支向西、向南迁徙,其中一支沿弱水南下到达了河西走廊的甘州(今张掖)一带,被称为甘州回鹘,也就是日后裕固人的祖先。这支回纥人到895年占领甘州城,建立了独立政权。

900年前后,甘州回鹘人攻占了甘州城(今甘肃张掖),并建立了甘州回鹘汗国。11世纪初,该汗国被西夏吞并。

甘州回鹘汗国灭亡以后,余部四散。一支投奔青唐(今青海省西宁一带),后来融合于当地吐蕃;一支入居北宋境内,逐渐融合于当地各民族;另一部分回鹘人——大概是甘州回鹘的主要组成部分,则退出沙洲以南地区,继续过着游牧生活。[2] 此后直到元朝时期的裕固族先民的历史,在汉文史料中的记载十分稀少。仅有个别的记载说,大致在今甘、青、新三省区交界地区,活动着被称为"黄头回纥"的部落。历史研究表明:"黄头回纥"大体上就是唐末五代时期甘州回鹘的后裔,也是元代"撒里畏吾"人的先民。"撒里"即"黄色""黄头","畏吾"即"回纥"。[3]

---

[1] 苏南裕固族自治县地方志编纂委员会:《肃南裕固族自治县志》,甘肃民族出版社1994年版,第78页。

[2] 苏南裕固族自治县地方志编纂委员会:《肃南裕固族自治县志》,甘肃民族出版社1994年版,第81页。

[3] 苏南裕固族自治县地方志编纂委员会:《肃南裕固族自治县志》,甘肃民族出版社1994年版,第81—82页。

1226年，蒙古大将速不台出兵攻下撒里畏吾地区，撒里畏吾人被蒙古军队征服，被纳入了蒙古汗国及元朝的长期的统治之下。蒙古族百姓与撒里畏吾人基本上在同一地区游牧，这样就使在裕固族先民创造的回鹘文化中，又融入了许多蒙古族文化的重要内容。这种文化融合的过程一直持续到了明代。1368年，元朝灭亡，明朝在撒里畏吾地区设置安定、阿端、曲充三卫。

明代史料中，称裕固族先民为"撒里畏兀尔"。明政府陆续在撒里畏兀尔人地区设立了安定卫、阿端卫和曲先卫；在撒里畏兀儿人与蒙古族杂居的地区设立了罕东卫、赤斤蒙古卫、沙洲卫和罕东左卫，史称"关西七卫"[①]。在明代，回鹘民族的一支与古代蒙古人长期生活在一起，两种文化的交流融合，在共同的"撒里畏兀尔"这一民族称谓下，这支回鹘人也越来越不同于从前的回鹘人。同时，当地的元代蒙古族后裔也日益有别于早期的蒙古族。古代的回鹘人与蒙古人在长期交往过程中，相互影响，日益接近，相互吸收对方的优秀文化，部分蒙古人学会了回鹘语，同时，部分回鹘人也学会了蒙古语。由于各地蒙古人的势力不尽相同，因此，在长期的经济文化交往中，古代回鹘人所受到的蒙古文化的影响程度也有所不同。但是，作为一个新的民族共同体却在明代中后期基本形成。

15世纪初，塔里木盆地的叶尔羌汗国向东扩张，以武力推行伊斯兰教，信仰藏传佛教的撒里畏兀尔人被迫东迁[②]，当时关外一些蒙古部落也与他们一起东迁到了祁连山麓，由于长期与当地汉藏等民族共同生活而逐渐融合为一个新的人们共同体，即今日的裕固族。

16世纪初，东部蒙古永谢布酋长入居青海并袭扰撒里畏兀尔诸部，加上吐鲁番伊斯兰教势力的不断东扩以及蒙古瓦剌部的南下袭扰，使安定卫、曲先卫、阿端卫、罕东卫部众不得不大规模东迁入居嘉峪关以内。裕固族先民陆续东迁后，明王朝就将他们安置到了肃州（今酒泉）南山和甘州（今张掖）南山地区，这大体上也是今日裕固族居住的地区。

清政府按照裕固族各部落所处的地域，将裕固族划分为"黄番七族"即七个部落，并封授了各部落的头目、副头目及"黄番七族总管"，并赐以黄马褂和红顶蓝翎帽。但在清代直至民国年间，裕固族的社会经济似乎趋于衰落状态，人口急剧减少。清初划分"黄番七族"时有6000多人

---

① 岑仲勉：《明初曲先阿端罕东四卫考》，《金陵学报》1936年第2期。
② 杨圣敏：《中华民族·裕固族》，华夏出版社1991年版，第284页。

图 1-1　裕固族东迁图

口,但到 1949 年前夕,所剩人口不足 3000 人,濒临民族消亡的边缘。在 20 世纪 50 年代以前,裕固族人口发展基本处于停滞状态,1953 年全国人口普查时裕固族仅有 3860 人;到 1964 年增加为 5625 人,1982 年有 10569 人,到 1990 年已达 12279 人,其中甘肃省有 11809 人;根据 2010 年第六次人口普查的统计,裕固族人口数为 14378 人,其中近 90%聚居在甘肃省肃南裕固族自治县境内的康乐、大河、明花、皇城乡及马蹄乡的友爱地方以及酒泉市的黄泥堡裕固族乡,此外还有少量裕固族人居住在兰州和新疆的哈密、昌吉等地。

裕固族过去是一个游牧民族,在祁连山的高原草场逐水草而居,没有固定的住所,生活十分艰苦。1954 年,肃南裕固族自治县成立时,经过裕固族人民的充分协商讨论,一致同意用与"尧乎尔"音译相近的"裕固"(兼有汉语富裕巩固之意义)作为全民族统一的新的民族称谓。[①]

3. 莲花乡及生态移民工程

由于自然环境的变化以及草地沙化的严重,"祁连山下好牧场"已经不如往昔。贫困一直困扰着生活在那里的裕固人,也困扰着当地政府。

莲花乡共有裕固族牧民 182 户,646 人,面积 467 平方公里,以经营

---

① 张汉武:《裕固族——甘肃独有的少数民族》,《今日民族》2005 年第 10 期。

传统畜牧业为主，兼营少量农饲生产。这里气候干燥，多风沙而少雨水，年降水量70毫米，年蒸发量2700—2900毫米。长期以来，由于受恶劣的自然条件、交通不便、信息闭塞等因素的制约，贫困问题一直困扰着生活在这里的裕固族牧民，大部分牧民连续举债十余年而无力偿还，是肃南县重点贫困乡之一。特别是20世纪90年代以来，随着全球气候变暖，持续干旱使该乡本来就非常脆弱的自然环境进一步恶化，草场"三化"现象日趋严重，沙尘天气频繁发生，可利用草场面积锐减，产草量与20世纪50年代相比减少了50%，牲畜头数自1993年以来的六年内就减少了45%，人均占有牲畜数比全县平均水平还少6.3头（只），传统的畜牧业生产正在失去赖以生存的发展空间。

图1-2 莲花乡沙化了的草地

为了改变这一落后状况，省、地、县把莲花乡列入扶贫攻坚计划，先后投入大量的人力、物力、财力，用于改善生产基础设施条件，并在教育、卫生、文化等社会事业方面给予倾斜照顾，当地政府和群众也为脱贫致富付出了艰辛的努力，但由于受恶劣自然条件的制约和陈旧观念的影响，在思路上又始终没有跳出莲花乡本土，使资金投入高而回报率低，扶贫成效微乎其微。全乡牧民中，40%的人仍在贫困线上徘徊，经济、社会发展处于很低水平。许多人对扶贫脱困失去信心，30%的青壮年劳力远走他乡寻求生计，特别是年轻人，凭借能歌善舞的优势，到外地打工的多，造成青壮年劳力短缺，男女比例失调，出现了经济和社会问题并存的现象。不禁令人感慨：一方水土养活不了一方人。

1999年，肃南裕固族自治县对长期帮扶却难以脱贫的莲花乡，实施了"易地搬迁，集中定居，连片开发，以农为主，农牧结合，规模经营，整体脱贫"的移民开发工程，这项工程也就是我们常说的生态移民。所谓"生态移民"特指由于生态环境的破坏或恶化，人类难以生存而搬迁异地的行为，因而往往属于"非自愿性移民"，甚至在较大程度上属"强制性移民"之列。长期以来，由于人口和牲畜的不断增加，对草原和耕地的索取力度加大，致使农牧民受到生态恶化和贫穷落后两方面的困扰。肃南县政府认真总结过去在莲花乡扶贫工作的经验教训，积极解放思想，转变观念，开阔思路，在广泛征求各方面意见，反复讨论的基础上，确定了改变过去"救济式"扶贫的做法，把扶贫与生态环境建设结合起来。经过深入的调查论证和综合分析，将莲花乡生活贫困的78户300名牧民搬迁到了肃南县条件比较好的明花农业综合开发区单沙窝从事农业生产，使这些世代游牧的牧民实现了从游牧到务农的历史性跨越。

肃南县的明花乡因此而成为一个移民乡，全乡有446户约1500名农牧民是从该县祁连山南部山区大河、马蹄、康乐等乡迁移过来的。之所以搬迁明花乡，一方面是因为这里地势平坦、地下水源充足，适宜发展种植、林果、养殖等产业，且这里离312国道、兰新铁路近，西兰乌光缆从中穿过的地位优势，可以通过努力在较短的时间内从根本上解决搬迁牧民的吃饭和致富问题；另一方面，通过搬迁，可以腾出大片草场，为不搬迁牧民发展畜牧业提供更大的空间，达到搬迁一户、宽松二户，减轻草场压力，恢复植被，保护生态环境，共同致富的目的。多年来，为切实增加农牧民收入，有效保护祁连山生态环境，肃南县积极争取实施祁连山生态环境保护工程和以工代赈易地扶贫搬迁项目。2004年搬迁安置区农牧民人均纯收入达到了5006元，比2003年增加了966元，年均增长5.5%，畜牧业经济由单纯的粗放型向效益型转变，逐步形成了良性循环，实现了生态建设与农牧民增收的"双赢"。

为积极配合生态移民搬迁工程的顺利实施，在工程实施时，县委、县政府相继出台了一些扶持易地搬迁的优惠政策：第一，搬迁移民所需的土地实行无偿划拨，开发的土地所有权不变，依法取得土地使用后，一定50年不变；第二，对计划内搬迁的移民，从搬迁之年起，迁出地生产资料继续使用三年，但必须每年向所属村缴纳各项税费，三年期满后，交所属乡村统一安排使用，但必须当年整户搬迁并迁出户口；第三，计划内安置移民的新开发农业用地，从开发之年起，五年内免征各项税费；第四，对计划内安置的移民，县上在水、电、路等基础设施建设方面，给予投资扶持，在住房建设上给予适当补助；第五，对计划内安置的移民，肃南县有关部门在实施相关项目时，对搬迁户农田改造、棚舍建设、良种引进、实用技术推广、科技培训等方面给予倾斜扶持，并提供产前、产中、产后等各项服务；第六，对农牧民在生态移民中所进行的个人投资免征税费。以上优惠政策的制定和落实，为项目建设的顺利实施提供了政策保障。

图1-3 双海子村的农田

双海子村位于肃南裕固族自治县明花乡，距乡政府约6公里，距县城大约100公里。现有约113户居民约440人。全村有耕地大约2400亩，60%的村民是以前放牧的裕固族。[①] 剩下的多为汉族，还有很少几户藏族。全村共分为深井子方田、湖边子方田、贺家墩方田、黄土坡方田、上井方田、马蹄方田。前四个方田的人分别是从莲花乡的四个村子搬迁而来，之前都从事放牧生活。生态移民对于他们生产生活上的影响是最大的，这一部分裕固族群众也是我们所调查的主要对象[②]。

---

① 资料由双海子村村委会主任GM提供。
② 为了表述方便，下文中的双海子村主要指这一部分裕固族群众。

三 青海玉树自然及人文概况

玉树藏族自治州位于青海省西南、青藏高原腹地的三江源头，平均海拔在4200米以上。玉树藏语意为"遗址"。地理位置大致介于东经89°27′—97°39′，北纬31°45′—36°10′，玉树藏族自治州东西最长738公里，南北最宽处406公里，土地总面积26.7万平方公里，占全省总面积的37.2%。① 现辖玉树1市、称多、囊谦、杂多、治多、曲麻莱5县，共10镇，35乡，257个村（牧）委会，2018年全州总人口为41.66万，其中藏族人口占全州人口的98.53%。②

1. 自然环境

玉树州是长江、黄河、澜沧江的发源地，境内河网密布，水源充裕，素有"江河之源""名山之宗""牦牛之地""歌舞之乡""唐蕃古道"和"中华水塔"的美誉。在西部的可可西里地区，有众多的内陆湖泊。黄河干、支流在州境内总长559公里，长江为3380.2公里，澜沧江为1792公里，总流域面积23.80万平方公里，占全州总面积的89.12%。多年平均径流量1022.3立方米/秒，年径流量324.17亿立方米，理论水力蕴藏量542.7万千瓦。据估算，地下水资源为114.92亿立方米，冰川储量1899.9亿立方米。可开发装机容量0.4万千瓦的水电站15座，0.386万千瓦的水电站26座。

高寒是该州气候的基本特点。全州气候只有冷暖之别，无四季之分，全年冷季7—8个月，全年暖季4—5个月，没有绝对无霜期，气候寒冷而干湿不均，年平均气温-0.8℃，年最低气温-42℃，最高气温28℃，年平均降水量463.7毫米，空气含氧量要比海平面空气含氧量低1/3—1/2。灾害性天气多，大雪、早霜、低温、干旱、冰雹等自然灾害，严重制约着农牧业生产的发展。全州年日照时数在2467.7小时—2789.1小时，年辐射量每平方厘米在623.5—674.7千焦耳，均大于同纬度的东部地区。

---

① 玉树州志编纂委员会：《玉树州志》，三秦出版社2005年版，第3页。
② 资料来源：玉树州人民政府。

2. 历史沿革

玉树古为西羌牦牛种地。隋朝前后为苏毗和多弥二国辖区，唐时为吐蕃的孙波如，宋时为黎州属下的囊谦小邦之地，元朝归吐蕃等路宣慰司管辖，明朝囊谦五室的贵族僧侣屡被赐号为功德自在宣抚国师。明末清初玉树各部头人为青海蒙古和硕特部赠爵为诸台吉。① 清朝受青海办事大臣直接管辖，为囊谦千户领地，下有百户独立长等部落。民国时期设置玉树、囊谦、称多3县，统由玉树行政督察专员公署管辖，县之下千百户制度因袭如故。

1949年10月，青海省人民解放军军政委员会驻玉树特派员办公处成立。1949年设玉树专区，专署驻玉树县。辖玉树（驻结古）、称多（驻周均）、囊谦（驻香达）3县。1951年12月25日玉树专区改为玉树藏族自治区，辖称多、囊谦2县；撤销玉树县建制。1952年恢复玉树县建制，由玉树藏族自治区领导。玉树藏族自治区辖3县。1953年由玉树、囊谦2县西部地区合并设置扎朵县；辖4县。1954年原扎朵县改为杂多县（驻于玉日本）；由玉树县部分地区设治多县（驻加吉博洛格）；原由省直辖的曲麻莱区改设曲麻莱县，划入玉树藏族自治区；辖6县。

1955年玉树藏族自治区改设玉树藏族自治州，自治州人民委员会驻玉树县；辖玉树、囊谦、称多、杂多、曲麻莱、治多6县。1959年以玉树、囊谦、杂多、治多4县部分地区设置江南县（在长江南岸，驻甘宁生多）；以称多、治多2县部分地区设置天河县（在长江北岸，驻卡隆云）；辖8县。1960年江南县驻地由江南甘宁生多迁驻节综地区。1962年，撤销江南县，并入玉树县；撤销天河县，并入称多、曲麻莱2县；② 玉树藏族自治州辖玉树（驻结古）、称多（驻周均）、囊谦（驻香达）、杂多（驻于玉日本）、治多（驻加吉博洛格）、曲麻莱（驻色吾沟）6县。1977年曲麻莱县由色吾沟迁驻野仓滩；玉树藏族自治州辖玉树（驻结古）、称多（驻周均）、囊谦（驻香达）、杂多（驻于玉日本）、治多（驻加吉博洛格）、曲麻莱（驻野仓滩）6县。

2006年8月，玉树州新增2个镇，由10镇35乡调整为12镇33乡，乡

---

① 玉树州志编纂委员会：《玉树州志》，三秦出版社2005年版，第81页。

② 玉树州志编纂委员会：《玉树州志》，三秦出版社2005年版，第36页。

镇总数（45个）保持不变。玉树县撤销下拉秀乡，设立下拉秀镇。称多县撤销珍秦乡，设立珍秦镇。2013年7月3日，经国务院批准，同意撤销玉树县，设立县级玉树市，以原玉树县的行政区域为玉树市的行政区域。

3. 称多县基本情况

称多县位于玉树藏族自治州东北部，是国家江河源自然保护区县之一，也是江河源头县之一。县东邻果洛藏族自治州玛多县，北部、西部与曲麻莱县接壤，东南和四川省石渠县毗邻，西南和玉树县隔河相望。地理坐标介于北纬32°53′30″—34°47′10″，东经96°02′36″—97°21′24″。东西宽160公里，南北长209余公里，县土地总面积1.53万平方公里。境内地形复杂，地势高亢，平均海拔4500米左右。称多县政府成立于1951年3月1日，县人民政府所在地驻周筎（位于称文镇）。

称多县下辖八个乡镇：称文镇、歇武镇、清水河镇、珍秦乡、扎朵乡、尕朵乡、拉布乡、赛河工作站。其中纯牧业乡镇3个，半农半牧乡镇5个。全县有57个村（牧）委会、251个农牧业生产合作社，2016年总人口61024人，其中藏族占98%。全县草原辽阔，在可利用草场面积中，冬春草场面积为806.4万亩，夏秋草场面积为1066.8万亩。历史上，称多县属于玉树二十五部范围，民国二十六年（1937年）由玉树县析置称多县。1951年沿旧制成立称多县政府，隶玉树藏族自治区（州）。

4. 牧业村概况

牧业村位于青海省玉树藏族自治州称多县歇武镇，在称多县的东南部。该村距省会西宁市约780公里，距县城所在地称文镇约70公里，距州府玉树县结古镇约60公里，东面70公里为四川省石渠县。本村海拔最低处为3800米，最高处为4900米，绝大部分地区的海拔为3900—4200米，属于大陆性高寒气候，夏无酷暑，冬季寒冷且漫长，春秋短暂，年降水量约500毫米，年平均气温为3.2℃。通天河（长江）左岸支流歇武河从本村流过。

截至2013年年初[①]全村有82户约350人，目前有28户共110人居住在牧业村，其余人因为各种原因到歇武镇、称文镇、玉树县甚至西宁等地

---

① 以下资料来源于笔者2013年4月在青海称多县牧业村所做的调查。

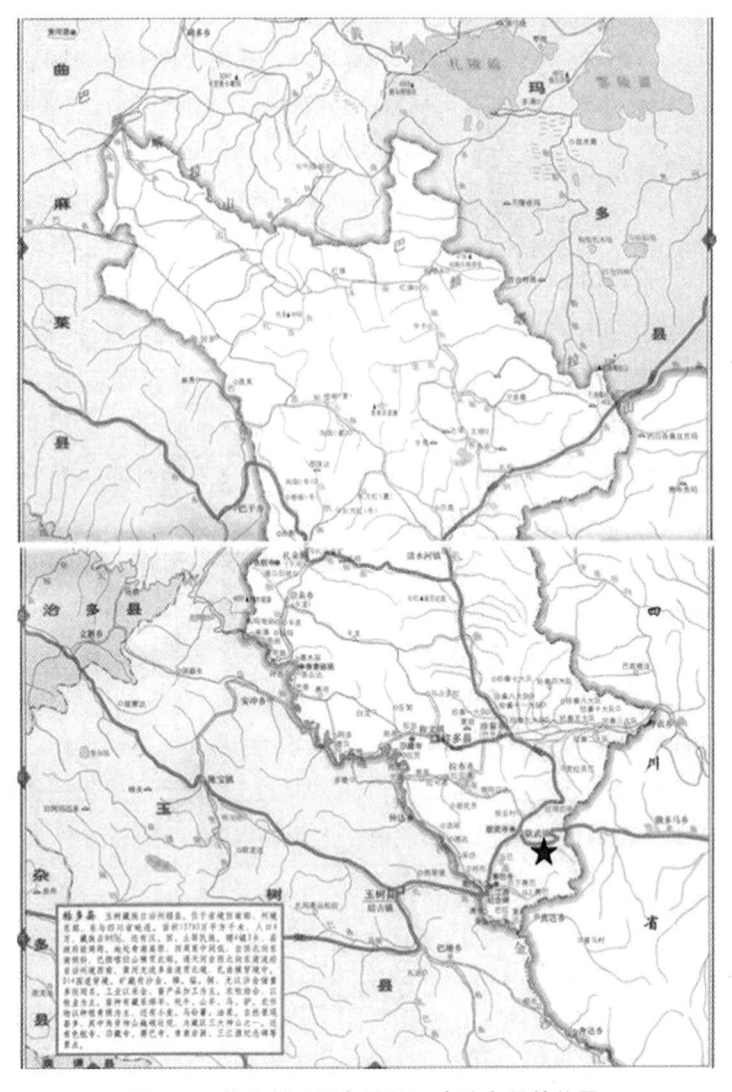

图 1-4 牧业村（五角星处）在称多县的位置

资料来源：张红主编：《青海省地图册》，中国地图出版社 2006 年版，第 32 页。

居住。这 28 户根据居住区域分成三个小组，其中一组 15 户，二组 8 户，三组 5 户，每组居住在一条沟里，三个组之间的距离约 7 公里。全村共有草场约 16.9 万亩，其中夏秋季草场 8 万亩，冬春季草场 5.3 万亩，退牧还草 3.6 万亩。

目前牧业村主要的经济形式为畜牧业与虫草采集，兼有少量的种植业。饲养的牲畜主要是牛，全村共有牦牛、黄牛和犏牛 2540 头。因为交

图 1-5　牧业村

通工具的改进，目前全村仅有 8 匹马供赛马节时比赛用；因为劳动力相对缺乏和产值不高的原因，大约从 2003 年开始，牧业村已经不再养羊。牧民目前主要的现金收入来源于虫草，每年 7—8 月虫草的收获季节，每个家庭的收入平均在 8 万元左右，这相当于中等质量虫草 1 千克的收购价。在冬季定居点附近有少量耕地，主要种植牲畜过冬所需的燕麦、青稞等饲草。

第二章　甘南藏族本土生态知识[①]

在玛曲，广泛流传着许多形象而生动的关于天气的谚语。如"三九冻破铁，六九骑马不穿靴，七九河无冰""阴历十月冷，来年风雨顺""阳春季遇润月，低温灾害多"等。智慧勤劳的玛曲人正是在畜牧业生产、生活的经验中逐渐形成了朴素的"季节""气候"等观念，由此凝练出季节变化的规律并与生产活动结合起来，进而在认识气候的基础上，判断并利用气候服务于畜牧业生产、生活。

一　藏族生态知识的起源

当藏族先民还处在刚刚步入人类阶段的原始时代时，还不足以具备足够的理论形态的抽象思维能力，所以他们不可能形成具有系统的理论形态的生态知识或者生态思想。但是这并不代表他们完全没有认知客观世界的能力，反而有利于他们的直觉感知和感应体验。列维-斯特劳斯在研究原始人的分类认知能力时也认为："这种对客观知识的渴求，是我们称作'原始的'人的思维中最易被忽略的方面之一。即使它所关心的事实与近代科学所关心的事实很少处于同一水平，它仍然包含着与后者相类似的智力运用和观察方法。"[②] 此时他们已经有了自己的幻想、神话等。根据神话、宗教起源的一般理论，原始的"万物有灵"观念及其相关的崇拜形式在藏族社会的旧、中石器时代就应该已经产生了。按藏族观念，凡宇宙生物都有其灵魂，生物躯体可生可灭，但灵魂不灭，这些都影响着藏族先民对自然的感知。当时条件下的这种对居住环境自然状况的总体认知和阐

[①] 本章内容主要源自于国家重点研发计划"基于藏区本土文化的高寒生态系统保护与技术推广模式研究"（项目编号：2017YFC0504805）之阶段性成果。

[②] ［法］列维-斯特劳斯：《野性的思维》，李幼蒸译，商务印书馆1997年版，第5页。

述，为生态伦理的形成建立了基础，当时的神话自然观在一定程度上体现着藏族生态伦理的一般特征。藏族的万物有灵观念的具体表现形式是认为世间万物中都居住着某种人类肉眼看不到的灵魂，从天上、地面到地下的诸多事物当中，包括动物、植物、太阳、月亮、湖泊、山川等，灵魂无所不在。万物有灵的观念在形成宗教之后依然对藏族社会发挥作用，如在藏族传统宗教——苯教——的观点当中，仍明显地存在万物有灵观念的痕迹。

一般而言，藏族传统生态伦理的主要来源包括了其世代相传的创世传说、对祖先的崇拜、对自然神的崇拜这几个方面，通过将神圣性赋予相应的自然事物，藏族先民形成了一系列针对性的伦理观念，并世代相传。

1. 创世传说中的生态认知

在最初的原始生态环境中，即使当时的人们已经掌握了渔猎采集技巧和火的使用方法，但面对强大的自然力时，人类的生存能力仍显得极端羸弱，人类对自然界的改造远远小于自然界对人类生存的威胁。在面对多变的自然环境、气候变化、自然灾害以及动物侵扰所带来的灾害时，由于原始人无力与之抗衡，便转而求助神的力量，将自然神化。创世传说在每个民族当中都占有重要的地位。早期人类在面对自然环境时，尚无法认清其运动和发展的一般规律，更不用说通过科学的方法厘清世间万物的起源，因此，以传说的方式说明世界起源成为其不得不采取的折中思维，集体表象成为这种思维的一般特征。

由于民族所处的发展阶段、具体生存环境和生活方式的差异，不同民族的宇宙和人类起源传说都会烙上自身的民族特色。进入父系社会之后，藏族最早的宇宙发生论的传说——《斯巴问答歌》孕育而生，其中同样也孕育着生态伦理的哲学思想萌芽。《斯巴问答歌》当中对天地的形成有这样的记载：

> 问："最初斯巴形成时，天地混合在一起，请问谁把天地分？最初斯巴形成时，阴阳混合在一起，请问谁把阴阳分？最初斯巴形成时，汉藏混合在一起，请问谁把汉藏分？"
>
> 答并问："最初斯巴形成时，天地混合在一起，分开天地是大鹏，大鹏头上有什么？最初斯巴形成时，阴阳混合在一起，分开阴阳

是太阳,太阳头上有什么?最初斯巴形成时,汉藏混合在一起,分开汉藏是皇帝,皇帝头上是什么?"

答并问:"最初斯巴形成时,天地混合在一起,分开天地是大鹏,大鹏头上有犄角,你说头上有没有犄角?最初斯巴形成时,阴阳混合在一起,分开阴阳是太阳,太阳头上有位更登佛,你说头上有无更登佛?最初斯巴形成时,汉藏混合在一起,分开汉藏是皇帝,皇帝头上有个珊瑚顶,你说头上有无珊瑚顶?"①

对山川、道路和大地,《斯巴问答歌》有这样的描述:

问:"斯巴宰杀小牛时,砍下牛头放哪里,不知道问歌手。斯巴宰杀小牛时,割下牛尾放哪里,我不知道问歌手。斯巴宰杀小牛时,剥下牛皮放哪里,我不知道问歌手。"

答:"斯巴宰杀小牛时,砍下牛头放高处,所以山峰高耸耸。斯巴宰杀小牛时,割下牛尾栽山阴,所以森林浓郁郁。斯巴宰杀小牛时,剥下牛皮铺平处,所以大地平坦坦。"②

除此之外,《西藏王统记》等史书记载西藏原为汪洋大海,后来水流进"贡吉曲拉"山洞,陆地才显现出来。藏族民间流传着"万物皆生于卵"的传说:"最初是本无空,由空稍起有本,由有略生洁白之霜,由霜略生似乳之露。……最后一切外器世界与有情世界,由卵而生,为气数及自在天等所造。"③

在这些描述自然生态形成的故事当中,藏族先民以游牧生活中常见的各种熟悉的要素,如牛、牛头、牛尾、牛皮等对应自然、山川、道路、平原等,反映了藏族人民对自然生态的初步的朴素的认识,折射出藏族生存的地理环境、气候条件、动植物资源以及生活状况等。此时藏族群众对生态的认识是模糊的,用今天的观点衡量这些创世传说,其中会有很多矛盾之处,如大鹏、太阳、皇帝、小牛等事物起源于何处?而且根据当今流行

---

① 佟德富、班班多杰:《略论古代藏族的宇宙观念》,《思想战线》1984年第6期。
② 中央民族学院《藏族文学史》编写组:《藏族文学史》,四川民族出版社1985年版,第12页。
③ 善慧法日:《宗教流派镜史》,刘立千译,西北民族学院研究室,1980年,第130页。

的关于宇宙产生和物种起源的理论，这些因素应当在宇宙形成之后才得以出现，但在这些传说中它们却早于宇宙、世界的出现，因此无法自圆其说。也正是因为无法对客观世界自圆其说，所以藏族先民才采取了神话式的创世传说，表现了人们改造自然的欲望和冲动，其生态伦理还处于萌芽的阶段。

2. 图腾崇拜与生态环境

随着藏族社会进入图腾崇拜的阶段，生态伦理观念有了进一步的发展。在这一时期，人们将某一特定人物或事物视为图腾崇拜物，赋予其神圣的地位：在早期诸藏王与王妃中，相传有的是龙族后裔，卓年德王的王妃青萨嘉恩布措便是龙族的女儿；朗达玛是从牛转世而来（"朗"即牛的意思）；高僧借动物身体"还魂"；"国王或贵族的魂居动物通常是虎、狮、象或熊；凡人的魂居动物大多是马、骡、绵羊、公牛、牦牛等等"[①]。《西藏王臣记》中有关于仲宁德乌之妻秦萨·鲁杰恩波措为龙族的记载，而且妃"常以死蛙，烹以酥油，暗藏食厨深处备用"[②]。作为人类战神的动物，是人类力量、能力和智慧的延伸，传说中的格萨尔十二战神就包括了大鹏、青龙、白狮、红虎、野马、青狼、花鹰、黄熊、鹞鹰、野鹿、人熊、金蛇。这些被神话的动物在成为图腾之后，就具有了神圣性而受到崇拜，在日常生活中，人们不得随意捕杀、伤害它们，而必须保护它们。

藏族牧民对黑颈鹤感情很深，有文化和宗教的原因。黑颈鹤用藏语说就是"格萨尔达孜"，意思是"格萨尔的牧马倌"。格萨尔有一个寄魂鸟"仙鹤"就是黑颈鹤。藏人爱鸟还可归因于"天梯信仰"，他们认为鸟是人界与天界沟通的工具。藏族万物有灵论思想认为，人的灵魂有多个且可以离开身体寄存于自然物。当个体、部落在其成长发展过程中遇到疾病、灾害、兵燹的危机时期，把灵魂寄存于体外以免遭受伤害，这种现象叫作体外寄魂。法国藏学家石泰安记录了一个家庭所拥有的寄魂物。9个儿子都有与其同庚的"马魂""牛魂"和"鸟魂"，还有9个"树魂"和"湖魂"。在格萨尔史诗中，部落战争的过程就是使用寄魂物和战胜寄魂物的过程。格萨尔的寄魂山是果洛的阿尼玛卿山，寄魂湖是玛多县的扎陵湖、

---

① [奥地利] 勒内·德·内贝斯基·沃杰科维茨：《西藏的神灵和鬼怪》，谢继胜译，西藏人民出版社1994年版，第570页。

② 五世达赖喇嘛：《西藏王臣记》，刘立千译，民族出版社2000年版，第12页。

鄂陵湖和卓陵湖,这些寄魂物同时也是岭国(部落)的,均在三江源的核心地区。格萨尔有3个寄魂鸟:白仙鹤(黑颈鹤)、黑乌鸦和花喜鹊。寄魂现象今已趋淡,但人与物之间转生的观念依然存在于藏族人的记忆中。寄魂物有个体和群体之分。当个体或部落将灵魂寄存于山水、动植物时,人与自然建立了生死与共的关系,即寄魂物的健康、强壮意味着个体或部落的兴旺、健康,反之亦然。弗雷泽在《金枝》里提及的橡树便是一个寄魂物,他认为灵魂寄存体外比放在自己身上更安全,就像把钱存在银行而不随身携带的道理一样。由于万物有灵和寄魂观念的内化作用,加之藏传佛教的戒杀教义,藏人在儿童期就开始培养好生之德。这也可以解释藏人为何不愿意毒杀高原鼠兔,更不愿意因毒杀鼠兔而引起更多与之相关的生命死亡。

  苯教认为人的身体有6种保护神:男神(也叫人神)、女神、舅神、生命神、战神、国神(宇宙山,即天柱),这些神"把人与他在空间和时间方面的集团联系起来了。在空间方面,因为这些神与统治居住境域、住宅和地区的神是一致的;在时间方面,因为他们主宰了从祖先到后裔世系的命运"[①]。在《朗氏家族史》中提到:"总之,生而为人,若不知自己的族属,则宛如林中的猕猴;人若不知自己的母系血统,则犹如虚假的苍龙;若不知祖宗的谱系,则像离乡背井的门巴孩子。"[②]

  图腾崇拜本身是一种象征符号,它的存在与发展是与藏族社会的发展阶段相适应的,或者说,它所反映的就是藏族社会本身。在图腾崇拜的信仰体系中,藏族先民将自身和社会发展与某种特定的动物、植物或无生物联系在一起,他们相信在自己与它们之间维持着一种亲密而特殊的神秘关系。同时,它们所表现出来的特殊的能力或现象使人们感到神秘莫测,进而产生某种崇敬的情感体验,希望可以具有与之相同的能力或得到它的保护,并最终选择其作为自己的图腾。

  图腾崇拜反映了藏族先民对自己所居住环境的主观感受和认知结果,反映了本族成员对神灵的敬畏和崇拜心理,在这种心理的影响下,藏族先民对生态环境的重要性又产生了深刻的认知,注重人与自然之间的和谐相处。通过将特殊的动物、植物等作为本族的图腾,二者之间形成一种超越

[①] [法]石泰安:《西藏的文明》,耿昇译,中国藏学出版社2005年版,第249—250页。
[②] 绛求坚赞:《朗氏家族史》,赞拉·阿旺等译,西藏人民出版社1989年版,第6页。

自然关系的敬畏和保护关系，客观上起到了保护生态环境，维护生态平衡的作用。在图腾崇拜当中，作为图腾崇拜的事物越强大、越兴旺，与之相联系的部族、民族也就更加兴盛，反之，则预示本族的衰落。为了维持崇拜物的兴旺发达，藏族群众发展出各种针对图腾物的禁忌，禁止接触、捕食、采摘、伤害图腾物，以图腾神灵的名义主动保护部族的崇拜物。在这种心理价值取向和行为驱动方式的作用下，藏族先民在谋求与神灵和谐相处的过程中，自觉向与生态系统相适应的方向发展，使人与自然之间表现出相互适应的关系。

3. 自然神崇拜

在藏族的观念中，神山也是一种生命体，神山的灵魂就是山神，一种或以动物形象出现，或以人形象出现的神。在青藏高原，几乎每个部落都将自己所在地最高、最壮观的山看作神山。许多地方又把神山当作本部落、本地区藏人的祖先，山神崇拜成为祖先崇拜。因此，传统社会的许多藏族部落供奉"里神"，他既是山神，也是祖先之神。如青海果洛地区将年保玉则山当作自己部落的祖先，化隆地区将阿尼夏冬山看作自己的保护神，华日地区将拉布桑神山作为本地区的保护神。为求这些昔日是本氏族的长辈，今日是本氏族的善灵的保佑，就要对他们倍加崇敬与供奉。

青藏高原广泛分布着许多大小不一的湖泊，还有无数山泉、河水。一般来说，藏族群众都崇敬水，因为它们被认为是个人或者一个部落或民族的灵魂寄托之地，其中往往有"龙神"存在。根据藏族的传统观念，"龙神"通常被视为山神的配偶，它的踪迹几乎遍及每一个湖泊、泉水、江河。在藏族的传统观念当中，只要人们虔心敬仰，保护它和湖水、泉水不受污染，它就可以给人们带来幸福吉祥。[1]"在宇宙论的另一领域中，龙起了一种重要的作用，龙就是相当于梵文中的 Naga 的神灵，但在一般情况下则是代表大地和水中的神灵，大家认为农业的丰收取决于它们。"[2]龙神的具体功能取决于人们对水的态度和行为：如果有人擅自挖掘土地、破坏水源、污染泉湖，龙神由此而震怒，使人们染上诸如风湿、疮疱、水

---

[1] 南文渊：《古代藏族关于自然崇拜的观念及其功能》，《青海民族研究》（社会科学版）2001年第2期。

[2] ［意］图齐、［德］海西希：《西藏和蒙古的宗教》，耿昇译，天津古籍出版社1989年版，第277页。

痘之类的"龙病",更严重的则会导致久旱不雨,让大地上生物受干旱煎熬,让触犯者受到惩罚。当然也可通过采取相应的忏悔行为祈祷、悔过、请求龙神的宽恕,则可以让龙神息怒。现在在江河源头或者是河、湖旁边的一些村庄,我们仍然可以看到藏传佛教玛尼堆(房)和鲁康(龙神祠)并存的现象。

　　赋予植物神圣性也是藏族生态伦理起源的一个重要方面,早在原始苯教当中就已经存在着对树木的崇拜和祭祀活动。《隋书·西域传·女国》中记载:"女国,在葱岭之南……俗事阿修罗,又有树神,岁初以人祭,或用猕猴。祭毕,入山祝之,有一鸟如雌雉,来集掌上,破其腹而视之,有粟则年丰,沙石则有灾,谓之鸟卜。"① 根据考证,女国大致位于今尼泊尔以北的西藏西部偏南一带②,故而这则史料记载的内容当属于藏族先民早期的苯教活动。由于人们对树木的崇拜,使藏族老百姓在思想上意识到树木的重要性,对某些特定的树木进行保护,例如对那些具有驱邪镇妖功能的神木,人们就需要加以保护:"一份苯教文献中说:白色旃檀木是平和之木,产于仙人之地;姜黄木是昌盛之木,产于罗刹之地;红色旃檀木是强权之木,产于暴风神之地,黑蒺刺是凶残之木,产于神之地;菩提树与如意树产于须弥山顶。"③ 位于今西藏林芝地区八一镇东南大概十多公里的巴结乡,有一片巨柏保护区,根据传说,这些巨柏是苯教先师辛饶米沃且的生命树,因此这片巨柏被当地藏族奉为圣地,树周围至今依然经幡猎猎,香烟缭绕。④ 由于这种观念的存在,当地的柏树被赋予神圣性,不允许随意侵犯,其生存的空间得到了有效的保障。

　　在众多的神灵系统中,与藏族人关联最紧密的应该是山神和龙神。藏区有众多神山,居住在其中的山神是一个地区或部落的保护神,山神和人一样有喜怒哀乐和男女之别,如果触犯了他们便会受到惩罚,比如冰雹、雪灾、闪电等都是山神被触犯的体现,所以要时常通过煨桑等手段慰藉神

---

① 《隋书·西域传·女国》,中华书局1973年版,第1850—1851页。

② 详见石硕《女国是苏毗吗?——论女国与苏毗之差异及女国即苏毗说之缘起》,《西藏研究》2009年第3期。

③ [奥地利] 勒内·德·内贝斯基·沃杰科维茨:《西藏的神灵和鬼怪》,谢继胜译,西藏人民出版社1994年版,第624页。

④ 南文渊:《古代藏族关于自然崇拜的观念及其功能》,《青海民族研究》(社会科学版) 2001年第2期。

灵。煨桑时，先把牛粪放在煨桑台上点燃，然后放上松柏枝、哈达，再洒一些奶茶、青稞、红枣之类的，等烟雾缭绕的时候，一边念经一边围着台子顺时针转圈，让香气传达他们虔诚的心意。神山上的湖泊是圣湖，里面住着龙神，所以藏族会往圣湖里面敬献装着粮食、哈达和经幡等物品的宝瓶。神山上的一草一木都是属于山神的，因此，不可随意在神山上采集和动土，禁止任何可能污染神山圣湖的行为。

龙神（水神）在藏语里叫"勒"，他的化身一般是蛙类或者蛇类，勒受到伤害后，会直接导致当地的气候和降水不平衡，所以保持河水洁净不受垃圾的污染是防止触怒神灵的关键。在阿万仓调查的时候环保小组的组长罗桑也提到过，鞋子、旧衣服之类的废弃物不能扔进水里，不然青蛙会死。不止对神山上一草一木的爱护，在其他地方，藏族也尽量不伤害各种生物的生命。

通过将山脉、河流、湖泊、树木等自然环境要素神圣化，使人们在世俗生活中对其产生敬畏之情，不敢轻易做出冒犯的举动，因而我们必须承认藏族的一些传统观念对当地树木或其他植被的保护是有积极作用的，有利于维护其生存范围内人类行动与生态环境的平衡。

在农区，每年要举行"望果节"，每年秋季收割前，农人们在喇嘛的带领下，排成长队，吹号敲鼓，沿着青稞地缓慢行走，同时齐唱祈神的歌曲。每人拔三棵青稞穗，拿回家供奉于神佛像前，表明将青稞神请到了家里，青稞就会丰收。青稞作为青藏高原珍贵的农作物，它是一切农作物中地位最高的，被看作一种神灵，它有自己的世系和等级："据说青稞的先祖，他在丁尼丁草原像一只雄鹰高高飞翔；母亲是恰普季麻舒恰普苏色……青稞是忠诚的、纯洁的，'六生'母青稞是神青稞，因此，要效忠于青稞，要效忠于'六生'的母青稞。"[①] 对藏族而言，青稞是否能够丰收增产，直接关系到自身的生存与发展问题，鉴于这种关系，藏族群众在不断的发展中赋予这种普通却又意义重大的农作物以神性，使其兼具植物与文化的双重功能。

随着人与自然关系的不断密切，怎样维护这种关系成为藏族先民生态伦理思想的核心主题和部落生活秩序的主要内容，一旦成为秩序，就带有普遍的约束性。藏族生态伦理是先民活动的合理性问题，这种合理性指涉

---

① ［英］F. W. 托马斯：《东北藏古代民间文学》，四川民族出版社1986年版，第81页。

的是主客体间的价值关系。藏族群众至今恪守生态伦理的一个重要原因，就是在人们观念中存在的"世俗世界由多种神灵主宰"的观念，认为各个地区都有专职神灵主管，人与庞大的神灵体系有着重要的利害关系。

图腾崇拜和自然神崇拜构成了藏族对自然崇拜的主要内容。从表面上看，其中所体现的是藏族先民对容纳自身、提供生存所需资料的自然环境的感激以及由此而产生的敬畏与崇敬；面对恶劣的自然环境、动物侵扰、极端气候、自然灾害的时候，人们则又会表现出恐惧、厌恶的情绪，这种情绪在神话中得到宣泄，表现为一种超自然力战胜另一种超自然力。在敬畏和恐惧的过程中，那些对藏族群众生产生活有利的超自然力量逐渐被接受、上升为保护神。在遇到无法认知、无法解决的棘手问题时，求助保护神的帮助，平时则对保护神敬畏有加，对保护神的符号表征——图腾物则保护有加，以求达到维护人与神之间良好关系的目的。这种被神化之后的自然观，在以生态伦理的形态表现出来之后，在本质上体现了人们对自身安身立命之本的认知，在客观上它保护了藏区生态环境，也服务于藏族社会，提高了藏族社会持续发展的能力。

藏族最初的生态观念主要受到苯教的影响，这种情况一直维持到藏传佛教的兴起。佛教传入之后，逐渐取代了苯教的地位，成为雪域高原主导性的宗教，不过在这个过程中，苯教依旧发挥着影响，以至于传入的佛教中也吸收了很多苯教因素，逐渐形成具有特色的藏传佛教。此时藏族生态伦理当中，富含了许多苯教与藏传佛教的内容。除此之外，藏族传统法律以及民间习俗中的一些内容也体现着其生态伦理观念。

二 藏族本土生态知识类别

藏族传统生态知识，以其朴素的生态伦理观念得以体现，其核心在于"或通过非强制的观念和舆论的形式，或通过强制的制度形式，以约束和限制人们认识自然和改造自然的活动，以确立起人类追求效率活动的伦理界限来"[1]。生态伦理或许起源于人类最初对自然环境的毁坏，以及由此带来的对生存环境的不利境地的反思。面对自然界的惩罚，人类提出并建构起关于自然生态的伦理观念和理论体系，以此来规约人们的行为，希望

---

[1] 晏辉：《伦理生态论》，《广东社会科学》1999年第5期。

达到人与自然或者说社会系统与生态系统之间的和谐状态。藏族传统文化中并没有"生态文化"或"生态伦理"的概念,藏文中甚至没有"生态"一词,但这并不能使我们否认藏族传统文化中生态伦理的存在。事实上,藏族传统文化中有非常丰富的生态伦理思想。流传于藏族社会中的各种神话故事和传说、藏族广泛信仰的藏传佛教、日常生产生活中的习俗观念以及藏族学者的部分著作等藏族文化组成中,或直接、或间接地从各个角度反映着藏族生态伦理的内容。

1. 苯教和藏传佛教中的生态知识

在苯教世界观中,人和动物、植物之间的关系是相互依存的。费尔巴哈在其《宗教的本质》一书中提到:"动物是人不可缺少的必要东西,人之所以为人,要依靠动物,而人的生命应存在所依靠的东西,对人类来说,就是神。"①《新唐书·吐蕃传》记载了吐蕃人"重鬼右巫,事羊原羝为大神"。"藏人们相信有两个死人的地界:一个是人和动物过连续不断的安乐、富足生活的地界;另一个是黑暗、苦难的地界。在人世周期结束时,那些曾在安乐地界生活的人便要复活,重新在这一世界里生活,然而通往安乐地界的路是漫长而又充满险阻的。"②正因为任何动物之间的紧密联系,藏族群众认为动物祭祀可以帮助他们通过葬礼,"这些动物的任务正是除去所有的险阻,为死者引路,给他做死后险途中的坐骑。通过他们的献祭,这些动物还用作害人精灵的赎品,否则这些精灵就会伤害死者,换言之,它们是用作死者的替身"③。苯教当中的"万物有灵"思想把来自藏族生存世界的、无法用常理解释的神秘力量拟人化,使其以合乎情理的、人性的形象存在于人们的精神世界之中。④

在这种看似神秘的巫术礼仪当中,充满了对自然的严肃思考。通过建

---

① [德]费尔巴哈:《费尔巴哈哲学著作选集》,荣震华等译,生活·读书·新知三联书店1962年版,第438—439页。
② [挪威]克瓦尔耐:《苯教及其丧葬仪式》,褚俊杰译,《西藏民族学院学报》1989年第1、2期。
③ [挪威]克瓦尔耐:《苯教及其丧葬仪式》,褚俊杰译,《西藏民族学院学报》1989年第1、2期。
④ 贾秀兰:《藏族生态伦理道德思想研究》,《西南民族大学学报》(人文社科版)2008年第4期。

立人与动物、植物之间的联系，苯教促使藏族先民严肃对待人与自然之间的关系，以此来维系"生前"与"死后"两世之间的联系，在客观上起到了促进人与自然和平共处的作用。

在人与自然的关系上构成了彻底的生命平等观，成为藏族奉行的核心道德观，亦成为藏传佛教的核心道德观。在其观念中，一切众生皆是平等的，所有的生物无一例外地有平等的生存权与生活权，从而肯定和赋予了动植物的价值属性。这种众生平等的观念亦促使人们保护生存地的自然环境和爱护动植物。"佛法认为众生的生存环境是众生共同的业力和愿力创造的，它对众生的生存和苦乐有极大的影响。人们应该像保护生命一样地去保护环境，美化环境，要爱护一草一木。环境的恶化、资源的破坏意味着地球上生命的末日来临。因此不但伤害动物、鸟兽、昆虫是犯罪，就连割草砍树，破坏自然生态，污染河流环境都被视为罪恶属于佛教禁止之列。"①

佛教"万物皆有佛性"的观点认为一切生物皆有成佛的可能，从而奠定了某些生物的神圣性。尤其是佛教所推崇的一些吉祥动物，如大象、猴子、鸡、白兔、狮子、老虎、羊、牦牛、大鹏、喜鹊、孔雀、白鹤等。《朗氏家族史》记载："朗氏家族的大证果者赛巴·苏噶答哥恰在布鄂地方之公确炯勒寺建立讲经院，使全体俗人信奉佛教，该地遂步入善品之路。他在寺院休息根本定时，食草野兽、鸟类和食肉猛兽咸来听法，守持禁约和巡礼。"②

藏传佛教还以因果报应论和一系列戒规戒律来保证人们关爱动物，保护生态平衡。佛教"十善法"③被认为是随一切善心相应生起的诸心，随着"十善法"中"不杀生"概念的演进，"放生"意识也在藏族先民思想中延伸，藏族为实践佛教道德伦理，在特定的场合下有选择性的将一些牛、羊、马等家畜放生，让其自由漫游，并且将其赋予神性，人只能敬畏崇拜，任其自生自灭，不能侵犯。

藏族宗教中对神圣世界的解释，体现了对人与自然世界之间的关系进行阐释的诉求。由于依赖自然环境维持生存，自然界的事物构成藏族生产

---

① 多识仁波切：《爱心中爆发的智慧》，兰州大学出版社2005年版，第271页。

② 绛求坚赞：《朗氏家族史》，赞拉·阿旺等译，西藏人民出版社1989年版，第60—61页。

③ 所谓"十善"，即不杀生、不偷盗、不邪淫、不妄语、不离间、不恶语、不绮语、不贪、不嗔、不邪见。

生活的基础，为了更好地实现自身的生存目标，人们把自然环境想象成具有人类特征的神的形象，并加以崇拜和供奉。无论是对山神、树神、龙神的崇拜，还是对动植物的关爱等，都是为了更好地处理人和自然之间的关系，因为这些因素一起构成了藏族生活的客观世界，为其提供生存环境、衣食来源、发展基础的客观世界。如藏族对水的认知。作为生命之源，水不仅滋养了藏族畜牧业赖以发展的草原，为农耕种植提供水源，而且对藏族群众的日常生活具有决定性的作用。鉴于这种对水的重要性的认识，藏族先民将河流与湖泊冠以"龙神"的地位，认为在所有的河、湖中都居住着掌管人类疾病的龙神，如果触怒龙神，就会招致龙神释放疾病带来的惩罚。通过建立神圣性，宗教信仰体系逐渐使人们确立起敬畏自然并善加利用的思想。

在内化为民族心理的基本内容之后，藏族宗教信仰中的这些规定对普通民众形成了心理上的约束力，限定着人们的行为。纵观藏族的发展历程，尤其是在藏传佛教被确立为主要的信仰体系之后，这一糅合了苯教和民间信仰的宗教体系在藏族一千多年的发展历史中，对藏族的政治、经济、社会、文化等各方面的发展都产生了深刻的影响。宗教信仰逐渐建立起自身无比的权威性，即使是今日，象征着藏传佛教的佛法教义、寺院、活佛、僧众等的权威性在藏区仍毋庸置疑。与藏族切身感情密切相关的藏传佛教，以其特有的权威性及其对人们心理需求的满足，使普通群众在心理上形成了与自然和谐相处的宗教情感，并将这种宗教情感转化为集体性的自然崇拜、放生、节欲、戒杀等行为，客观上起到了保护生态环境的目的。

藏传佛教是牧民们的精神支撑，是牧民生活中不可或缺的一部分，也是牧民某些行为决策的指南针。因为宗教信仰的原因，他们认为做善事可以消除在生活中不经意犯下的罪孽，为了保证下世能继续做人，不入五道轮回，要不断地做善事，为自己、为家人积德。功德可以通过念佛、诵经、磕头、布施等行为积累，所以每天念多少遍经、磕多少个头对他们来说是重要的。同时佛教修行讲求"身、语、意"的统一，选择适合自己的修行方法也是非常重要的。

藏族的传统观念中没有害虫的概念。即使是草原严重退化的今天，他们对学术话语中的草原害虫"高原鼠兔"也是不会去主动投毒杀害，对捕食他们牛羊的狼和雪豹，他们也认为抢食是有原因的，更不用说随便伤害其他野生动物了。他们认为所有生命都是平等的，不能轻易杀生，对没有生命的花草也不能随意采摘,因为它们虽然不是有情众生,但是与动物有联系,因此不能随意伤害。

藏族有句谚语是"口说空话如泡影,实践珍贵似黄金"。牧民深知自身与自然的依存关系,千百年来遵守的自然禁忌也在无形中保护了地方的自然环境。万物皆有灵,众生皆平等的观念下,他们对花鸟虫鱼、飞禽走兽都有着保护之心,并把这种博大的自然之爱延续在对后代的教育中。"采花的孩子个子长不高,破坏泉水的人眼睛会疼",在甘南调研期间,我们经常听到这些"吓唬"孩子的话,但同时这确实是一种行之有效的为儿女树立人地和谐自然观的办法。曾经听阿万仓的一个小孩儿说,他妈妈从来不会把刚从火炉上拿下来的茶壶直接放在地上,因为草地上有很多看不见的生命,直接放下去会杀死它们,这样就造了很大的孽。

2. 藏族传统法律中的生态道德意识

藏族在历史上逐渐发展起系统的法律制度体系,主要包括传统习惯法和中央与地方政府颁布的成文法,其中藏族习惯法与西藏地方政府颁布的法律,明显受到宗教信仰的影响。吐蕃王朝早期,西藏就已经有了根据佛教"十善法"为基础制定的"十善法律"以及由此发展而来的"十六人事准则""藏律二十条"等,通过因果报应等观念约束民众的行为,杜绝杀生、盗窃等,这些对于维护藏区生态环境是有利的。所谓习惯法,"乃是乡民在长期的生活与劳动过程中逐渐形成,它被用来分配乡民之间的权利、义务,调整和解决他们之间的利益冲突,并且主要在一套关系网络中被予以实施。就其性质而言,习惯法乃是不同于国家法的另一种知识传统"[1]。

无论是部落的习惯法还是地方政府的成文法,其中对生态环境保护的内容均源自藏族传统文化中对自然环境的认识。因为在生态脆弱的青藏高原,无限制地向自然索取、肆意破坏自然环境的行为明显是不可取的。基于这种意识,尽量降低对自然的负面影响成为人们的共识,"不触动自然的禁忌使高原有大片草场处于自然的原始的自生自长状态,而这正是遵循了自然生态界的一条重要规律:生态环境的自然生长是维护生态平衡、促进生物繁荣的重要条件"[2]。通过将其逐渐上升为习惯法,在具备文字和

---

[1] 梁治平:《清代习惯法:社会与国家》,中国政法大学出版社1996年版,第1页。

[2] 南文渊:《论藏区自然禁忌及其对生态环境的保护作用》,《西北民族研究》2001年第3期。

社会制度条件后，又将其纳入系统的成文法当中，进一步加强了人们在心理上的信服和在行为上的自我规约。

西藏历史上，达赖和历任摄政每年都会宣讲"日垄法章"，明确规定藏族群众不允许伤害山区除了野狼以外的其他野兽、平原地区除了老鼠以外的生物，并且规定了相应的惩戒措施，对违反相关规定的人予以不同程度的惩罚，例如理塘毛垭地区的习惯法当中就明确的规定："不能打猎，不准伤害有生命的东西，否则罚款。打死1只公鹿罚藏洋100元，母鹿罚50元，旱獭（或岩羊）罚10元，獐子（或狐狸）罚30元，水獭罚20元。"①"在甘加草原禁止打猎。若外乡人捕捉旱獭，罚款10—30元；本部落的牧民被发现捕捉旱獭，则被头人审问，让其发誓，果真捕猎者，罚青稞30升（每升5市斤）。"②玉树地区的部落规定中有这样一条："纵火熏洞，有人见者，其人即罚一九牲畜；若延烧草地或烧死牲畜，照数赔偿；致死人命，罚三九牲畜。"③"纵火熏洞"的相关规定不仅限制了人们使用烟、火捕猎的行为，同时也以相应的处罚规定为预防因不正当用火行为而可能产生的草原火灾隐患提供了帮助，降低了人为因素对当地草原生态可能造成的损害。

受万物有灵观念的影响，藏族传统观念认为农田当中也居住有神灵，如果希望农业顺利发展，就需要维持与这些神灵的良好关系。因此，除了牧业生产之外，在农区，为了保证农业的丰收，农田需要保持圣洁，以达到避免惊扰其中神灵的目的。西藏江孜地区的习惯法当中，明确禁止在播种后直到收割前的这段时间里在农田里放牧牲畜、吵嘴或打架，否则将受到惩罚：

> 如不注意让牛羊在地里吃了庄稼，罚一鲁古的青稞做酩④。
> 牛的限制更严，若越过地边水沟的界限，无论吃还是没有吃到庄稼，都要罚二鲁古青稞做酩，另罚青稞六鲁古。
> 两个人若在田地里吵骂，每个人要罚四鲁古的青稞做酩，还让其

---

① 张济民：《藏族部落习惯法法规及案例辑录》，青海人民出版社2002年版，第134—135页。

② 张济民：《青海藏区部落习惯法资料集》，青海人民出版社1993年版，第172页。

③ 张济民：《青海藏区部落习惯法资料集》，青海人民出版社1993年版，第96页。

④ 酩，指青稞酿成的酒。

请喇嘛求神一天。情节严重的要限定其请冰雹喇嘛。①

这些罚没的物品一概供求神、祭祀的时候使用。上述规定，尤其是对牛羊活动范围的限制，对于保护农田来说具有积极的作用，有利于农作物的生长，保证种植业的产出。

除了保护环境之外，部分地区的藏族还以部落法的形式，要求人们采取积极的行动，主动改善环境。

在藏区政教合一政府颁布的法律当中，与生态环境保护有关的规定也非常丰富，如1505年，法王赤坚赞索朗贝桑波颁布文告：

> 吾辖区之宗本、僧俗执事、一切尊卑人等周知：绛真寺乃法王松赞干布为了西藏全区之太平所倡建之寺庙之一。……
>
> 尔等尊卑何人，都要遵照原有规定，对土地、水草、山岭等不可有任何争议，严禁猎取禽兽。……
>
> 此文告永远有效，倘有违背，定予严惩。②

1648年，五世达赖喇嘛在颁布给贵昌地方的禁猎法旨规定：

> 在辽阔的国土之上，特别是居住在南方万户土地上的大小拉本、教民和俗民管理者，西藏牧区一切众生周知：拉堆杰给斯曾受持咒大轨范师白玛噶惹的加持。圣地得道者八十四人，是歇萨多吉等前辈上师光临之圣地。尤其是贵昌地方，乃是尊者贵昌巴贡波多吉之修习之所，一切庄严的供养与众不同，对此早已众所周知。因此，圣山的占有者不可乘机至圣山追扑野兽，不得与寺中僧尼进行争辩和对僧尼进行侵掠、阻碍僧尼化缘等，以免给静修带来烦恼。要为供养提供方便。③

上述由法王赤坚赞颁布的文告和五世达赖颁布的法旨，其本意虽然是

---

① 编辑组：《藏族社会历史调查》，西藏人民出版社1987年版，第207页。
② 中国社会科学院民族研究所、西藏自治区档案馆：《西藏社会历史藏文档案资料译文集》，中国藏学出版社1997年版，第60页。
③ 中国社会科学院民族研究所、西藏自治区档案馆：《西藏社会历史藏文档案资料译文集》，中国藏学出版社1997年版，第56页。

为了维护宗教修行场所的秩序，要求僧俗众人不可对寺院财产"有任何争议"，要"为供养提供方便"，但其中"严禁猎取禽兽"、不可"追扑野兽"以及需要维护当地秩序，不得"给静修带来烦恼"的规定，在事实上减少了人们对当地自然环境的干扰，起到了保护生态的作用。

又如1742年颇罗鼐颁给第巴台吉仲科尔旺堆杰布的封文执照当中记载：

> 过去没有而独创新规，凡来自内外各地人员，妄图侵吞所有土地、人畜、财物，或争夺祖业权，祈请圣上赏赐执照，对砍伐自生和种植的树木、割运水草，予以严惩。……①

颁布这一封文执照的初衷是为了维护旺堆杰布及其后代的权利，但这些规定确实对保护当地的树木以及河道起到了积极的作用。

1860年，摄政热振呼图克图发布命令：

> 为保西藏地区风调雨顺，得以丰收及保护土质等，在彼地区的神、龙住地——山、海和红庙等地方，需埋神瓶、龙瓶及药丸等，已送给你们，埋的地方，按铁羊年前达赖颁发的文告进行，先做好埋瓶准备，神瓶及药丸一旦送到，应即速埋。②

1932年，十三世达赖喇嘛向藏区各寺庙和宗豁发布训令，规定：

> 常年性的传召法会的时间，从藏历正月初至七月底期间内，寺庙规定不许伤害山沟里除狼以外的野兽，平原上除老鼠以外的动物，违者皆给不同惩罚。总之，凡是在水陆栖居的大小一切动物，禁止捕杀的文告已公布，文武上下人等任何人不准违反。由于过去宗豁头人们把料理私事放在重要位置，放松管理，大多数头人百姓也未按规定办事。特别是现在，为了本人（译者：即达赖）的长寿和全体佛教众生的安乐，在上述期间内，对所有大小动物的生命，不能有丝毫伤

---

① 中国社会科学院民族研究所、西藏自治区档案馆：《西藏社会历史藏文档案资料译文集》，中国藏学出版社1997年版，第72页。

② 中国社会科学院民族研究所、西藏自治区档案馆：《西藏社会历史藏文档案资料译文集》，中国藏学出版社1997年版，第90页。

害。必须加强宣传，并严加管理和约束。①

上述法规中有一个明显的时间界限，即春夏季节要封山蔽泽，以保护生长中的植物与动物，表明对自然规律的尊重与服从。

此外，在噶厦政府明确为禁止打猎而颁布的命令②当中做出如下规定：

> 喇嘛求神预示：为了西藏怙主及僧众最佳之护持者达赖喇嘛长寿，广大地区的所有山川河流，要严格禁止打猎，命令已不断下达，对于此事，每年的"日垄法章"规定很严格，不仅连续补发了补充令，特别是去年，此处也动员要进行全面管理，但各宗谿头目们，不严格执行命令，接受贿赂，与行贿人同流合污，不加管理，重要大事，没能尽职。
>
> 为了使鸟兽、鱼、水獭等水中与陆地栖息的大小生物的生命得到保护，日喀则、仁孜、南木林、拉布、甲错、领嘎等地方，"年厄"依法禁止打猎，要继续加强管理，此重任交于尔等。为此，各宗谿和地方政府、寺庙、贵族三者，要认真宣读法令，使全体来往的农牧民知晓，索取共同管理之甘结，违犯者无论轻重，不偏不倚，立即抓起，进行惩罚，并将情况上报。③

部落法规和噶厦政府法规中的此类规定，对藏族生态伦理的建设起到了一种制度保障的作用。对部落和地方政府来说，这些规定将日常生活中的各种禁忌制度化，成为共同遵守的法律，建立奖惩机制，加强了对普通群众行为的约束力。对藏族群众来说，这些规定与日常生活中的禁忌有很大的相似性，在他们眼中，二者同样都是规定了在日常生活中不允许做什么，应该怎样做，只是触犯之后的惩罚由原来抽象的"神罚"转变成为来自政府和部落的更为具体的"人罚"，更具有威慑性。所以，在经过长

---

① 中国社会科学院民族研究所、西藏自治区档案馆：《西藏社会历史藏文档案资料译文集》，中国藏学出版社1997年版，第56页。
② 据《西藏社会历史藏文档案资料译文集》，此处所引材料的年代佚失。
③ 中国社会科学院民族研究所、西藏自治区档案馆：《西藏社会历史藏文档案资料译文集》，中国藏学出版社1997年版，第141—142页。

期实践之后，藏族群众逐渐将这些法律规定与生活禁忌融合到一起，成为自己日常行为的规范，自觉地加以遵守。

藏族先民对环境的认知具有朴素的系统观念和生态平衡思想，这体现在"转场浅牧"的牧业生产方式、戒杀动物和善待植物的行为方式上。《格萨尔·霍岭大战》唱道：

> 世界藏土高原上，不能平衡无一物。
> 地气成为天上云，雨水滋润广闲田。
> 冬夏交替生草木，冷暖平衡由此生。

平衡思想就是顺天应人，藏族先民早已认识到草原持续发展需平衡的道理，转场浅牧是其具化形式。三江源轮牧制度的大致框架如下：冬季牧场位于河谷、低地草滩，水草丰美，但牲畜只能在草场行将枯黄时采食。春天来临，牧草从低到高开始返青，牧民此时不能贪恋冬场，而是将牲畜转场到海拔稍高的春草场；盛夏前后牧民把牛羊赶至海拔最高的夏草场，甚至在雪线附近，待上两个月；10月山上开始下雪，草枯黄，牧民赶牲畜逐级下走；11月重回冬场。转场浅牧旨在避免过牧，这是牧民的平衡策略，他们称为"先苦后甜"。转场制度以部落法规的形式制定了轮流放牧的时间和地点：搬迁牧场，重新落帐，各户均应统一行动，每年搬迁六次，不能提前和推迟。平衡思想也体现在牧民对待人与动植物、动植物之间的关系上。青海祁连县牧民说："草好的年月，狼不吃羊；草不好时狼才吃羊。"外来者不明白其中隐含的知识，其实它讲述了一种自然的物种平衡或者天敌制衡的地方性知识。当草原牧草丰盛，鼠兔和旱獭不会在这里栖居，因为植株密且高大遮挡了它们观察天敌的视线，所以会选择远离牧场的荒野，因而成为狼、棕熊等食肉动物的猎物。狼有食物来源故不会冒险去吃羊，所以藏族的传统观念中并无"害虫""害兽"的观念。

3. 藏族日常生活禁忌中的生态伦理

现代人用法律和道德约束人的行为，而藏族传统文化中则使用宗教和部落建构的禁忌制度来规范人的行为。土地、水源皆有生命，由年神和龙神掌管，故严禁扰动和污染，否则会招来灾异和不幸，神山圣湖就是以禁忌体系维系的文化制度。藏族禁忌的产生与其宗教信仰有着密切的关系，

"禁忌作为一种宗教行为和宗教现象，是与关于神圣事物的观念和意识同时产生的"[1]，此外，藏族社会生活中的其他传统的制度性因素也在不断规约着藏族民众的行为，与宗教信仰的规约作用具有一致性。藏传佛教中的规定、部落的生态习惯法、西藏政府对保护生态的法律规定等制度性的内容与藏族普通群众生活中的行为规范相互作用，相互融合，一起构成了藏族日常生活中的禁忌与规范。普通群众对上述宗教性和制度性的生态规定的遵守，更多的是通过遵守日常生活中的禁忌得以表征，在经过长期历史演变后，自觉遵守此类规定已经成为当今绝大多数藏族群众自觉的、习惯性的行为。

受藏传佛教的影响，戒杀生成为藏族各种禁忌当中最大的禁忌，对已经受戒的佛教徒来说，其约束力更为严格。虽然牛羊肉在藏族的饮食结构中占据了主要的地位，但他们自己通常不亲手宰杀牛羊，这成为"戒杀生"在其日常生活中的重要体现。对一些藏族来说，"就是捉到臭虫、虱子，也不肯弄死，而是扔掉。对野生动物及鸟、乌鸦、野鸭、狗、猫、猴等禽兽，不加伤害，尤其对秃鹫更得加以保护，因为秃鹫在藏族人民心目中是神鸟"[2]。除了这些不杀生的禁忌之外，与生态保护有关的藏族传统禁忌一般还包括以下几个方面。

对动物的禁忌。忌侵犯"神牛""神羊"，忌打杀、虐待家猫、家狗，忌惊吓、捕捉飞鸟禽兽，忌拆毁鸟窝、驱赶飞鸟，忌捕捞水中动物，忌故意踩死、打死虫类。[3] 老一辈藏族人不吃鱼肉，也忌讳别人捕鱼，以此积德行善。[4]

对土地、草地的禁忌。忌随意开挖土地、草地，忌在田间说脏话、赤裸身体，忌在田间焚烧骨头、破布等恶臭之物，忌夏季举家搬迁等[5]。

生产禁忌。如平时禁止打猎、捕鱼，下种后不能砍树，认为这样会触犯神灵，降下冰雹。秋收前不能割青草，割草会触犯地神。下种后不能在

---

[1] 吕大吉：《宗教学通论新编》，中国社会科学出版社1998年版，第321页。
[2] 李双剑、周闰年：《藏族禁忌试析》，《中央民族学院学报》1988年第2期。
[3] 南文渊：《藏族生态伦理》，民族出版社2007年版，第181—182页。
[4] 华锐·东智：《浅论藏族的禁忌文化》，《西藏民族学院学报》（哲学社会科学版）2007年第6期。
[5] 南文渊：《藏族农耕文化及其对自然环境的适应》，《青海民族学院学报》（社会科学版）2000年第2期。

山上挖药，这样会触犯土地神，它要放虫来吃庄稼等。①

圣地禁忌。如禁止在佛塔等宗教场所抽烟、吐痰、擤鼻涕、大小便。在神山上不准喧闹、挖掘、采药、打猎、砍伐，禁止带回神山上的任何物种，禁止伤害神山上的兽禽飞虫，禁止砍伐神山上的花草树木，禁止在湖泉、水井、河流等处大小便，不准将垃圾等不洁之物倒入水中等。②

马鹤天先生在20世纪30年代对甘青藏边区的考察中，记载了当地藏族的禁忌：

> 夏河中有鱼，南山上有兽，均禁捕猎，拉卜楞为佛教圣地，禁杀生也。据云蒙、藏人所以食牛羊而不食鱼类者，因信仰佛教，且戒杀生。唯其地仅恃畜牧为唯一生业，不食肉类，即不能生活，故不得已，唯有少杀生命；因杀以牛羊，可供若干次之食用，而鱼虾之类一人一餐即伤无数性命，故切戒之。至野兽因猎者志在牟利，与其生活无关，故亦禁之。但距寺较远区之藏民，以猎为生者亦不少。唯藏人信佛教深者，旅行时绝不打猎。彼谓途中不伤一生，可常遇佳日，如猎伤野兽，必遇暴风或雹灾。又山中有矿产，亦不许探采，谓山中有神或魔鬼，不可动扰，一经得罪，必加害人畜，迷信之深，牢不可破也。③

这段文献中记载的藏族禁忌，主要涉及忌杀生、忌捕猎、忌采矿三者，其中将藏族不食鱼虾也归为忌杀生所致，这背后的深层原因则是鱼虾所象征的神圣性，这种神圣性的存在更加强化了禁止捕食的合理性和该禁忌的约束力，因为在藏族的传统观念中，鱼虾居住的河湖当中都居住着"龙神"，鱼虾本身同样具有神性，从而被归入禁止捕食之列。此外，这段记述中将禁止在山中采矿归为迷信，则忽视了对当地生态环境脆弱性的考虑，因为当地的高山大川海拔高，生态环境十分脆弱，地表植被稀疏，

---

① 华锐·东智：《浅论藏族的禁忌文化》，《西藏民族学院学报》（哲学社会科学版）2007年第6期。

② 详见南文渊《论藏区自然禁忌及其对生态环境的保护作用》，《西北民族研究》2001年第3期；华锐·东智《浅论藏族的禁忌文化》，《西藏民族学院学报》（哲学社会科学版）2007年第6期。

③ 马鹤天：《甘青藏边区考察记》，甘肃人民出版社2003年版，第75页。

地质条件复杂，自然环境一旦破坏就很难恢复，而且容易引起地质灾害，在不具备开采和保护自然环境能力的前提下，禁止开采成为一种保护生命安全和生态环境的有效途径，将其归入禁忌则进一步加强了保护的力度，促进民众自觉遵守。

在牧民看来，没有被人为干预和挖掘的草地是充满活力的"活地"，被铲掉草皮或采挖的土地因失去活力而成为"死地"。在不得不动土的情况下，人们先请示神灵，获得神的许可方可动土。前西藏的噶厦政府曾禁止采挖虫草。传统观点认为虫草是山神的肠子，如果挖掉虫草，山神就没法活了。虫草是菩萨的汗毛，山神的头发。如果山神发怒，就会降下雪灾、冰雹和瘟疫。虫草神圣化的实质是强化动土禁忌的权威性。过去只有藏医可以挖，他要先请神，还要严格确定时间和方位，挖过的土坑要及时填埋。由于文化环境的变化，原来的"动土禁忌"今已松动。

我们也需要看到，在社会变迁的影响下，藏族传统禁忌的约束力正在发生松动，一些禁忌已经被打破。例如，前文所述的禁止在河流中乱扔垃圾的规定，就已经被打破。根据我们在相关地区的调查，都发现了在河流中乱扔废弃物的现象。当地的藏族认为，自己所扔的垃圾主要集中在小河、小溪边，并没有对干流造成污染，因此是没有关系的，而且对他们而言，这也是没有办法的办法，因为当地并没有相应的垃圾处理设施。

藏族的生态伦理中，体现着人们对生态环境的感性认识。出于对自然环境内在价值和权利的承认和尊重，藏族在传统文化中创造了丰富的生态保护知识，并将其内化为民族文化和民族心理的宗教、法律、习俗禁忌等地方性知识。藏传佛教成为藏族的主体宗教之后，藏族的生态伦理中体现出强烈的藏传佛教色彩，使藏族生态保护的相关法律规定、制度体系与民间习俗禁忌都表现出强烈的宗教色彩。藏族生态伦理以其特有的方式规约着广大藏族行为方式，促使其保护自然环境，珍惜各种生命，通过奉行和谐、节制的生产生活方式，实现社会系统与自然系统友好共处，体现了藏族生态伦理中人与自然的和谐统一。

事物总是具有正反两面性，并不是所有的藏族文化都与当前的草地利用和社会发展的需要相适应。传统藏族社会中禁止乱采滥挖的规定，虽然确实起到了保护生态环境的作用，但这种规定也限制了部分正常生产活动的展开。受藏族传统文化的影响，"惜杀惜售"现象在藏族牧民当中非常普遍。从化解风险的角度来说，尽量保持较大规模的牲畜具有较高的经济学意义。首先，畜牧业的生产周期普遍较长，这是由牲畜的生长周期所决定的，这就导致单个牲畜生产能力降低，于是选择数量的优势成为划界生产风险的有效途径。同时，现实情况也证明，青藏高原多发的自然灾害使一些牲畜规模较小的牧户在灾后面临贫困，且难以恢复，而牲畜规模较大的牧户，虽然损失惨重，但却容易恢复。[①] 藏族传统宗教文化当中对生命的尊重与保护，以及与之相伴的"众生平等""不杀生"等观念，在人们的潜意识当中助长了"惜杀惜售"现象的产生。

从历史来看，无论是禁止乱采滥挖还是"惜杀惜售"的现象，都促进了青藏高原的生态保护和藏族社会的发展，是与当时的历史相适应的。但是，禁止乱采滥挖限制了对相关地区进行的适度开发。在不具备必要的生产力水平的条件下，禁止开发不可不谓是一项明智的选择，现代社会已经具备了在部分地区开发的必要条件，在开发过程当中正确地加以认知和必要的保护措施，可以实现经济利益和生态利益的双赢，但囿于这种传统观念，一些正常的生产活动却无法展开。"惜杀惜售"在历史上确实带来了巨大的经济效益，随着社会生产力的提高，牧区牲畜的存活率已经大大得到了提高，牲畜规模日渐壮大，此时仍坚持"惜杀惜售"的观念，不仅会降低牲畜的经济价值，同时，也会因为牲畜规模的增长而增加草场的载畜压力，引起草场的退化和生态失衡。

藏族地方性知识的产生和发展，有其特殊的历史背景，因此，特定地方性知识是与特定社会背景相适应的。也正因为文化需要在一定的社会背景下产生，在社会发生变化的时候，文化需要在新的背景中通过文化变迁的形式重新加以适应，相对社会的发展速度来说，文化的发展速度会有一定的滞后性。历史上对藏族社会发展起了极大促进作用的地方性知识，在当前的社会背景下会有一些不适应社会的方面，所以，我们在挖掘和分析藏族地方性知识价值的过程当中，不仅要看到其中有利于现阶段藏族社会发展的一面，也要看到其中的不利因素。

---

① 罗绒战堆：《藏族地区"惜杀惜售"问题的研究》，《西南民族大学学报》（人文社科版）2009年第11期。

三 玛曲生态文化变迁[①]

中华人民共和国成立之前，玛曲各部落在漫长的历史发展过程和游牧生活中形成了一套较为完整的草山管理和支配办法，分别是欧拉、卓格尼玛的"格日岗奥"组织管理形式和乔科曼日玛、阿万仓、齐哈玛、上乃日玛、下乃日玛、木拉、西合强及麦科等部落的"土官"直接管理的两种形式。

1. 历史上的草山管理模式

在"格日岗奥"管理模式下，草原归部落所有，凡是该部落的属民都有放牧权，但部落头人有优先使用草场的权力；部落草山由各旗下、帐圈部落统一轮牧，每个旗下、帐圈部落放牧的地点及时间，由"郭哇"（夏河拉卜楞寺院嘉木样所派部落头人）会同"格日岗奥"组织研究划定，然后由"秋德合"（管理草山的组织）负责通知各户群众；草场按季节划定放牧地界后，部落属民只能在划定的地界内放牧，不得越界；外部借牧草山，须经"郭哇""格日岗奥"、寺院研究同意，但借牧部落必须每年缴一定的租牧费用。比如1948年冬，齐哈玛部落借牧卓格尼玛部落阿盖什那以西草场，每年须贡献骏马1匹；再如解放前四川省若尔盖尕摸底卡部落借牧卓格尼玛黄河、黑河三角地带草场，尕摸底卡每年向卓格尼玛部落贡马1匹，后改为3年1次。

土官直接管理时期，玛曲各土官在外名义上为拉卜楞寺院"穆定"（意为政民）部落，但在内部仍实行高度的集权制，土官在部落享有生杀予夺的大权，在草场管理上更是如此。虽然，各部落都设有专门管理草山的"措尼会议"组织，每年在转换春季和夏秋牧场之前一般都先由"措尼"会商，临时划定；各窝子则早有按各家牲畜多少划归各户使用的习惯。所划固定草山可以放牧，可以割草，冬草可以买卖，草山也有个别买卖的现象。

中华人民共和国刚成立的几年中，玛曲草原管理仍袭旧统的"格日岗奥"和"郭哇"的管理形式。1957年11月县草原站设立后，玛曲草场

[①] 有关玛曲生态文化方面的部分资料来自玛曲县政府。

资源以全民所有制的形式纳入规范管理，建立县、乡两级草原管理委员会和村级草原管理小组，依靠行政措施和广大牧民群众的自觉意识，进行草原管理、保护、利用和建设，到1962年年底，全县三级草原管理体系进一步健全和完善。

2. 曾经的生态退化

在1958年的全国性"大跃进""人民公社化运动"的影响下，甘南州响应八届二中全会提出的"以粮为纲""全党大办农业"的号召，改变了长期以来贯彻执行的"以牧为主"的生产方针，制定"以开垦荒地为主，高速度发展农业"的战略举措，提出"大力发展垦荒事业，扩大耕地面积，提高单位面积产量，高速度地发展农业生产，到1960年完成开荒100万亩"的目标任务。在牧业区不顾当地的自然地理和环境气候条件，脱离实际地要求"在1960年要做到粮食自给"，并采取"移民垦荒"的做法，在13个月内的时间里，从河南省盲目招进41000多名支建青年，开办农场71个，两年内垦荒2.86万公顷，其中草原垦荒1.8万公顷。结果到1960年时，各农场共播种粮食作物12206公顷，总产208万公斤，单产11.3公斤，连亩播25公斤的种子都未收回。共种油籽9672公顷，总产27万公斤，亩产只有1.85公斤，几乎是颗粒无收。到1962年年底时，全州牲畜总数下降到111万头，比1957年年底减少57万头，减幅为34%。

在牧区大办农业，不但严重地破坏了畜牧业的生产，而且使71个国营农场很快陷入困境。同时使1.8万公顷被翻耕的天然草场在以后的数十年内寸草不长，很难恢复到水草丰茂的原状。甘南"草原大垦荒""在牧区大办农场"是发展过程中的一次重大失误，也是一个值得深刻汲取的历史教训。

破坏了生态平衡。在高寒草原"垦荒种粮"，违背了自然规律，破坏生态平衡。当时甘南大办草原垦荒的地区大都集中在碌曲、玛曲、夏河3个县的牧区和半农半牧区，这些地方的平均海拔都在3000米以上，年平均气温在3℃以下，年均无霜期为60—70天，有的地区就根本没有无霜期。年降水量虽然在600—800毫米，但在春夏干旱缺雨，秋季阴雨绵绵，致使1960年春天播种的粮食作物和油菜秋后收获甚微，绝大多数连种子都未收回。这样，不但破坏了大量的天然草场，给畜牧业造成了巨大损失，而且使农、牧区各族人民群众的生活遭到了严重困难，在短期内很难恢复和弥补。

增加了生产生活负担。在地处偏远、交通闭塞、基础设施较差的甘南大办农场，客观上本身不具备办场的条件。短期从河南省招进的41000多名支建青年，给安置工作带来了重大困难。一是较多数量的人群在住房安置方面难以保障，夏季天热时还可以在帐篷宿舍里食宿，但到了零下二三十摄氏度的寒冬，就很难度过。二是长期以来甘南的粮食生产本身不能自给，国家机关工作人员和城镇居民及牧民的口粮，都是从内地由国家计划调入供应的，再加上甘南交通不便，运输力有限，当时71个农场的4万多名职工的口粮，仅靠各农场的10部汽车运输是远远不够的，常常出现断粮情况。三是甘南牧区生活燃料短缺，受交通条件的制约，各农场的煤炭燃料和建筑材料等无法调运进来，这些直接影响了广大农场职工的生产和生活，滋生了思想混乱和不安定的因素，出现了大批职工逃跑返乡的现象，迫使各农场最终趋于解体。

传统牧区办农场增加了负担，产生消极社会影响。甘南牧区大办农场的结果，不但破坏了畜牧业生产，而且给国家造成了财力、物力上的巨大损失，同时也加剧了各族群众生活上的困难程度，产生了一些消极的社会影响。在两年多的大办农场时间里，国家先后调入了大批钢材、粮食、籽种、化肥、农具、汽车、拖拉机、医疗器械等生产、生活资料，总价值达2000多万元，造成了巨大的浪费。

3. 放牧传统与草原生态

玛曲县从20世纪60年代开始实行的是四季轮牧制度和粗放的两季轮牧制度，两季轮牧即冬春牧场作为一个轮牧单元，夏秋牧场作为一个轮牧单元，两大轮牧单元之间有明确的界线。一般说来，滩地作为夏秋牧场，山地沟谷作为冬春牧场，两大轮牧单元之间有严格的牲畜放牧途径和停驻时长。冬春牧场利用时间约为六个月，夏秋牧场为五个多月，采用的轮牧方式主要有：有计划的分区轮牧、大轮牧圈内轮牧、逐渐转牧等放牧方式。在分区轮牧中除季节性轮牧意外，畜群在同一牧地、同一季节有"先羊、中马、后牛"的排牧习惯。

20世纪70年代以后，根据全县地形和各类牲畜的不同习性，采用划区轮牧、季节轮牧等方式，主要利用方式有：

冬季草场。指11月初牲畜进入冬场起至第二年6月中旬，牲畜达到饱青期之间的放牧时间，时长为7个半月。各乡一般以冬、春两季草地而论，个别地方也有冬场、春场之分。

夏季草场。指从6月中旬开始至10月底，利用时间四五个月，暖季草场一般作为一个季节带的夏秋草场，部分乡村夏秋两季分别安排。

轮牧方式。冬春—夏秋两季轮牧：全县除欧拉秀玛、曼日玛两乡外，其余各乡和阿万仓乡的部分村都普遍采用该轮牧方式，每年11月左右进入冬春牧场，次年6月左右进入夏秋牧场。

冬—春秋—夏三季轮牧：沿用这种方式的有欧拉秀玛乡和阿万仓乡的洛尔隆、贡塞、沃特三村。每年5月底出冬季牧场进春秋牧场短期放牧一个月，7月初转入高山沟谷夏季牧场，于9月底又转入春秋牧场放牧，11月底转入冬季牧场，冬、春秋、夏三季牧场的利用时间大致为6∶3∶3。

冬春—夏—秋三季轮牧：采用这种方式的只有曼日玛乡，因为沼泽和沼泽化草甸面积大，5月中旬牲畜进入夏季牧场，集中利用沼泽及沼泽化草甸草场，直到8月底才转入干燥的浅山地带进入秋季牧场，于11月底进入冬春牧场。冬春牧场的利用时间一般为6个月，夏、秋牧场的利用时间各3个月，形成全县特有的轮牧方式。

1981年起全县各乡村实行家庭联产承包责任制，这项改革经历了两个阶段，第一阶段牲畜承包到户，草场以乡、村为单位公有使用；从20世纪90年代中期开始为第二阶段，实行草场承包到户，这项工作直到近几年才基本完成。

藏族牧民在长期生产和生活过程中，对于自身赖以生存的生态环境具有独特的认识，并在长期的演化与适应过程中，形成了独特的自然—部落—神灵的生态人文体系，人类与生态环境相互依存，相互感应，互为因果，共生共存。藏族牧民世代居住在雪域高原，在长期的生产生活实践中逐渐认识、掌握了所居牧区的自然规律，并因此形成了与生态环境高度适应的游牧生计。藏族传统的游牧生计最典型的特征是"逐水草而居"，实际上"逐"是循自然规律而动，按自然变化而行的行为即生产、生活方式遵循自然生态规律。在不同的季节，不同的气候条件下充分保护和利用处于不同生长期的草地，"夏放高山，秋放半山，冬放沟湾，春放河湾"，"冬不吃夏草，夏不吃冬草"，"夏季放山蚊蝇少，秋季放坡草籽饱，冬季放弯风雪小"，牧民根据草地的位置及气温等环境条件总结出放牧的经验,"先放远处,后放近处;先吃阴坡,后吃阳坡;先放平川,后放山洼"。要根据四季气候、草地以及牲畜的不同状况来精心照料和保护牛羊;"春天牲畜像病人,牧人是医生;夏天好像上战场,牧民是追兵;冬季牲畜像婴儿,牧人是母亲"。这些生动形象的谚语正是牧民实行季节轮牧经验的总结。在季节草地内,则根据各类牲畜的不同放牧习性,因地制宜划分放牧地段,如繁殖母羊放牧干燥阳山,母牛放牧沼泽草地,马、阉牛、羯羊放牧高山草地。按照牲畜特点,即"水马、旱羊、平地牛",采取先牛、中间马、后羊的放牧方法,既可防止牲畜传染病,还能扩大牧场载畜量,提高草地利用率。这些草地放牧、畜群管理的牧业生产经验,是牧民长期在高寒草地牧居的生态智慧的积累与凝结。

以前的牧民对牲口的感情很深,认为牦牛是家中的支柱,牦牛很辛苦,早起晚归,所以有条件的家庭会给牦牛或者体弱的牛犊喂食一点茶叶、盐巴等。因为牧民认为牲畜吃早上沾有露水的草木会长得更快,平时也会格外注意保护牛犊。但是现在的年轻牧民对于牲畜、放牧的热情和感情逐渐降低,这或许是由于现代文化发展,已经不适于放牧这种慢节奏的生活方式,牧民也向往住在城市楼房,开汽车,不用随着水草奔波的生活,所以对于放牧的热情骤减也是情有可原的。

放牧时的牧场上,有经验的牧民会认为草的种类越多越杂,牛羊吃了就会越发肥硕,并且以前每天挤两次牛奶(早上三四点一次,下午三四点一次),但是随着牛羊越来越多,年轻牧民对于挤奶的积极性也越来越低。

现代文化和技术对于传统文化也有一定的影响,例如牛奶分离机的引进,使牧民们制作牛奶和酥油时的工作大大减少,但是也有牧民认为用牛奶分离机制作出来的奶渣味道不好,酥油容易变质,所以牧民们开始时不愿意接受。

现在的年轻牧民对于畜牧业的热情越来越低,例如一般将公牛自然放养在山上,隔半个月左右去看一次,但如果其间牛走失或被人偷走,就会尽力寻找一下,实在找不到就会放弃。对牛羊的关注度不如老牧民,所以经济效益也不好,加上生产力的变化,各种现代化机械进入牧民的生活,导致公牛等物种的地位下降。牧民说以前他们的牧民村庄,家家基本都有四五百头牛,最少也有两三百头,但现在根据我们的调查情况,最多的牧户家里也只有一两百头牛。还有一种情况,子女需要上学,有些牧民就会把牛羊卖掉，或者拜托给邻居，只需要牛羊产的奶制品，然后举家搬迁至县城，陪孩子读书。以前传统的远牧，现在对于牧民来说，也是越来越不愿意进行，因为远牧的地点非常远且交通不便，并且生活的基本设施如水、电、网络等也都不通，所以愿意远牧的人越来越少。

导致草原退化的原因有很多，例如挖矿、湿地排水（20世纪六七十年代）等，这些都属于历史遗留问题。当年的行动所形成的恶果在这些年逐渐显现了出来。所以治理草原退化要集思广益，就拿湿地保护举例，既要保护现有的湿地，又要对已经干了的湿地力所能及地恢复。

通过访谈许多70岁左右的藏族牧民，我们还了解到一些预防和治疗牦牛的常见疾病的"土办法"。例如，夏天下雨之后，在积水的水坑干了之后，不能让牛吃那里的草，否则牛会得病，下雨泡烂了的青稞也不能吃；有时牛会得一种怪病，身上会腐烂或者身体发抖，这时候就需要给牛放血治病，具体的操作方式老人也说不清楚；牛羊有时会脖子肿大，有可能是患了甲亢，这在当时是无药可救的，现在可以通过药物治疗。老人们还谈到老牧民对于草山和牲畜很有感情，但是现在的年轻牧民不是很喜欢，年轻人已经不崇尚以前的那种游牧生活了。很多生态学家认为从另一个方面来看，这种情况也有有利的一面，那就是直接从事畜牧业的人口数量会下降，因而草场的负载量有可能下降。

第三章 牧民传统生计方式及民族文化

生计，是人类谋生的方式或手段。任何一个民族，无论其大小、地域，在地球表面都有其生存空间，这片特定空间的自然特性就构成了该民族的自然生存环境。生存环境的多样化，从本质上也形塑了各民族生计方式的绫罗万象。

生计系统是由一套复杂多样的经济、社会和物质策略构建的。这些策略通过个人借以谋生的行为、财产和权利得以实现。人们进行选择，利用机会和资源，同时又不妨碍他人目前或将来的谋生机会，稳定的生计即由此获得。因此，形形色色的生计方式表明人类对不同资源的不同层次、不同程度的利用。一个民族得以生存与发展，不仅仅依赖客观的自然生存环境，还必须以各种不同的方式与他民族结成种种关系，以不同方式凝结各种关系的总和，就构成了该民族的特定社会生计环境。"在特有的自然环境和社会环境的综合培植作用下，这个民族及其文化慢慢得以形成与发展，作为利用和协调于该民族自然环境和社会环境的生计方式也得以形成并不断完善。"[1]

一 牧民传统生计方式

我们以草场承包责任制的承包时间作为甘南、玉树牧区生计方式变迁的分界岭。裕固族地区则以生态移民的实施为生计方式转型的开始。

1. 草原游牧型

王明珂将"游牧"定义为，人类利用草食动物之食性与他们卓越的

---

[1] 罗康隆：《论民族生计方式与生存环境的关系》，《中央民族大学学报》2004年第5期。

移动力,将广大地区人类无法直接消化利用的植物资源,转化为人们的肉类、乳类等食物以及其他生活所需。① 怀特(L. A. White)把文化进化分为四个主要阶段:人类依靠自己体能阶段;为得到粮食和牲畜进行种植和饲养阶段;利用煤炭、石油等地下能源阶段;核能时代。按怀特的理论,游牧文化属于文化进化的第二阶段。②

一般认为,畜牧这种生计方式开始于一万年前的西亚。就生产的性质而言,畜牧和农耕其实是一样的,两者都是在驯化特定物种的基础上成立的生计方式。延续了千年之久的游牧生计方式,目前仍存在于各个大的干旱带。从世界范围来看,如今的"游牧民"主要分布在从东非经中亚,至亚欧大陆内陆地带的蒙古高原,北亚的广大地区,以及南美的安第斯高原。具体到中国境内的游牧民族分布状况,在新疆、西藏、青海、甘肃及内蒙古的一些区域,游牧生产方式广泛存在,徘徊于农业社会的周围。

现代汉语中的"游牧"来自古汉语。正史中,游牧最早见于《新唐书》,吐火罗"北有颇黎山,其阳穴中有神马,国人游牝于侧,生驹辄汗血"③。游牧一词,大量使用,似乎是始于清朝,"蒙古地方幅员辽阔,蒙众皆择水草旺处游牧,相距数十里始有毡庐"④。可以看出,无论是现代汉语还是古汉语,游牧一词除了含有"畜牧"之意外,还有"逐水草而居","居无定所"的意思。显然,游牧这个词是汉人从自己的农耕文化出发对他文化生计方式的界定。

牧民为了适应青藏高原恶劣的生存环境,他们随着畜群迁移,在大范围内游牧,生活资源几乎完全依赖于畜牧。传统的游牧方式实行严格的轮休制度,同时按照牲畜的种类、年龄、公母实行分群放牧,以各类别牲畜的不同习性合理利用不同草场的牧业资源,形成了自己独特的高原游牧生计方式。

传统的游牧生计方式,是以大规模的游动为主要放牧方式,"逐水草而居"已成定式。这就表明游牧民对草原的依赖性。天然草场的质量变

---

① 王明珂:《游牧者的选择——面对汉帝国的北亚游牧部族》,广西师范大学出版社2008年版。

② [美]怀特:《文化的科学——人类与文明研究》,山东人民出版社1988年版,第355—359页。

③ 《新唐书·吐火罗传下》,中华书局1975年版,第221页。

④ 《清史稿·藩部四》,中华书局1977年版,第521页。

化是畜牧经济中的决定性因素,如果草场丰美,无鼠害及自然灾害,牧人可以积聚大量财富。游牧经济皆以自给自足为主要特征,并有着相似的游牧文化特点。生活在甘肃、青海的牧民,其文化都有着游牧民族的特点。

玛曲属高寒湿润型气候区,地势西高东低,由西北向东南倾斜,属西秦岭山麓的西倾山脉从青海省黄南藏族自治州自西北向东南绵延进入玛曲北境;属昆仑山系的阿尼玛卿山(积石山)从青海省果洛藏族自治州东西向横穿玛曲全境。这里高山、草原、河谷相间分布,地形起伏较大,山环水绕,草原辽阔,海拔在3300—4806米。黄河首曲有大小支流330余条,黄河从青海流入县境时水流量为137亿立方米,约占黄河总水量的20%,黄河流出县境外时的流量增加到164.1亿立方米,约占黄河总水量的65%,给黄河补充水量高达45%左右。因此,玛曲也被誉为黄河的"天然蓄水池",也是"中华水塔"的重要组成部分。[①] 由于黄河在玛曲地区的地势相对较低又较平坦,河流河面较宽,水流也很平缓,使这里的地下水位相对较高,形成了星罗棋布的湖泊和宽阔连片的沼泽。

黄河在首曲的湖泊、沼泽湿地,主要分布于玛曲县中、东部的欧拉、阿万仓、尼玛、曼日玛、采日玛、齐哈玛6个乡镇,以及河曲马场、阿孜畜牧试验场等地。这里也是玛曲县最优良的草场分布区,因此都属于草原游牧型生计方式的优越区。牧民在畜牧业生产活动中,将人、畜、草场形成有机的且不可分割的关系结构。在长期的生计实践中,牧民直接面对的是牲畜、草场等自然生态物,他们逐水草而迁徙是为了畜群大群放养的需求,牧民生存需要畜群,畜群生存必须适应环境,迁徙即是一种适应行为,也是一种为了避免过度放牧,防止草场退化的措施。草原是有着巨大生产能力的天然生态系统,人类和牲畜负载其上带来了其性质的变化,创造了财富。草原生态系统的稳定与否直接影响着牧区的可持续发展,合理利用是可持续性发展的基础。只有在不断地转换牧场中使草场得以修复,在四季不断转换牧场的生产过程中,才能使人畜、草场达到协调与统一状态。玛曲、碌曲、夏河、合作的牧民主要牧养马、牛、羊三种牲畜。草场承包责任制以前,以数量种类而论,羊最多,牛、马次之。牧民以羊为主畜,主要是其实用价值高,羊肉、羊毛、羊奶、羊皮都是牧民生活中必不可少的生活资料。在早期,羊还具备有货币的功能,成为牧民自然交换时

---

① 资料来源于玛曲县水务局。

的一般等价物，在发生商品交换时都以羊来折算。又由于羊具有很强的适应自然环境能力，因此备受牧民的青睐与重视。

位于青海玉树称多县的牧业村，在行政上隶属于称多县歇武镇，以东与四川省境接壤。整个牧业村自身是一个以畜牧业为支柱的农村社区，主要牧养牦牛、马、少量的藏系绵羊等，兼有少量的种植业，主要种植青稞。牧业村经济发展的主体是传统的畜牧业，具有典型游牧文化特征。

生活在祁连山下的肃南裕固族，移民之前，从事畜牧业，多数是游牧形式，有春夏秋冬四个牧场，每年在四个牧场之间往来，这种生活对于老人和儿童的压力比较大，但羊的数量可以比较多。此外还有半游牧的形式，通常有两个牧场，冬春一个，夏秋一个，同时因为住所相对要固定一些，也发展一些农业。最后一种形式是定牧，仅在自家的牧场（只有一块）上放牧。

畜牧业是裕固族的主要产业，农业仅是辅助，莲花乡的裕固族种植玉米、土豆、胡麻、甘草等作物，规模较小，仅是在放牧之余从事，同时也进行一些商业和手工业活动。冬天许多人都会去挖芨芨草和锁阳，除了自己家里用之外，多余的会拿到市场上去卖，有些人从事羊的屠宰、加工，以及羊皮的贩卖生意。此外，还有人从事打酥油、做毛毡等手工业，多为自给自足，规模小。虽然莲花乡处于河西走廊，交通比山区方便，但由于地广人稀，商业仅局限在少数几个点，最为典型也保留至今的就是位于酒泉市肃州区的下河清镇，距离莲花乡的定居点20公里，每个月的5日、15日和25日在这里有固定的集市，裕固人到这里卖锁阳、芨芨草和羊等物品，买回蔬菜、粮食和一些其他的生活用品。

游牧原则——各有分地。游牧活动并不是毫无地域范围和无规律的流动，游牧社会各级牧地具有相对的稳定性。当一个游牧家庭来到一个新牧场后，都有一个暂时的固定地，并以此为中心，辐射性地每日到不同的方向放牧。畜牧业经济要求最大限度地保持草原生态系统的平衡与有序。因此游牧并不是漫无计划规律地游走，而是在"各有分地"内依照季节变化，有组织有规律的迁徙生活。在历史上，甘南牧区的藏族以部落为主要的草山划分界限，各部落都有专门划定的大范围的游牧地，在一定面积的地域范围内，本部落、氏族的人口居住、牲畜放养等尽用其上。各部落皆有固定牧场，不可随意越界游牧。部落内部户与户之间无草场明细划分。因此，属于同部落的牧民往往在同一季节草场游牧。

2. 半农半牧型

以畜牧业为主体的游牧地区，并非存在单一的经济形式和产业。为了解决游牧人的粮食和牲畜饲料，在海拔较低，地势平坦、气候适宜的牧区，还存在农耕种植业。这种农牧交错带，俗称为"俗兼耕牧"类型。20世纪30年代，中国地理区划中提出了季风区与中亚内陆高原分野的概念；中国气候规划提出内蒙古大部、大兴安岭西部、张家口—库伦沿途为半耕半牧地带①；赵松乔先生开始称其为农牧过渡地带，他在1953年发表的《察北、察蒙及锡蒙——一个农牧过渡带地区经济地理调查》一文中提出：这一地区是一个典型的农牧过渡带，从外长城到已有的集约农业地带向北递变为粗放农业区、定牧区、定牧游牧过渡区，以至游牧区。这里既是自然条件和农业生产的过渡带，也是汉民族和兄弟民族交错居住的地区。② 1956年，在他的《我国三大景观地带交汇处的天祝》一文中，在经济地理上将天祝藏族自治县定义为一个农牧交错区。一般藏族人民聚居地区为纯牧区或以牧为主、农为副，汉、土等民族聚居区则以农为主，牧为辅，但占一定比重。1958年，周立三、吴传钧等人提出，我国存在着由东部农业区向西部牧业区逐渐过渡的农牧交错带，在这个过渡带内种植业和草地畜牧业在空间上交错分布，时间上相互重叠，一种生产经营方式逐渐被另一种生产经营方式所替代。所以，中国的农牧交错带主要包括两个组成部分：北方农牧交错带和南方农牧交错带。

碌曲的双岔乡、阿拉乡、西仓乡均为半农半牧生计类型区。牧民主要种植青稞、大麦、油菜等适宜高海拔地区的作物。在这里，畜牧业与农业相依并存，构成了家庭主要经济来源。各家农户养羊、牛、马、鸡、猪……由于周围就是自己的草场，所以牲畜的喂养方式仍为放牧和散养，不实行圈养。

游牧和农耕都是依据自然地理条件而从事的两种生计方式。一方面，农耕需要一定的牲畜作为劳动工具，并以一定的畜产品作为生活用品来源；另一方面，游牧经济需要农产品、手工产品为其提供基本的生活资

---

① 黄建英：《北方农牧交错带变迁：对蒙古族经济文化类型的影响》，中央民族大学出版社2009年版，第29页。

② 赵松乔：《察北、察蒙及锡蒙——一个农牧过渡地区经济地理调查》，《地理学报》1953年第1期。

料、生产工具。牧民对此描述道：

> 我们家一共六亩地，家里人也不多，女儿出嫁了，现在家里我和老婆，还有一个小儿子，还在县城里面读高中。家里不多的牛羊都是联合放的，以前都是在村里公共的草山上放牧，现在草场划分以后都是各家放的，说是这么一说，虽然有承包证，但是私下大家还是联合放的。本来草场就不大，所以也没有办法多养牛羊来增加收入。家里种的是青稞、油菜，产量还行，养了二十多只蕨麻猪。我觉得还是牧区好，我们这里条件实在太差了，虽然买什么东西比牧区方便一些，但是总收入一点都没有牧区好，我们种一点点地，只有一点点牛羊，每年的家庭收入也就是3000多元，比起牧区，实在是差远了。（双岔乡，尕藏才让，20120810）

双岔乡原为双岔部落区域，境内洮河沿岸的河谷地带，为当地藏族先祖最初开拓的地区。目前是碌曲县纯藏族聚居的人口大乡，其地势西高东低，地表约有1/3被森林覆盖。山势陡峭，梁谷相间，各山谷受山洪冲积影响，在出口地带，形成许多面积较小的冲积扇，沿洮河两侧受曲流和泥沙淤积作用，形成一片片宽窄不一，面积不大的河滩。河滩地成为主要的农业种植区。尽管1980年甘肃省政府从经济扶持角度批准将双岔转为纯牧业区，但是地理环境阻碍了牲畜的大群放养，双岔乡一直沿袭半农半牧的生计方式是不争的事实。

二 传统生计方式与民族文化

一个民族的文化与其生计之间是相互影响、相互建构、相互形塑的过程。一旦这个群体原有的经济生产体系、生计方式发生了改变，必将导致其相应的新文化形成，民族生计方式的变化是导致该民族文化变迁的基本因素。

游牧文化与农耕文化一样，都是建立在自然生态环境的基础上，因而游牧经济生活反映了游牧人合理而有效地利用自然资源，以达到人与自然高度协调的能力。独特的游牧经济生活孕育、培植了游牧民迥异于农耕文化内容的特质，充分体现了游牧人积极主动适应自然的能力和游牧民族的精神本性。生活在甘南草原上的牧民保留着游牧民族优秀的传统文化和游牧生产生活的特征。

1. 生计方式与民族文化的关系

从生计方式入手来研究民族文化或文化变迁的,如罗素玫的《性别区辨、阶序与社会：都阑阿美族的小米周期仪式》,文章研究了台湾台东县阿美族1920—1930年存在的小米种植形式和以小米周期仪式为核心的阿美族的年度周期仪式,以及在此过程中特殊的男女性别区辨和阶序制度对社会的构建。① 又如黄应贵《作物、经济与社会：东埔社布农人的例子》,论述了台湾东埔社布农人的主要作物在1920—1990年从小米到水稻到西红柿再到茶的转变过程中,呈现出不同时代的社会性质,并且经由原有hanido信仰与人观来理解、转变,乃至创造有关新作物的活动及其文化意义等。② 之所以从生计方式入手来对文化变迁进行研究,是因为每个民族在其生存的过程中都有一种主要的用以维持其生计的方式,以实现其最基本的生存以及更进一步的发展。

人类学家孔恩（Yehudi Cohen）用"适应策略"（adaptive strategy）一词来描述一个群体的经济生产体系。他将社会类型划分为五种适应策略：搜食、粗耕、农耕、畜牧、工业化。③ 由于经济生产体系的不同,每个社会在其生产技术、生活方式、社会组织、宗教信仰等方面表现出各自的文化特色。耕作民族以作物种植为生计方式,因为有固定的土地用于耕作,因此有固定的村落、家,有自属的一套耕种技术和文化。畜牧业民族以畜牧养殖为生计方式,他们逐水源和草场资源丰富的地区放牧,居住的地点和房屋随时搬迁,有自属的畜牧技术和文化,具有很强的流动性。而且即使是同一种适应策略,由于地理环境、知识技术、种植或饲养的品种有所差别,每个地区每个民族也会有自己的文化特色。

---

① 罗素玫：《性别区辨、阶序与社会：都阑阿美族的小米周期仪式》,《台湾人类学刊》2005年第1期。

② 黄应贵：《作物、经济与社会：东埔社布农人的例子》,《广西民族学院学报》2005年第6期。

③ ［美］科塔克：《文化人类学——文化多样性的探索》,徐雨村译,麦格罗希尔出版社2005年版。

2. 草原游牧类型下的民族文化

游牧生计方式是草原生态环境和生活在这一环境下的人们相互作用、相互选择的结果，既具有显著的草原生态禀赋，又蕴含着草原人的智慧。草原文化是一种特色鲜明、内涵丰富、具有广泛影响力的文化形态，是迄今为止人类社会最重要的文化形态之一。生活在草原上的牧民创造了灿若星河的游牧文化——游牧人的观念、信仰、风俗、习惯以及他们的社会结构、政治制度、价值体系等，无不是游牧生计方式和民族文化的历史反映和写照。

饮食方面。由于高原气候寒冷、空气稀薄、光照强烈且日照时间长、季节性冻土和永久性冻土分布广泛、生物群落简单，为了适应这种高原环境，牧民形成了自己独特的饮食生活习惯。游牧地区的饮食与半农半牧地区的稍有不同。游牧地区牧民喜欢吃青稞面、酥油茶和牛肉、羊肉、奶制品。牧民的食物结构简单，传统上人们一般少食蔬菜，以食牛羊肉和奶制品为主。青稞为主要食物，青稞面、青稞酒、酥油茶、糌粑、牦牛肉、羊肉是特有的食物。青稞是大麦的一种，成熟后种子裸露，因此称为裸大麦。青稞具有耐寒性，抗旱性强，在日平均气温稳定在0℃，耕作层土壤解冻时，即可播种。只要能发芽生长，苗期就不易受低温影响。由于青稞的耐寒特点，在作物播种面积中的比重随着海拔逐渐升高而增大。青稞营养丰富，蛋白质含量高达10%—20%，而且青稞是麦类作物中含葡萄糖最高的作物，葡萄糖具有降血压、调节血糖、降低胆固醇、预防心血管疾病、提高免疫力和抗肿瘤的作用，因此，老一辈的牧民患糖尿病和高胆固醇类疾病率十分低。牧民每日的主食糌粑，主要制作原料是青稞，其实就是将青稞面炒熟后磨制而成的面。炒面更能耐饥耐寒，并且可以长期贮存，便于携带，食用方便。长期游牧的藏民将其携带身边，只要有水，就可拌出酥油糌粑解饿，这种饮食习惯也是受环境的影响逐渐流行并延续下来的。青稞酒是青稞发酵后酿成的一种低浓度酒，也是草原牧民节庆必备的饮品，尤其在高海拔地区放牧时更需要这种饮品。高山游牧时携带青稞酒不仅可以驱寒，也为身体提供热量，青稞酒成为牧民之间放牧时把酒言欢的媒介。青稞酒中的上品又是牧民敬神和祭祀中不可缺少的用品。酥油是鲜奶中的精华部分，是从牛、羊、牦牛奶中提炼出来的油脂，也是牧民最为喜爱的食品之一。其中以夏季从牦牛奶中提炼出来的酥油为品质最好，其富含蛋白质、脂肪、维生素等营养成分，能够为人类提供必需的营养。青海藏族中常常流传这样的说法，"常喝酥油茶，永不得胃病"。老人们认为酥油可以暖胃、清肺，十分适宜高原上居住的人群。

图 3-1　放青稞炒面和酥油的木升

去牧民家中，酥油是常见的食物，牧民用它做成各种各样的食品，酥油茶、酥油糌粑、酥油油饼、酥油米饭……其中酥油茶是牧民酷爱的一种饮品。每次我们走进牧民的帐篷，主人都会拿出酥油和木升（储存青稞炒面的木箱）来款待来客。酥油不但是游牧民一日三餐不可或缺的食品，还被用来以酥油灯、酥油花等形式敬神、供佛。

藏族、裕固族等游牧民族酷爱喝茶，这与每日饮食结构单调有关。一方面，他们日常食品以牛羊肉、奶制品为主，这些食品中蛋白质、脂肪含量特别高，适宜在高原的高寒环境中御寒的需要，但是另一方面，这些食品属酸性，而奶茶中含有多种维生素和微量元素，有助于消化和调节人体酸碱平衡。这也是牧民适应自然环境的方式，因此也会产生古代藏区著名的茶马贸易，茶马古道。[①]

牧民的蕨麻米饭烹制方法讲究。先将大米煮至七八成熟，捞出后用冷水过滤，拌上酥油少许，再放入笼内蒸熟，加以煮熟的蕨麻、白糖、葡萄干，浇上溶化的酥油而食。

[①] 汪玺、师尚礼、张德罡：《藏族的草原游牧文化——藏族牧民的生活》，《草原与草坪》2011 年第 4 期。

图 3-2 油炸的面果、奶茶

牧民喜食的肉类主要为牦牛肉和绵羊肉，不吃山羊肉，绝对禁吃驴、马、狗、鱼肉。高蛋白质的食品有助于抵御严寒。牧民还有食用生肉的习惯，且食用生肉讲究新鲜。曾经在调研中见过一位老人，伸手将刚宰杀的牛肚里冒热气的新鲜板油掏出即食，他告诉我们带着牛体温的新鲜板油可以中和胃酸。但是食生肉带来的后果是牧区流行的地方病——包虫病的盛行。在玛曲县医院，我们遇到一位十岁的女孩，准备转院要去省城做包虫手术，她的病例诊断是肝包虫、肺包虫和子宫包虫，因为她从小是孤儿，叔叔收养她，她经常在牧民家里吃生肉导致身体严重患病。在现代，游牧区的牧民包虫病（肺包虫、肝包虫、腹腔包虫、子宫包虫）比例依然较高。

手抓肉是草原牧民常见的吃肉方法。吃时一手持刀切割，一手抓肉入口。先将鲜牛羊肉煮熟，再加盐或蘸盐即可食用。

灌肠有肉肠和血肠两种。肉肠是用剁碎的牛羊肉、心、肺、肾、肝等内脏加拌切碎的蒜苗、食盐、花椒粉搅匀，灌入洗干净的大肠。血肠是将剁碎的肉、板油放在血液中，加上食盐、花椒粉和少许面粉搅匀，灌入小肠内，然后均以清水煮熟食用。

藏包是在制作时先将牛羊肉剁碎后加食盐、花椒粉、葱段、少量水和清油搅匀成馅，用不发酵的死面包好蒸熟。

图 3-3　手抓肉

图 3-4　藏包

　　酸奶是将鲜牦牛奶煮沸后倒入木桶或盆内，待冷却为 40℃ 不烫手背时放入酸奶引子（乳酸菌种），然后掩盖置于 40℃ 保温处发酵而成的食品。

　　从牧民的饮食我们可以看出每一种都是与其生计息息相关的，是对生计方式的一种适应。

　　服饰方面。服饰是人的第二皮肤，是文化的具象符号。地理和自然环境是决定服饰特点的基础原因。牧民生活在高原，干燥寒冷、昼夜温差

图 3-5　肉肠

大、变化无常的气候，使世代生活在这里的人们形成了别具一格的服装风格。

图 3-6　藏族妇女

牧民服饰最基本的特点是讲究实用，厚重保暖。他们以动物皮毛和毛织品为原料，制作宽松肥大、便于骑马又坚韧耐用的袍式服装。卷起的毡帽，半脱袖的藏袍，长筒的皮靴，腰间带鞘的藏刀等都是其他民族地区所不曾有的服饰。

牧区和农区在服饰方面存在着区别，牧区男女穿着基本相似，内着半高领、斜开襟的锁边夹袄。藏袍身袖宽大肥硕，袒露右臂，右袖自然垂吊或挂于腰际。区别在于男服将下摆提高至膝部，女服束腰后下摆与脚踝齐。夏穿布制夹袍，春秋袍用羊羔皮或短毛皮作里，外罩毛料或布料，冬穿长毛光板皮袄。藏袍袖筒长出手面三四寸，上衣一般没有纽扣，腰间束一根长带，胸下突起，形成一个口袋，这样外出时可存放酥油、糌粑、茶叶、饭碗甚至可以放置幼儿。这是牧民适应逐水草而居的流动性而形成的衣着形式。袒露右臂是藏民特有的习惯和标志。由于青藏地区的昼夜温差特别大，所以在天热或劳作时藏民根据需要袒露右臂或双臂，将衣袖系于腰间，调节体温，必要时再穿上，不必全部脱或穿。在夜间休息时，解开腰带脱下双袖又可铺一半盖一半，成为一个暖和的大睡袋，实用方便。

图 3-7　哈达文化①

　　妇女佩戴长形头面等饰物，她们擅长刺绣，在衣领、衣袖、布靴上常绣有各种花草和动物图案，特别是各种牲畜的图形，形象活泼生动，独具特色。

　　裕固族服饰绚丽多彩，内涵丰富。裕固人虽然有两种语言并存，并且处在高山、沙漠、草原的生态环境中，经营畜牧业，与其他藏、蒙古、汉等民族长期和睦相处在一起，又经过了漫长的历史演变，但还是保存着浓郁的古代北方草原马背民族的服饰文化特色。裕固族男、女均穿戴镶边白毡帽，身穿高领偏襟长袍，束腰带，衣袍袖口、下摆口、两侧衩口镶有多色图案花边，足穿高腰子翘头皮靴或花边布鞋，按季节、地区分为坎肩、夹、绵、毡、布、皮衣，视经济条件由绸、缎、布、褐、皮作料。

---

① 作者调研牧民献的哈达（手持相机者为刘生琰）。

"衣领高、帽有缨",是裕固族服饰的一大特点,生活和文化传统形成了服饰的样式、花色、刺绣图案、花纹都按其民族习惯形成并代代相传。民间流传着"水的头是泉源,衣服的头是领子","帽无缨子不好看,衣无领子不能穿"的民歌。

图 3-8 裕固族男女服饰

同时,在藏族、裕固族的社会交往文化中,之所以长期盛行使用哈达这一礼仪之品,是由哈达丰富的文化内涵决定的。信仰藏传佛教的藏族、裕固族人民历来认为洁白无瑕最能表达和象征人们真诚、纯净的心愿,所以哈达便成了牧民这一重要文化心理的媒介和载体。藏族、裕固族牧民崇尚白色的根源在于他们世代居住的地域环境——雪域高原的纯净使藏民产生了对皎洁无瑕的本能崇拜;此外,古印度佛教思想中存在尚白传统,随着佛教传入中国也影响了信仰藏传佛教民族的文化思想。就是在这些特定的自然环境和社会环境中才逐渐形成了藏族、裕固族用哈达表达吉祥与祝福的文化心态。

居住方面。迁徙的游牧生活,使牧民形成以易拆卸搬运的牛毛帐房为主要住房。传统的放牧是逐水草而居,一年当中需要搬迁几次,因此牧民居室选择帐篷是十分合理的,是适应生计环境的结果。牧民帐篷从质地材料上可以分为两大类:一是毛质黑帐篷,牧民大部分时间都是居住在这种帐篷里。毛质帐篷是用牦牛身上毛根最粗的那部分毛捻成毛线编织而成的。毛质帐篷一律为黑色，外观上不加任何的装饰，一顶毛质帐篷可以容纳六七人。毛质帐篷浓重厚实、防风防寒、防雨防晒性特别强，而且耐磨、耐熏、经久耐用，它的诸多优点已使它深深地扎根在甘南及广大牧区，成为牧民生活不可或缺的重要物资。帐篷以两根木橼、一根木杆为梁，架起牛毛褐子连成的篷幕，帐外四角用粗毛绳拽紧，系于远处木橛上。帐房内呈正方形，占地约 20 平方米，高约 2 米，顶部正中为开合式天窗。房内居中以石块或土块砌一狭长炉灶，将帐房分成左右两部分，男左女右分坐。左边铺以地毯，是待客之地，右边兼作厨房。入口处内外各有立柱一根，内为上柱，除挂念珠、护神盒等敬神物品外，不得悬挂他物。外为下柱，用于悬挂主人的马鞭之类用品。① 冬窝子是最普通的土房，多以黏土夯筑或土坯砌就四周围墙，房外往往有一根高杆，悬挂着经幡。牧民在冬季来临的时候还会用草坯或干牛粪在帐篷周围筑成矮墙，以防风保暖。

图 3-9 玛曲藏族黑牛毛帐篷

还有一类棉质白帐篷，这种帐篷室内凉爽、室外美观，携带方便、缝制简单，另外由于棉布材料幅宽长度大，制作起来可大可小。

牧民们出于天性乐观开朗、热爱生活、热爱美的精神追求通常在白棉

---

① 汪玺、师尚礼、张德罡：《藏族的草原游牧文化——藏族牧民的生活》，《草原与草坪》2011 年第 4 期。

图 3-10　黑牦牛毛编织搭建的裕固族牙帐

图 3-11　玛曲牧民冬窝子

布帐篷的外观上大加民族花纹修饰。每当夏季来临,水草肥美、牛羊强壮,牧民就用布料剪裁拼贴成云气、花卉、动物等图案缝贴在白棉布帐篷上,把一顶帐篷装点成一个精美的彩色拼贴艺术品。

交通运输。牦牛是青藏高原珍贵的畜种资源。野生牦牛自被人类驯养以后,成为高原牧民赖以生存的生活和生产资料。牦牛是纯游牧地区牧民的主要牲畜。公黄牛和母牦牛杂交所生的公犏牛是牧民转场负重的主要牲畜,母犏牛是良好的乳牛。牦牛耐寒、耐渴又善于走雪山、过水滩、越陡坡、常被用来驮运货物,因此,在交通不便的高原上,牦牛成为重要的交

图 3-12　玛曲藏族白棉布帐篷

通工具，被誉为"雪域之舟"。牦牛除了作为藏族的交通工具外，还能产乳、产毛、产肉，牛粪也是很好的燃料。牛皮制作的牛皮筏同样也是重要的水上交通工具。

牧民的第二主要牲畜是羊，羊有藏绵羊和藏山羊，藏绵羊占多数，在一些山路难走的地方，牧民也使用绵羊运输，每只可负重10—15公斤。在甘南传统的游牧民家中日常主要的交通工具是河曲马。据传说，河曲马在我国战争史上战功赫赫。汉朝时，朝廷为改良中原地区的马种，曾引进西域的优良马种汗血马放牧于青海一带，这些马的后代为汉朝征讨匈奴立下"汗马功劳"。在蒙古大军南征大理时，忽必烈指挥大军在水草丰美的河曲地带大量牧养军马。河曲马生存力强，速力中等，能持久耐劳。河曲马对高寒多变的气候环境有着较强的适应能力，成为牧民日常出行和高山放牧时的主要工具。

草原地方性知识的外显。游牧民四季轮替转场放牧，这与野生动物的迁移方式有着一致之处。牧民在四季交替中，时常观察动物来预测天气变化和草地状况。例如：当鼢鼠从滩地、河谷地迁徙到山阴坡时，人们认为天气可能要干旱；河谷地带，人们从春季候鸟飞来的迟早预测当年天气变化。[①] 每年

---

① 南文渊：《藏族传统文化与青藏高原环境保护社会发展》，中国藏学出版社2008年版，第20—30页。

5月底到6月初，青藏高原海拔3000米以上草原地区进入暖季，气温在5℃以上，高寒山地草甸类、沼泽草甸类、灌丛草甸类草地青草已长出长齐，早晚气候凉爽，又无蚊蝇滋扰时，牧民们进入高寒草地。暖季高寒地带的气候特征不仅能满足牲畜喜凉怕热的特点，又能充分利用高山草原牧草资源。而冬季所居的大面积草地已完全无畜，使这里的牧草能不受干扰地充分生长。夏季高寒草地，各种植物利用短暂的夏季迅速生长，牧民放牧早出晚归，让牲畜充分利用生长的牧草。早晚放牧于高山沼泽草地或灌丛草地，中午天热时放牧于高山山顶上，或湖畔河边泉水处。8月底9月初，高寒草地天气变冷，气温降至5℃以下，此时牧草籽已熟，正是抓秋膘的时期，于是牧民又驱畜进入秋季草地。在利用了这段地区牧草资源后，10月下旬进入冬季草地，这里是海拔较低的平地或山沟，避风向阳，气候温和，牧草多系旱生多年生禾本科牧草，返青迟，枯黄晚，性柔软。经过一个暖季的保护已高为20—30厘米，基本能够满足家畜在漫长的冬季食用，这时放牧一般晚出早归，当太阳照得暖洋洋时才驱牛羊缓缓出圈，晚上太阳落山前即回畜圈。如调查中阿万仓的才让尼玛所说，放牧首先要选择草地："先放远处，后放近处，先吃阴坡，后吃阳坡，先放平川，后放山洼。"牧民们总结出利用不同草地、不同季节与气候放牧的经验，他们可以如数家珍地告诉我们许多谚语、俗语，这些文化都是在放牧的实践中凝练并经受住考验的。

牧民跟着畜群转，畜群随着水草走，人畜都依循一年四季天气的变化而游牧。这种恒定的路线，不变的轨道，牧民从不轻易突破，他们守护和驾驭着畜群，世世代代承受自然规律的支配，成为自然规律的执行者、维护者。所以他们的畜牧生活年复一年几乎无太大的变化。由于游牧民需要在不同季节为畜群在荒凉草原上寻觅生活资料，他们自己的生活与行为也必须准确地按气候与植物生长周期表行动。[①]

现代经济学认为，人类经济活动的所有目的是满足人们日益增长的物质需要，以最小的成本获取最大的财富，即实现经济效益的最佳化。利润成为人们经济活动的最大动力。但是在甘南牧民的畜牧业中，有一种与现代经济学模式不完全一致的方式：对高原生态环境融合、保护的畜牧方

[①] 南文渊：《藏族传统文化与青藏高原环境保护社会发展》，中国藏学出版社2008年版，第20—30页。

式。这种畜牧方式不完全以追求利润为目的，体现在对家畜数量的控制方法。通常有以下几种类型：

第一，"放生"类型。一些牧民将自己家养的部分牛羊用来"放生"。传统上，牲畜从生到老死，一直受到看护、照料，既不宰杀，也不出售，在放牧过程中每年获取的牛羊毛、牛乳等产品供自己消费，亦可将牛毛、羊毛及自然死亡的牲畜的皮革及乳制品驮到农业区换取青稞炒面等日用品。一般牧民只放生自己牲畜群的1/10，有的是放生1/3，也有牧户是象征性地放生一两只（头）。"羊要放生，狼也可怜"，这样的说法在牧区是一种较为普遍的观点。

第二，淘汰瘦弱体，保护整体的类型。牧民每年冬初挑出一批老、弱、病、残的牛羊，及时出售或宰杀。他们认为这类牛羊若在冬初不及时淘汰，那么第二年春季牧草干枯、气候恶劣的情况就会使牛羊受到冻饿的威胁而死亡。从保护其他牲畜、保护草场出发，这种策略，是让大部分牲畜正常生长、草地受到保护的很合时宜的策略。多半藏族牧民都采取这种方法。当然文化变迁以后牧民不再自己宰杀牲畜，这些会在后面提到。

第三，维持最低需求类型。草原上的牧民饲养家畜数量仅维持在满足其生存的基本需求之内，并没有特别精打细算依靠养畜来发家致富，来推动经济增长，积累更多财富，只是将其作为自己必要的生活资料。草原游牧的牧民主要饲养牦牛、藏绵羊、藏山羊、河曲马和藏狗。牧民对牲畜结构的控制一般是绵羊与牦牛的比例是1∶1—3∶1，大部分为1.5∶1。这样的比例很有生态学、生活需要和文化学的根据。[①] 这种选择是对高寒自然生态环境的一种适应。

一定的生物种类与数量保持着相对稳定有利于维系一个生态系统的平衡。高原特有的物种牦牛生活于高寒地带，它们可以利用夏季牧场最高、最冷地方的牧草，亦可利用绵羊不能利用的湿生植被，而且采食牧草的高度较低。所以牦牛与绵羊有着相同的资源生态位置，从而使一个地区的牧草资源得到合理的分配利用。另外，牦牛可到一般绵羊到不了的地区去采食，刺激这里的牧草生长，它们的粪便可以为该地方的植被提供养料。同时，牦牛对高原寒冷、雪灾、大风等具有更强的抵御能力，夜间，通常将牦牛拴缚在羊圈外围可防狼为害羊群。藏族牧民们认为，大量的牦牛与绵

[①] 马子富：《西部开发与多民族文化》，华夏出版社2004年版，第131—192页。

羊共同生存，有助于绵羊种群的发展、生长也似更容易、更健壮，如果是单独的绵羊群则成活率低。

婚姻家庭。牧民传统婚姻的形式有一夫一妻制度，在过去也有少数一夫多妻、一妻多夫、姊妹共夫、兄弟共妻这类共妻共夫的现象。在调研中我们听到木西合的俄旺老人讲述他们一代有兄弟四人共娶一妻的例子。

> 那时候那家兄弟们娶了一个媳妇，媳妇也不是我们这里的，听说是从青海玉树那里领来的。四个兄弟住一间屋子，媳妇住一间屋，兄弟四人对他们的媳妇非常好，经常卖了牛羊挣了钱给她更好的吃穿。
> （俄旺，69岁，木西合乡，201107）

在牧区，青年婚后即另立门庭，只有幼子可以例外。例如我们在距离调研期间居住地相隔五里远的卓玛家，她有四个哥哥，结婚后都另立门户，但各自的居所都围绕着父亲的冬窝子而修建。草原上的每个帐房几乎都是单一的核心家庭。藏族家庭内部以父权为中心，男女老少共同参加牧业生产，共同拥有家庭财产。"男主外、女主内"是牧民家庭的惯制。妇女要挤奶、打酥油、晒曲拉、背水、捡牛粪、磨炒面、烧茶煮肉以及哺育婴儿。男子从事放牧、结揉皮、对外联络交往的各种事务。牧区有句谚语云："男上十五，计不问父，女上十五，食不乞母。"意味着牧民15岁算长大成人，可参加劳动和社交活动并谈婚论嫁。

节庆。插屋顶旗为藏族节日习俗。每到新年，各家即将一面刻有藏文经文的红、黄、白三色布旗插在屋顶上，禳灾祈福。布旗高低大小不一，色彩也因地而异。有的白布红边，有的红黄相间又饰以黑色条纹。旗面多为长方形，也有方形和三角形的。有将旗绑在旗杆上，有的则扎在树干上。有的插一面旗，有的插几面旗。目的是祈求新的一年的庇佑和福祉绵延。草原上最受牧民欢迎的节日是赛马节。赛马节是草原体育盛会，办得丰富多彩。赛马是藏族民众十分喜爱的一项活动，它不仅是农牧闲暇之余集结、交流农牧业生产经验的场所，而且是藏族人民精神风貌的展示。在所有民间传承流播的藏族节日中，几乎都少不了赛马活动。

赛马不仅以母题形式在节日中显现，更为重要的是，藏族人民对马有浓郁信仰，因此形成了象征民族传统文化的"赛马节"。届时，附近各地藏族群众身着传统的民族服装，从四面八方赶到赛马场，进行多种形式的

图 3-13 赛马

赛马活动。有集体比赛速度的，有分队进行接力比赛的，有表演跑马射箭的，有表演赛马技巧的，十分热闹。赛马结束后，人们就互相交换土特产品。小商贩临时搭起了商店、饭馆、小摊，大显身手。

图 3-14 赛马会上的商贩

裕固族在节庆时要在鄂博台上挂上经幡，有喇嘛主持仪式。以前还比较盛行的就是祁连山下的赛马会及儿童的拔棍活动。

托马斯·哈丁在《文化与进化》中提到"任何一种文化种系发生演变的原物质都来源于周围文化的特点，那些文化自身和那些在其超有机体环境中可利用或借鉴的因素。演变的进化过程就是对攫取自然资源、协调外来文化影响这些特点的适应过程"①。因此，我们可以说文化是人类适应环境的工具，各民族文化的发展会随着所处的自然环境与社会环境的不同而走上不同的发展道路。本尼迪克特在《文化模式》中强调："它们更大的差异在于整体定位的不同方向。它们沿着不同的道路前进，追求着不同的目的，而且，在一种社会中的目的和手段不能以另一社会的目的和手段来判断，因为从本质来讲，它们是不可比的。"② 各民族文化在适应不同环境所形成的特有生计方式，这对于特定环境而言是有效的。如果世界上的人类只有一种文化，那么其生计方式便无从选择，全人类只能按照同一种生计方式去生存，如此，后果是不言而喻的。同一种生计方式会引起生产的单一化，消费习俗、休闲方式的整齐划一，必然引起生态均势的失衡与破坏，最终会毁掉人类生存的基础。自然资源本身具有多样性，我们所说的生物多样性，需要在人类文化多样性中模塑出人类生计方式的多样性。牧民的特色饮食结构、服饰、民居建筑、游牧思想等充分体现了受自然环境和生计方式影响而具有的地域特点，同时这些又是本民族内在情感和精神追求外显的民族性的充分体现。从这些传统的民族文化层面可以让我们对牧民受地域和生计的影响而形成的民族文化有一个总体的把握。

---

① ［美］托马斯·哈丁等：《文化与进化》，韩建军、商戈令译，浙江人民出版社1987年版，第20页。

② ［美］露丝·本尼迪克特：《文化模式》，何锡章、黄欢译，华夏出版社1987年版，第173页。

第四章　牧民生计方式变迁

变迁是永恒的话题。没有不发生变化的民族，也没有不发生变化的文化。整个人类的历史上，随着人们需要的变化，传统的行为和观念亦不断在改变。变迁，简单的理解，似乎是技术、社会、政治、经济组织及行为准则的变化。

在我国民族学界，生计方式（means of livelihood）是经济文化类型结构分层的一个重要序列，经济文化类型按照结构层次的划分，其一般序列为：（1）生态基础；（2）生计方式（包括人类的生产生活活动及物质文化）；（3）社会组织形式及各种典章制度；（4）意识形态（包括行为准则、道德规范、宗教信仰和思想观念等）。在这一理论中，生计方式替代了社会经济发展水平。生计方式不仅明确标示出了人类社会经济活动的方向，同时也容纳了社会经济发展水平所包括的含义。生计方式反映的人类与自然生态环境之间的关系更为直接。[1]

一　牧民生计方式变迁类型

牧民传统生计方式的基本特点是逐水草而居，是流动的小社会。由于社会的发展及国家在牧区实行的草场家庭联产承包责任制度，使牧民的生计方式发生了转型。

我们将牧民生计方式的转型归纳为从游牧到定牧、从定牧到第三产业、从半农半牧到第三产业、从牧业到农业四种类型。

---

[1] 林耀华：《民族学通论》，中央民族大学出版社1998年版，第86—87页。

1. 从游牧到定牧

1979年，甘南根据牧区和农区的不同情况制定了不同的政策：其一是在纯牧区恢复了"两定、一奖"的生产责任制，即"按畜定工、以畜定产、责任到劳和超奖减赔"；其二是在半农半牧区除推行"两定一奖"之外，还制定了专业承包，即联产计酬的生产责任制，截至1980年年底，整个甘南州实现联产的农牧村占全部农牧村的97%以上。

和周边地区相比，早在1981年，甘南就已经较早开始了草畜承包的实践。1982年，全州牧区将牲畜作价承包给牧民个人，实行"牲畜归户、私有私养、自主经营、长期不变"的生产经营责任制。

1982年春，甘南州牧区在经受了连续的大风雪袭击之后，牧业整体收成仍比灾情相似的1975年和1976年好得多。然而，在转变生产体制，调动农牧民生产积极性的同时，由于长期以来形成的生产经营方式并没有发生变化，牧民在放牧过程中出现掠夺式使用草地的短视行为，牲畜数量不断增加，对草地的有效管理和使用的计划性却没有同步实现，因而造成草场资源紧张，草原退化，草畜矛盾日益突出。在这样的背景下，当地又提出了将草场也承包给牧民的政策，并进行了试点工作。

在总结试点经验的基础上，1984年又在甘南藏族自治州推行"草场公有、承包经营"的草场承包责任制。在草场承包到户前，首先明确草场界线，确定人口及牲畜数量，确定草场面积和等级，按人畜6:4的比例来划分草场。对荒山、荒坡、荒滩按谁开发谁受益的原则，鼓励农牧民、其他单位和个人进行承包开发，并允许其使用权合理流动。但矿产、森林、湖泊等不属于承包范围。草场承包到户后，承包方对所承包草场及基础设施有保护、建设、合理利用的义务，不得随意更改草场用处，严禁滥牧、乱牧、挖沙取石、移植草皮和随意开路。牧户对承包的草场可租赁、转让，也可采取自由经营的方式，但不得出卖或变相出卖草场的所有权。承包后由于承包方的过失而造成草场严重"三化"或违背合同去破坏草场，当地政府有权收回草场的使用权，并责令其恢复植被和设施。1990年和1992年又对草场承包工作进行了完善，在这三次承包责任制的改革过程中，均将联户承包与个人承包结合，希望以此落实草地的所有权和使用权，通过对草场进行划分、登记，建立草地划分档案，与牧民签订承包经营合同，逐步对当地草场实施了承包经营。

1995年，甘南州政府明确提出，进一步落实和完善草场承包责任制是深化牧区改革的重点，草场承包到户，是畜牧业发展中重新合理配置生产要素，解放生产力，改善生产生活条件的一场革命。按照"草场公有，承包到户，有偿使用，自主经营，30年不变"的原则，决定从1996年起，利用3年或更长一段时间，在全州牧区实施草场到户承包工作。草场承包经营权流转的形式主要表现为：承包到户后的绝大部分牧户自主经营承包草场；部分无畜户、贫困户和长年外出务工的牧户，以租赁、转包、租借等方式，将承包草场交与他人使用，然后收取租金。各乡（镇）根据自身实际状况，以及牧户的生产生活需要，依据草原流转、租赁管理办法，规范群众对承包草场的管理和使用，坚决制止非法转让、买卖草场的行为，并以此推进草原的法制化管理，做到依法治牧。

以碌曲县为例。碌曲县从1984年实行了"牲畜归户、私有私养、自主经营、长期不变"的畜牧经济体制改革，全县近38万牲畜承包到户。1990年玛艾乡率先在全州进行了草场承包试点工作。1995年甘南州政府做出了《关于进一步落实完善草场承包责任制，加快草原建设的决定》，制定并颁布了《甘南藏族自治州草场承包责任制实施细则》。碌曲将四个牧业乡405.01万亩天然草场列入承包建设的重点，1997年在全县正式全面启动草场承包到户工作，到1999年在甘南州率先完成了纯牧业乡的草场承包到户工作，2003年又对三个半农半牧乡118.79万亩草场进行了承包。2004年完成了李恰如牧场15万亩草原承包工作。7年中共承包各类草场538.8万亩，占全县草场总面积的91.15%，参与草场承包的户数达4395户、牧民共14604人。草原站的工作人员告诉我们，由于一部分草场面积较小、居住相对集中的牧户目前仍然采取联户承包的方式。按照政府政策规定，仅存在的一些为数不多的联户草场必须划分到户，明确户与户之间草场的界线，必须核定每个牧户承包草场的实际载畜量，坚持以草定畜。

阿拉乡离碌曲县县城69公里，全乡均为藏族，是个纯牧业乡，我们将其作为碌曲县调查草场承包责任制的一个重要田野点。在调查中，几乎所有牧户都愿意将持有的《草场使用证》和合同书拿给我们看。阿拉乡辖有吉扎、田多、博拉3个村委会，我们用五天时间将所辖三个村的草场承包做了详细的了解和登记。

田多村共有1182人，共78户，牛约3100头，羊约3200只。该村在草场承包过程中共划包草场22片。其中哇西多划为8片，隆乃合沟划为4片，立池沟东沟划为8片。

博拉村共有960人，147户，牛约2326头，羊约2391只，在草场承包过程中，该村共划包草场18片，其中隆乃合沟3片，立池沟东沟2片，吾乎扎沟4片，博拉沟3片，牙日沟2片，拉也沟4片。

吉扎村共有914人，143户，牛约1622头，羊约1678只，在草场承包过程中，该村共划包草场17片。其中周娄沟3片，玛库合2片，亚库合3片，才昂娄1片，秀果库合5片，巴吾沟1片，洋隆1片，加热沟1片，吉扎沟1片。

玛曲县从1996年开始推行草场承包到户工作，到2010年全县1288万亩草场全部承包到户和联户，参加承包的户数为4758户。承包面积为尼玛镇76万亩，欧拉秀玛乡155万亩，木西合乡212万亩，采日玛乡95万亩，欧拉乡179万亩，齐哈玛乡104万亩，阿万仓乡235万亩，曼日玛乡165万亩，河曲马场承包60万亩，阿孜站7万亩。

2002年年底，随着玛曲县齐哈玛、阿万仓、木西合三乡草场承包工作的完成，标志着甘南藏族自治州纯牧区历时6年，集中全州人力、物力、财力实施的草场承包工作基本完成。甘南纯牧区共完成草场承包2254.8万亩，占四县一市纯牧区乡可利用草场面积的98.3%，新建围栏草场面积548.14万亩。[①]

一个民族的发展受到自然、社会等多种因素的影响和制约。自然环境为人类提供了生存和发展的空间，各民族所处的环境决定了各民族的生计方式：生长在草原的民族以畜牧业为主；靠近森林的民族擅长狩猎。不同的自然条件和经济活动决定了各民族不同的风俗习惯、文化和民族性格。人类由氏族、部落发展为原始民族、古代民族到现代民族，无一不是由物质生产方式的不断变化引起的。所以，民族的发展，是生计方式的发展。从游牧到定牧，是从一种生计方式向另一种生计方式的转变，是一种生活方式向另一种生活方式的转变。

2. 从定牧到第三产业

当游牧地区的部分牧民在草原上无法依靠畜牧业维持生计，或者成为

---

① 2012年7月甘南州政府访谈资料。

富余劳动力后,便有部分牧民开始转而从事第三产业。本来,游牧是以用少量的劳动支出获取相对多的自然资源为前提而成立的生计方式。在游牧生计方式中,牧民拥有的家畜,其结构在定居以后逐渐发生了变化,小型家畜头数显著增加。由此,一方面,家畜总体用于维持生命、生产以及为觅食所消耗的能量相应加大;另一方面,牧民所付出的劳动支出也相应加大。获取同等数量的畜产品,定居畜牧较游牧所付出的劳动多,牧民自然感觉到辛苦。其结果,就是导致不适应这种生计方式的牧民渐渐离去。

玛曲县城赛马场定居点上有好几户搬迁过来的牧民将不多的羊和牛带到定居点饲养。除了家养几只牛羊获得一些家庭收入这种生计方式之外,很多牧民还从事经商、外出打工、从政从教等生计方式,当然从政从教的前提是获得良好的高等教育。可见,当代经济生活处于比较大的分化状态,这种分化即是"杜尔凯姆式的社会瓦解或马凌诺夫斯基的文化衰败"[①]。定居导致游牧社会急速的变迁,而不是让流动停止下来。游牧社会时的流动是传统内的流动,定居之后的流动是跨越文化界的流动。急速的社会变迁导致社会出现分裂,表现为不整合的文化,这种不整合的文化体现出的文化多样性会产生一些令人不快的结果,"分裂的社会也表现为分裂了的文化形式。或者,文化的衰败导致社会分裂,民间传统活力丧失削弱了个体之间的道德联系"[②]。改变了游牧业为主、比较单一的经济结构以后,其他经济方式的发展必然挤压游牧经济的生存空间,"文化延续性和文化完整性"遭到一定程度的破坏,从而造成了现实社会与传统游牧文化发展断裂。[③]

3. 从半农半牧到第三产业

半农半牧区,年轻牧民外出打工人数相对于纯牧业地区较多。因为地处农牧交错带,交通相对较好,与外界的信息接触也比较畅通,汉语的听说能力相对较强,现代化的商品经济也能更顺畅的为牧民所接受,但是也只是和纯牧区相比,例如碌曲县城能听懂汉语的牧民比玛曲县城要多,牧

[①] 夏建中:《文化人类学理论学派——文化研究的历史》,中国人民大学出版社1997年版,第333页。

[②] 夏建中:《文化人类学理论学派——文化研究的历史》,中国人民大学出版社1997年版,第334页。

[③] [英]阿兰·巴纳德:《人类学历史与理论》,王建民等译,华夏出版社2006年版,第104页。

民的思想也更为活跃一些。

严格地说,我们调研点之一的青海玉树称多县的牧业村属于半农半牧村。在冬季牧场牧民冬窝子附近,靠近河流的海拔较低地区,有少量的耕地,耕地大约有150亩,主要种植青稞、燕麦,收获产品主要作为牲畜的饲料。牧业村的虫草资源十分丰富,平均每年每个牧民挖虫草的收入在3万元左右,同时,村里面还允许一部分外县甚至外省的人来本村挖虫草,每人收取2500元的草皮费,2012年一共有350人来牧业村挖虫草,此项收入共有约87.5万元。这成了牧民现金收入的主要来源之一。

牧业村的城镇化是与生态移民、牧民定居工程紧密相连的,而生态移民与牧民定居工程又是基于三江源自然保护区的设立和2010年玉树地震的灾后重建工程。

牧业村从2005年开始进行零散搬迁,具体的做法是采取"迁三松二"的搬迁原则与"插花"安置的原则,即每隔一到两家选取一家进行搬迁,并且分散地安置到歇武镇、称文镇(县治)、结古镇(州府)等地,因为牧业村户数不是很多,故移民工作在当年就结束。根据2005年的数据,一共搬迁了45户,其中搬迁到歇武镇的有17户,称文镇12户,结古镇16户。由于牧业村并不是整体搬迁和永久禁牧,故移民不涉及草场的承包权与流转问题。具体的措施是:无论搬迁与否,牧民的草场承包权不动,仍按照《草原承包经营权证》享有每户承包草场的使用权。搬迁的移民一般通过私下协议将自己的牲畜交由邻居或者亲戚管理。

2010年4月14日上午7时49分,玉树州玉树县发生里氏7.1级地震,地震震中位于县城附近。地震灾区涉及玉树州玉树、称多、治多、杂多、囊谦、曲麻莱六县和四川省甘孜州石渠县等7个县的27个乡镇,受灾面积35862平方公里,受灾人口246842人。根据国务院调查,此次玉树地震的灾区分为极重灾区、重灾区和一般灾区。其中极重灾区和重灾区均分布在玉树市,牧业村所在的歇武镇属于一般灾区。牧业村由于已经完成了生态移民的工作,实际居住在牧区的人数不是很多,加之地震对于牧业村直接的破坏较小,也就没有进行大规模的异地重建,只是将受损的房子推倒在原址重建。据县民政局工作人员介绍,牧业村70%的住房受到了不同程度的破坏,其中25%的已经推倒重建,另外75%经过加固维修可以继续使用。

据不完全统计,目前牧业村搬迁到城镇的牧民收入主要有两部分组成：第一部分是国家发放的生态移民补偿款、地震临时安置补贴、退牧还草补助等；第二部分是牧民从事第二三产业的收入，牧民所从事的主要行业有传统服装制作、工艺品制作、长途汽车运输、出租车运营、建筑业工人等。

鉴于牧民的受教育水平、汉语会话能力以及对于城镇生活的适应等因素，进城之后的牧民收入普遍不高。但生活水平还是有一定的保证：一是国家给的补给类补偿款基本可以按时到位；二是牧民同老家还保持着紧密的联系，可以较低的成本获得生活所需的牛肉、酥油等食品。

4. 从牧业到农业

从牧业到农业主要指的是肃南裕固族地区的生态移民。由于生计模式的变化、思想观念的转变，由于从牧民到农民身份的转型，裕固族的文化发生了大的变迁。这种变迁渗透在裕固族生活的方方面面。从畜牧业转向农业生活，这是一个重大的转型，在裕固族的发展历史上、在我国少数民族的发展历史是也是浓墨重彩的一笔。

离开草原放牧的肃南县大河乡喇嘛湾村牧民马银山说："禁牧、休牧对长期习惯自然放牧的牧民来说是件不容易接受的事，可是面对退化的草场，为了更好地保护祁连山区的生态环境，我们牧民还是接受了。"肃南县全面实施退牧还草、禁牧搬迁使牧民的生活模式发生了重大改变。生态移民使裕固族牧民告别逐草而居的游牧生活。双海子村的裕固族移民在迁出莲花乡之前一直以定居放牧为其生计方式，牧民们常年早出晚归地在自家房屋附近的草场放牧，依靠牧业收入维持生计。虽然部分牧民的房屋附近也有农田，但面积有限，仅在很少一部分牧民中存在，且并不构成其收入的主要来源，牧业仍是其生活来源的支柱。在迁移到双海子村之后，尤其是在最初几年，传统的畜牧业经济完全被农业经济所取代。他们中的很多人在我们调研时说道：

> 刚来的时候牲口再没养着，地里的活都干不过来，哪还有时间（照顾牲口），就种地着呢，那时候也不会种，种上十几亩地都赔着呢，种不来就胡种八种的。（安某，女，44岁，农民）

> 我们这个村在裕固族里面种地的起步早一点，因为我们的后路被断掉了。死心塌地就在土地里面找钱。（钟某，男，45岁，农民）

搬迁到双海子村的裕固族面临的生计方式上的最大变化就是开始了前所未有的农耕生活。从对于农业一无所知到基本掌握了农耕技术，这十年村民们经历了许多困难与痛苦。

有一位2000年从莲花乡搬迁来的裕固族在谈到种地时，他这样说：

> 当时我们就是两眼一抹黑，人家说三年能学个生意人，十几年学不了个庄稼汉。（种田）每天的气候都不一样，经验什么的很重要。我们就只知道头水施尿素，二水施二胺，也不知道需不需要。有时用得不对，还烧了庄稼。我们根本看不出来到底需要哪种肥。要是有100只羊，我一眼就能看出哪个病了。这两年也就再没有种地，家里15亩地，让高台的人种，一亩每年600元，这样有9000元的收入。家里还养着100多只羊，承包国营的苞谷地，一亩40元，羊就吃玉米秸秆，每天去喂两次水就行。

如上面所说的这种情况在双海子村是比较有代表性的，从不习惯种地到渐渐适应，虽然现在还算可以较为得心应手的经营农业，但是还放不下对牲畜的感情，还是养着一些羊。

在尚未适应新生计模式的条件下，畜牧业生产被完全放弃，移民们将全部精力都放在了农业生产当中。随着初到此地的牧民逐渐适应了农业生产，畜牧业在其生产生活中重新出现，村民们逐渐养起数量不等的牛羊，其生计模式再次发生变化，转变为农牧结合。

> 我们这养山羊、绵羊都可以，但是夏天忙得很没人管，带到牧业上（让他们代为放养），到十月、十一月再取回来，家里有闲人的话再放一放再抓点膘。（一般的人家）羊也不多，一家子也就养个二三十只，少的也就五六只。（郭某，男，44岁，农民）

现在的每个村民家里，都有政府资助统一新建的牛羊圈舍，这为村民饲养牲畜提供了一定的便利条件。牧民们通过饲养牛羊，既提供了饮食中肉、奶类的需求，也获得了额外的收入，提高了生活质量。但是相对于牧区来说，农区没有草场，饲养只能以舍饲圈养为手段，而有限的空间则限制了饲养的规模，收入提升的空间也就受到了限制，于是近年来有人在农区开始尝试另一种畜牧方式：

> 这么多年我的羊一直没有断过，虽然是种地的人，羊还是照样养着呢。冬天我就赶到附近的农场里，买上个草场，里面有苞谷秆子什么的，就赶到里面放着呢，一到春天种地的时候就赶出去带给别人放着呢，因为自己顾不过来。其实放牧的话经济还是好一些，（钱）来的快一些。种地，如果会种也可以，不会的话也不行。自己种了三年时间，我的羊也多得很，顾不过来，就把地又租给人了，我自己搞养殖。到去年（2010年）我已经有500只羊了，到秋天就全部卖掉了，现在还剩下五十几只。（钟某，男，54岁，农民）

近年来，一些村民通常以农业作为发展牧业的资本，在农闲之后羊价较低的时候从附近的牧区购进一定数量的羊，在短期内集中在收割之后的玉米地里放养育肥，养到第二年一月羊价较高的时候卖出以赚取差价。一些农户可以利用农闲育肥两三批羊。由于每年仍要种一茬庄稼，所以多数裕固族村民的饲养牲畜都采取请人代养和亲自放养结合的方式，农忙的季节将牲畜赶到附近牧区或赶回老家莲花的牧区，请人代为放养，每头羊每天付给相应的费用（草场使用费和人工工资，通常每天一角到两角钱），农闲之后再取回来，在自家的玉米地里面放养。除了使用自家的耕地之外，饲养规模较大的农户往往在秋收之后额外承包一些土地①，在周围建起围栏，然后将牲畜直接散养在里面，在形式上与牧区的定牧很相似。饲养规模小的农户一般在农闲之后购进若干只羊，在自家的农田中放养。饲养育肥羊投资较大，而且存在一定的风险，"假如冬天羊价跌了，那就要亏"。

搬迁到双海子村，客观上讲，交通、信息条件比以前都好了，人们的视野也宽阔了。从事农业以外的其他行业也多了。另有一位50岁的裕固族村民，也是2000年从莲花搬过来的，他说：

> 我在双海子算比较富裕的（自豪）。我们家有20亩地，我个人还承包着100多亩地，雇一些工人干活。冬天农闲时我在家搞一些汽车、农用车废品回收的活，一辆汽车大概可以赚上千把块钱。在老

---

① 承包的费用已经从最初象征性的一片耕地一只羊上涨到每亩地30—40元。

家，现在我一直贩羊皮、羊毛还有锁阳。我妻子是城镇户口，在肃南县是一个下岗职工，现在在发改委食堂做饭，一个月也有一千多块的收入。一年下来收入个十三四万没什么问题。

这个个案可以说是双海子村移民受益的一个典型代表，其实调查中我们发现，几乎所有的人移民后的收入和生活水平都比以前有了提高。只是人们割舍不下对于老家与牲畜的感情。每户基本上都养羊，少的三五只，多的几十只。这些羊与其说是为了卖钱吃肉，倒不如说是一种对故乡和游牧生活的怀念。

生计方式的变迁带来了新的经济形式：订单农业。由于双海子村所在地的自然条件很适合制种玉米的生长，因此一些种子公司便以当地作为生产基地。每年开春后张掖或高台的种子公司就会过来和农民签合同。2011年的价格是每亩2250元，根据最终质量好坏上下浮动100元。玉米抽花时给1000元，剩下的最后给。这也是早期村里面主导的一种方式，除此之外还有大田玉米、甘草、苜蓿等种植作物。

随着生活稳定之后，向外流转土地也很普遍，我们调研中的几个裕固人的地都是流转出去，这其实是双赢的。双海子的裕固人不愿意种地，而高台、酒泉那里耕地又比较少。在农忙季节，人手不够，只能花钱从高台、酒泉雇人来干，费用也是比较高，从10年前的20元钱一天，涨到了现在最高每天160元。另外，在当地还有一种不太常见的代放羊形式，某家羊多，就雇别人来放，大概每只羊每天0.8元，"管丢不管死，丢了的话赔，病了就马上通知本人"。但据当地人说这种方式比较少见。第一，现在养的羊少了，一般都看得过来；第二，给别人放羊都是技术不好的，技术好的话就自己养羊了。

同时，当地也有当前比较时髦的循环农业。核心是玉米，玉米的棒子可以吃，也可以卖钱，棒芯可以用作燃料，秸秆冬天不用砍，可以在上面养羊和牛，既解决了牲畜的饲料，牲畜的粪便还可以作为土地的农家肥，牲畜在上面活动还可以起到松土的作用。

在这里同时还进行着一场"没有硝烟的战争"——水资源争夺战。双海子村所在的明花乡是肃南县的一块飞地，周围被高台县和酒泉市肃州区包围，这些地方发展的主产业就是农业，"如果周围都发展农业，双海子村这里的地下水自然会下降，反正就这么多水，你不用就会被别人抢走。"总的来看，从游牧到农耕的生计方式变迁对于双海子村的裕固族人来说影响是巨大的，适应过程也是缓慢和长期的。其对于裕固族带来的文化变迁也是十分明显的。

二 生计方式变迁的动因

每个民族社会的生计方式都是适应生态环境的结果。生计方式和生态环境之间相互制约，相互依存。生态环境发生变化，会导致生计方式的变化，生计方式的变化又会影响到原有社会的生态和文化环境。由此，我们从三个方面分析甘南藏区牧民生计方式变迁的动因。

1. 自然动因

从人类社会的起源和存在基础看，人类社会同自然界一样，在本质上是一个客观体系。从人类社会的发展来看，人类社会同自然界一样是一个不以人的意志为转移的、合乎规律的辩证发展过程。自然历史的发展产生了人类，而人类社会的发展历程又归依为是一种特殊意义上的自然发展。社会要发展进步，就如同小草发芽长大的过程一样，是自然而然的事情，也就是人类本身发展进步的必然趋势。

随着社会的进步与发展，人们交换的增加，人口的流动，传统生计方式变迁也就成为自然而然的事。交往是生产的前提，是人的存在方式。马克思指出："人们用以生产自己必需的生活资料的方式，首先取决于他们得到的现成的和需要再生产的生活资料本身的特性。"[①] 玛曲和碌曲尽管偏居一隅，但是随着改革开放，与外界的社会交往增多，因经济生活的需要而形成了小范围的市场贸易，因通婚形成了亲属网络的内部互动，接受现代化教育而形成了人口流动和信息流动。近年来，公共媒体导入牧区生活，牧区也形成了与外界社会的信息互动。当生活环境发生改变后，生计方式便会随之改变。

渐进而缓慢的变化可能不为处在当今时代的人们所察知，然而人类社会却是永远处于经常性的变化之中。同历史上比较，各个朝代也不会完全复制继承前代的社会制度和生活方式，每个时代都是不乏长时间的积累最

---

① 《马克思恩格斯全集》，人民出版社 1960 年版，第 24 页。

后达到一个临界点引起质变。

　　社会物质资料的生产方式是由生产力和生产关系相互作用共同组成的。同一定的生产相适应的经济基础和上层建筑的统一，构成了特定的社会形态。在社会运动中，存在着生产关系与生产力和上层建筑与经济基础的矛盾运动。由于生产力是全部历史的基础，人们一天不停止消费，社会就一天不能中断生产。而生产又总是社会的生产，从事社会生产的人们都在一定的经济地位中生活，都有自己的思想意识和社会政治观点，并参与经济、政治、文化等各种社会活动。生产力的发展会带动生产关系的发展，带动社会发展和进步。因此，社会物质生活和精神生活的方方面面自然发展是人类社会的必然趋势。

　　另外，随着草原上畜群规模的庞大，越来越多的草地资源被开发利用，其基本覆盖了可利用的全部草地资源，即便如此，草地的生态压力依然繁重。自20世纪80年代以来，中国草原牧区人口增加近40%，牲畜增加近50%，草原持续超载放牧，加之开垦种地，草地资源不断减少，产草量下降，植被盖度降低，沙漠化、饥荒化严重。[1] 草原的持续退化导致生物多样性趋于减少，不少物种濒临灭绝，植物群落中的优质牧草减少，许多珍稀动植物濒临灭绝。祖祖辈辈生活在祁连山下的裕固族面临生态环境的退化，甘肃、青海的高寒草原地区也是如此。以玛曲县为例，玛曲县草场退化严重，据不完全统计，全县90%以上的草场都程度不一地存在退化现象，退化面积达1069.32万亩，其中重度退化面积达346.31万亩，中度退化面积449.8万亩，轻度退化面积达273.21万亩。[2] 各乡均有分布，尼玛镇56.9万亩、欧拉乡141.4万亩、欧拉秀玛乡121.8万亩、阿万仓乡201.69万亩、木西合乡182万亩、齐哈玛乡77.2万亩、采日玛乡82.35万亩、曼日玛乡147.4万亩、阿孜站6.12万亩、河曲马场49.5万亩、大水牧场2.96万亩。大面积草场退化导致可食牧草的指标大幅度下降，牧草产量由1981年的5860公斤/公顷下降到2004年的4000公斤/公顷，降幅达25%，草层高度由1990年的35厘米下降到现在的15厘米，植被盖度下降到目前的50%左右；鼠害危害面积达386万亩；干旱草场面

---

[1] 王娟娟：《甘南藏族自治州游牧人口定居的机制、模式和效应研究》，经济科学出版社2011年版，第45页。

[2] 曹建军：《玛曲草地生态系统服务、损失和恢复价值评估》，硕士学位论文，兰州大学，2006年。

积达 300 多万亩。这些都是草场退化的证据。[①]

　　以前，玛曲被公认为是最好的湿地，现在草原上的"黑土滩"面积逐年增大，许多黄河支流干涸，黄河干流水位持续下降，河沙外露，草场沙化连年扩大。调查中许多牧民都反映在 20 世纪四五十年代，全县草场没有一点沙化，到处都是一片风吹草低见牛羊的景象，因此也有了"亚洲第一牧场"的美誉。到了 20 世纪六七十年代，由于社会、环境、政策和人为因素，草场开始出现零星沙化。1985 年沙化面积为 0.144 万公顷，1990 年达到 0.41 万公顷，1994 年达到 0.4798 万公顷，2003 年据不完全统计达到 5.34 万公顷，从 1985 年到 2003 年 19 年间，平均沙化速度达到 20.94%。甘肃省荒漠化监测中心 1994 年、1999 年和 2004 年分别在玛曲进行沙化普查和复查的结果显示，玛曲的沙丘分布已由以前的斑点状分布的半固定、半沙漠向集中连片、全沙化和流动沙丘演变，并出现了典型的沙生植物和动物，沙化面积已经逐年扩大。沙区范围涉及欧拉乡、尼玛镇、河曲马场和曼日玛乡二乡一镇一场。具体分乡（场）类型和面积为：欧拉乡沙化土地 1254 公顷，其中流动沙丘 908 公顷，固定沙地 346 公顷；尼玛镇沙化土地 518 公顷，其中流动沙丘 70 公顷，固定沙地 448 公顷；河曲马场沙化土地 4084 公顷，其中流动沙丘 818 公顷，固定沙地 3266 公顷；曼日玛乡沙化土地 224 公顷，均为流动沙丘。和 1994 年首次普查相比，沙化土地面积、流动沙丘面积、固定沙地面积增至分别为 6.7%、4%、8.2%。目前整个玛曲县沙化面积达到 5.34 万公顷（80 万亩），共有 36 处大型沙化点，部分沙丘高达 12—15 米，黄河沿岸已出现 119 公里的沙化带。沙化使湿地面积萎缩，生物多样性受到严重破坏，许多珍稀野生动物濒临灭绝。[②]

　　曼日玛、欧拉两乡可利用草场面积逐年减少，在调查中许多牧民将沙化作为家庭沦为贫困的罪魁祸首，甚至从县城通往欧拉乡的道路由于沙化面临改道，形成了沙进人退的现象。这样恶劣的沙化情况导致了黄河沿岸形成塌方现象，水土流失日益严重，有的塌方宽处甚至达到 1000 米，塌方从而增加了黄河泥沙量，不断抬高河床，促使黄河频繁改道。每逢冬季多风季节，黄河沿岸遍地沙丘滚滚，沙土被卷高达百米，扬沙波及数十公

[①] 资料源自玛曲草原站。
[②] 资料源自甘肃荒漠化监测中心。

里，形成沙尘天气。对于这种生态环境的变化，各学科从不同的角度提出"滥垦开荒说""滥采滥伐说""气候变化说""过度放牧说"等，试图探寻草场退化的原因，但总体而言，应当是各种因素共同作用的结果，其差异是不同因素在不同场景下作用力大小的区别。① 由此，造成了生态恶化，草场不够使用的局面。

2. 行政动因

草原独特的生态环境，孕育了游牧民族特有的风俗和文化。在长期的生产劳动和实践中，牧民学会并掌握了如何运用草地、选择了适应草地资源特点的经营方式——游牧。在历史上，这种生产经营方式曾经创造了光辉灿烂的草原文化，为人类文明和进步做出了巨大的贡献。但是在20世纪70年代以来，我国一些学者和学术界普遍认为游牧业高度依赖自然，丰收与减产完全依赖取决于气候条件和天然草场的优劣，养畜的规模起伏较大，具有自身无法克服的脆弱性。② 游牧不定居，虽然对利用草场、防止草场退化有一定的合理性，但是无法充分利用自然创造更多的社会财富。传统的游牧业的生产技术只是建立在直接经验的基础上，缺乏现代科技的指导，阻碍了畜牧业进一步发展。他们提出游牧生产经营方式的"惯性"作用存在着无法避免和克服的缺点，阻碍了草原畜牧业的现代化，因此不断地呼吁改变传统游牧这一生计方式，利用国家行政力量，减缓草场的压力，保护生态。

十一届三中全会召开以后，中央政府实行改革开放。伴随着党和政府工作重点向以经济建设为中心的转移，中央逐渐放宽了对农牧区的经济政策，并首先在农区将耕地承包给农民经营，施行"包产到户"。20世纪90年代以来，在借鉴农村土地家庭承包责任制度经验的基础上，我国在内蒙古、新疆、西藏、青海、四川和甘肃等主要的牧区实施了草场承包责任制，所涉及的民族主要有藏族、蒙古族、哈萨克族等。这项政策的实施范围广、时间跨度大。但我国各大牧区在自然环境与人文环境方面差异巨大，其实施的结果也不尽相同。单就青藏高原地区来说，各地的情况也是千差万别。草地承包政策在青藏高原地区的实施从时间上也是有先有后，

---

① 2012年7月甘南州政府访谈资料。
② 阿德力汗·叶斯汗：《从游牧到定居是游牧民族传统生产生活方式的重大变革》，《西北民族研究》2004年第4期。

最早在四川的甘孜州和阿坝州实施,在 21 世纪初先后在甘肃的甘南州和西藏以及青海实施。同一项政策在不同的地区实施的具体细则亦不尽相同,其效果相差很大。改革开放以来,青藏高原地区草场退化沙化现象日益严重,草畜矛盾突出,青藏高原特殊的气候条件易产生冰雹、雪灾等自然灾害。政府提出实行草场承包责任制度的实施目的是解决草场吃大锅饭的问题,最有效的途径是改变牧区延续几千年的原始牧业生计方式。

肃南裕固族生态移民工程就是政府行为,目的是减轻裕固族牧区草场上的人畜荷载量,改善牧民的生活条件。由于 20 世纪后半期以来人口数量的急剧增加,人类活动范围的不断扩大,降水减少等因素,使裕固族生活的草场不断退化,草的数量和质量都不断下降,"三化"严重。为此,肃南县委县政府在国家"西部大开发"战略的号召下,从 1999 年开始了"以工代赈异地搬迁"工程,一是为了提高牧民的生活水平,二是保护祁连山地区的生态环境。具体的办法是将莲花乡、前滩乡和马蹄乡的一部分牧民搬迁到明花乡的双海子村,从以前游牧为主的生产生活转变为以定居农耕为主的生产生活方式。在这个巨大的变化中,裕固族的人民经历了从牧民到农民,从游牧到农耕,从散居到聚居的巨大变化,他们的生计方式也发生了质的改变,由此也带来了巨大的文化变迁。

3. 社会动因

以青海玉树称多县的牧业村为例,其地理位置更靠近歇武镇和结古镇,因此当地出现剩余后劳动力,一部分牧民开始谋求在歇武镇或者玉树州政府所在的结古镇打工,有些则去较远的称文镇打工。

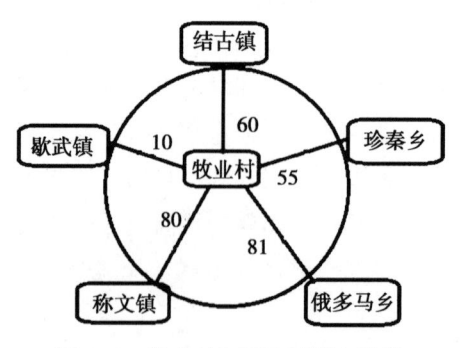

图 4-1　牧业村与周边城镇之距离

外出务工后，城乡间劳动力的流动，成为有别于传统社会中人们与外界社会交往的其他方式。人口流动尽管只是现代社会流动的内容之一和最表层的现象，但是社会流动的其他内容很多都要以人口的流动为基础和前提。人口的流动，带来了原本社区与外界社会互市范围的扩大，从而亲属内部交往的范围和广度也随着扩大，原本社区与外界的信息互换也得到了扩展。

三 牧民生计方式变迁的特征

从甘南等地牧民生计方式变迁的类型和动因的研究中，我们总结出牧民生计方式变迁的特点呈现出变迁的外源性、不均衡性和多样性。

1. 变迁模式的外源性

以发展人类学的视角来看，我们将牧民生计方式的变迁视为一种从传统到现代的社会发展过程。社会发展的模式按照动力源的不同分为内源性发展与外源性发展。所谓内源性发展，即发展与变迁的动力机制来源于社会共同体内部，社会成员自觉地参与到发展与变迁的践行过程中来，发展过程在内部表现为一种自下而上的自发过程；外源性发展则刚好相反，社会发展的动力源于社会共同体的外部，社会成员并没有表现出强烈的改变现状的发展动机，发展过程在共同体内部表现为从社会顶层向基层和民间延伸的自上而下的过程。以内源与外源的发展模式视角来关照我们所讨论的甘南藏区牧民生计方式变迁，这一变迁过程表现出鲜明的外源性发展模式所具有的特征。

首先，从变迁的动力源来看，行政权力成为推动牧民生计方式转型的主要动力。从20世纪80年代开始，在国家"退牧还草、减人减畜"以保障草原生态环境的制度背景下，当地政府有步骤地实行了草场家庭承包责任制，利用行政权力打破了传统以部落为基础的集体性放牧制度。正如我们在上文中所分析的那样，草场承包责任制的出台最为明显的一个后果是家庭剩余劳动力的出现。这些在传统牧业生活中被释放出来的大量剩余劳动力不得不放弃他们祖祖辈辈赖以生存的牧业生计方式，转而进城或选择其他生计方式，从而出现了牧民生计方式的转型。在这一场景中，国家行政权力是牧民生计方式转型的最基本动力。

其次，我们看到牧民在生计方式转型过程中并未表现出强烈的参与动机。大多数情况下，他们只是国家行政命令下的被动接受者，行政命令的强制性保障了转型过程的实施，但牧民群体很大程度上被隔离在发展与变迁的进程之外——尽管他们才是变迁与发展的主体。

有牧民说道：草场面积都是按以前部落时期草原面积的大小来基本定型的，例如欧拉乡很大，他们的草场就很大，甚至人均可以分配到500亩，但是在麦郭尔村，八个队按统一标准，基本都是一个成年人是240亩，小孩子是120亩。由于草场划分中估测得太厉害，玛曲县草原站的地皮测量不够精细，没有考虑到家庭人口变化的状况，导致一些家庭的规模逐渐发生变化之后，但是草场面积没有改变，因此呈现出不合理现象。

2. 变迁的多样性与不均衡性

由于受到国家行政政策的引导，随着牲畜承包—草场承包—牧民定居这一变化，牧民的生计也随之调整。我们在田野工作中看到，牧民生计方式的转型并不是一个均质的过程，在不同地区，转型的方式与表征亦不同。甘南藏区的牧民生计方式转型表现出一定程度的多样性与不均衡性。

在纯牧业地区，牧民的生计方式发生了剧烈的变迁，尤其是草场承包责任制度、牧民定居工程这样大型的国家设计对其产生了重大的影响。例如在玛曲欧拉乡，草场责任承包制的实施从根本上改变了他们传统的生计方式，转型过程显得尤为剧烈。因为在世代以游牧为生的纯牧区，牧民唯一的生活来源与生存技能就是放牧，一旦这一格局被打破，他们就不得不另寻其他生计谋生。

> 以前我们都是大家在一起放牧。我们家庭比较大，兄弟几个也多，草场承包以后，牲畜多，但是草场变得很紧张，去租别人的草场又支付不起昂贵的租赁费，每年紧紧张张这样生活也不是办法，于是我们几个兄弟商量了一下，三个兄弟就在牧场上放牧，其余的两个去县城定居点上打工。我们队有一户牧民搬去定居点上开了商店，我们当时也觉得在城里也能生活下去。我和最小的兄弟去了县城。没想到来了才知道生活的艰辛，什么都不会，都不明白，有的人家用天然气，我们从老家的牧场拉来了很多牛粪来烧火，但是一趟趟成本也很高。在城里什么都要花钱，我们本来是要学开车准备跑运输，结果学

到一半还是什么都不知道,于是就放弃了。现在有时候想想还挺后悔进城的,想到以后娃娃们能在城里念书又觉得比较值,我现在在给一个单位守大门,生活实在太困难了,说不定哪天我就又回去了。(玛曲县城定居点,完登,35岁,201208)

在半农半牧区,历史上该地区的草场面积较小,总是以农牧相互辅助的生计方式生存,国家实行游牧民定居,这些半农半牧区的牧民本身就处于定居状态,只需要获得国家的补助,在自己的旧所修建房屋。因此相对于村牧业区,半农半牧区的变迁表现出相对缓和的局面。

在裕固族生态移民的明花乡双海子村,从牧区的莲花乡移民至此的裕固族则是实实在在地变成了农民。他们从最初的学习农业种地技术到把自己变成农民,其间也经历了一个漫长的过程。

我们在进行实地调研时来到玛曲县采日玛乡,全乡属于纯牧业区。采日玛乡地理位于玛曲县东南部,东与四川省若尔盖县隔河相望,南与齐哈玛乡相邻,西与四川省阿坝县求吉玛乡相邻,北与玛曲县阿孜试验站、阿万仓乡、曼日玛乡相连。全乡地势丘陵为主、较为平坦,平均海拔3490米。属高寒阴湿气候,年均降水量在615.5毫米左右,年均气温3℃。我们去的麦郭尔村一共八个大队。我们去的第一户牧民尼可家,属于三队。三队共十户人家。从下面的对话中,我们可以了解到牧民对草原以及自己生活的感受和理解。

尼可今年56岁,家里女主人叫昂卓,38岁,他们育有三个子女,大儿子19岁,二女儿17岁,两人一直在家放牧。三女儿在玛曲县城的藏中读初中一年级,她是家里唯一一个能识汉字,讲一些汉语的人。坐在尼可家的帐篷里,谈起草场,他显得心事重重:

"我们村子大小事情基本上都是全村人共同商量解决,对于草场承包来说,政府规定的是必须承包到户。我们不愿意单户承包,最后想办法达成一致,我们三队的十户人家一起承包。我们要求重新分配草场,但是还是有很多问题。你要知道,我们可是出了名了缺水大队。"

"我们什么时候都缺水,缺水了,人和牲畜都活不下去。(20世纪)80年代,划分了牛羊,但是草场没有划分,都是按部落放,去哪里放牧都行。我们牧民冬天就在冬窝子里,夏秋就自由地走。"

"小时候我们都是生活在黄河边,那时候什么'节约用水'啊都不懂的,没有这样的说法。现在不一样了,干什么水都是要省着用的。你看,家里大人小孩平时都不洗脚。背水很吃力啊。"女主人卓玛放下水桶,给我们熬起茯茶来。"

"我们这里早已经不养羊了。现在一只羊也没有,全部卖掉了。实在是很缺水,以前,我们刚来的时候,还养着三四百只呢,后来大家都去山上那泉眼里饮水,赶去的牛羊特别多,牛群和羊群之间争斗起来,羊的力气肯定比不过牦牛啊,每天都有四五只羊被牛活活顶死。老人们都说了,活了一辈子,还没有见过这样的怪事。大家实在没有办法,只好把羊都卖掉了,全部换成了牦牛,以前我们吃羊肉还很方便,现在没有办法,只能去买了。就是牛饮水的时候,也要排顺序,大的,强壮的牛先喝,剩下的老弱的,小牛再喝,还好,大牛不会把小牛像羊一样顶死。"

草原上,没有羊群,在这里是真的。

"牛吃不上水,体质就下降,我们的牛产奶都比别人的少,膘情差。生育能力也不行,正常情况下,母牛一年可以下头小牛犊,这里的两年才下一次,有的两年都不下一个,产下来的牛犊也容易夭折。"

"牧民愿不愿意这样把草场划分承包了?"

"不愿意,当然不愿意了。我不能说全部都不愿意,有些人家那时候人多分得多,现在人口少了草场多了,自己放不完都是租出去的,还可以挣一点钱。但是就我们队来说,大家都不愿意的,毕竟这个地方的草场质量不好,而且缺水十分厉害,我们队的都去租别人的草场用。差不多一年要租将近5000亩的草场,花五六万元,但是不管怎样的草场,我们都要有水源的,没有水,人都怕了。只要人和牛吃水都方便,那就好说。每年在租的草场也就是待上四个月左右,四个月以后就要搬回来,让草场也歇一歇,我们现在不养羊,全部换成牛后,牛实在是太多了,租来的草场已经吃得不成样子了,反正是租来的,养得再多,大家之间也没有什么意见。但是在自己队的草场上,超出一头牛每年要交80元钱。每家每户都会派人去数牛的数量,如果超过了一定的数量,就必须把钱交到队长那里,然后队长把钱再补贴给那些牛羊数少于规定数目的牧民家。一般我们草原上都是按照人口的数量分配草场，人均 16 头牛，60 几只羊，虽然我们队已经不养羊了。(一头牛等于四只羊的标准) 按规定，一头牛 17 亩的草场就可以刚好供给，但是现在是一头牛是 15 亩的标准，没有办法只能去租别人的草场来维持牲畜的运转。"

"就是租草场，租期也只有一年，今年遇到好的草场了，明年不见得还能租的上。有一年租的草场特别远，都跑到青海去了。我们大大小小赶着牛羊，一路上走了五天。牛本来就走得慢，还要走一路吃一路，把路过的人家的草场东啃西吃得很可怜。有一次，我们租齐哈玛的草场，转场的时候公路上碰上个人，死活拦着就不让我们过去，我们说这是政府修的路啊，为什么不让我们过去，他讲你们过去的那一带都是我的草场，这么一大片牲畜过去，我的草场会被破坏成什么样子，最后到底还是没有让我们过去。现在找好的草场是越来越难，遇到恶劣天气，牛损失得就更多。以前草场没有划开，哪里来的这些问题啊。"[1]

可见，对于草原、草场与家畜牧民有着自己的看法。在他们看来，草场的划分对牧民传统社会有着一定的影响，水资源的匮乏及不便更是影响到牧民的日常生活。

---

[1] 部分资料参考了《草原上没有了羊群》,《人物生物圈》2010 年第 2 期。

第五章 生计方式变迁下的民族文化变迁

特定民族的生计方式与民族文化具有耦合性。一般来说，人们从事哪一种生计方式会决定民族文化模式的特征。正是因为生计方式的这种决定性作用，才会有"经济文化类型"这一概念，意在说明不同生计方式所决定的不同民族文化类型。我们今天看到，甘南牧民生计方式的转型已成为一种无可改变的趋势，那么随之而来的就是牧民传统文化模式的变迁。文化变迁是认识和检验各种历史主体的主观能动性及其政策、行为的一个重要标尺与有效途径。人类作为历史的主体，他们的主观能动性究竟如何，他们在自身传统的基础上对于各种各样客观环境和外力因素的反应怎样（如接受、认同、排斥或异化等）都会被充分展示。对游牧民文化变迁的研究，从深层的、牧民群众生活的角度考察，致力于推动游牧民变革、发展，是制订适宜有效的计划及法规政策的一个标尺和途径。

如果我们把文化理解为人类活动方式、思维方式和能力的总和，那么，文化往往以其深层的底蕴，潜移默化地规范、导引着一定群体的生活意向和生活方式。文化变迁的诸种要因中，怀特以每人每年消耗的能量为主要变化原因；斯图尔德（Julian Steward）认为生计方式适应环境为变迁原因；萨林斯（M. Sahlins）与塞维斯（E. R. Service）主张特殊进化论；格尔茨（C. Geertz）重视内在于社会文化体系的矛盾与紧张；豪露威尔（A. Hallowell）与华莱士（A. Wallace）则强调文化变化的心理学侧面等。

我们根据社会文化变迁的不同领域，通过物质文化变迁与精神文化变迁的方方面面来探讨藏区牧民文化变迁的内容。

一 物质文化变迁

物质文化，是为了满足人类生存和发展需要所创造的物质产品及其所表现的文化，包括饮食、服饰、建筑、交通、生产工具等，是文化要素或者文化景观的物质表现方面。

1. 居住形式的变化

牧民生计方式发生变化以后，民族文化也随之逐渐改变。从游牧到定牧、从牧业到第三产业后，牧民劳动的环境亦发生了变化。

首先，居住是人类生活的基本保障之一。草场承包责任制实施以后，牧民由原本的四季游牧演变为基本上一年两次转场放牧。从冬季草场搬至夏季草场，夏季草场再搬回来，而且游动的距离都不远。国家实行的游牧民定居工程，在纯牧业地区，实行一部分牧民在原来的冬窝子修建新住所，一部分搬迁至国家选址修建的游牧民定居点，所选的地点一些在乡镇府周围，一些在国有草场，还有一些在县城。在半农半牧区分为两个部分，一部分在原来的居住地重新再建，另一部分搬迁至牧民在县城的定居点。在原住地定居的房屋是牧民和政府共建，县城和乡政府的是政府统建。游牧民定居工程十分浩大，政府的规划也一直持续到2020年。

在实行草场承包责任制这样大的背景下，游牧民定居有客观的理由。

首先是生态环境的恶化。甘南州西部拥有广袤的草场，这些草场是长江、黄河上游的重要水涵养地，玉树称多县更是处于三江源保护区。草地生态系统能否良性循环，直接影响着我国长江、黄河中下游地区的生态安全。随着目前人口的日益激增，生存空间的不断向外扩展，牧民对草地资源的需求日益增大，直接导致草畜矛盾加剧。加之近些年对草场的不合理利用加快了草地生态系统的劣变速率，天然的草场退化严重，鼠害、毒杂草不断泛滥，草地生态环境进一步恶化，使牧业的发展举步维艰。主要表现在：草场退化、草原缺水严重、草地生产能力下降。

碌曲县草地严重退化、沙化和盐渍化的"三化"现象持续扩展，草地植被群落结构发生了明显变化，导致优良牧草所占比例由20世纪80年代初的70%下降到目前的50%左右；天然草地生物总量降低了15%，禾本科牧草减少了25%；毒杂草增加了15%—30%，黄帚橐吾、甘肃棘豆、野决明等毒害草在局部地区种间优势度分别达74.6%、52.3%和78.8%。草地牧草产量下降了30%；特别严重的地区牧草高度由75厘米下降到15厘米，植被盖度由95%降至75%。全县草地退化面积30.6万公顷，占全

图 5-1　坑坑洼洼的草原

图 5-2　随处可见的鼠洞

县草地可利用面积的 85.7%。其中，中轻度退化面积 17.3 万公顷，重度退化面积 13.3 万公顷，分别占可利用草地面积的 48.5% 和 37.5%。

在调查中，牧民无不心痛地带我们去看密密麻麻有无数洞穴的成片草场，恳切地希望我们能帮助他们寻找改善草场的办法。

其次是牧民现有的生产经营方式阻碍了畜牧业产业化的持续发展。逐水草而居的游牧方式，是渔猎文明时期实现草畜平衡的最佳选择。随着牧民对草地资源的需求增大，传统的游牧作为牧民最主要的生计方式及家庭最主要收入来源，正面临着草地资源供给不足的约束。牧民经营方式粗放，草地畜牧业效益低。商品经济条件下，牧民不仅利用草场放牧，还要

图 5-3　草原毒草——黄帚橐吾

图 5-4　毒草中的"硕鼠"

对燕麦及其他饲料资源广泛开发利用，保证牲畜的出栏率，提高畜牧业效益，达到畜牧产业化来提高生产生活水平。政府大力发展帮助牧民致富的目的，使牧民终年游牧、单纯依赖天然草原的传统经营方式遭到淘汰。

靠大面积超载过牧实现经济快速发展，难以形成可持续发展道路，政府改游牧方式为舍饲圈养或者小面积放养，希望通过改革放牧方式，改良畜牧品种，在实现减少草地面积、减少牲畜数量的同时，提高单位面积的产草量和牲畜的质量，保障牧民的收入。如果将传统的游牧生计方式转变为一家一户的养殖或小规模的集约养殖，需要以游牧人口定居为前提，否则就无法实现。

有关牧民定居问题，我们重点调研了甘南藏族自治州。甘南州牧民定居工程，无论是牧民集中在县城和乡镇府周围，抑或是分散居住在自己划分的草场附近，都是在草场承包的大背景下发生的。

以纯牧业县玛曲为例，2006—2010年，玛曲县对齐哈玛、采日玛、欧拉、欧拉秀玛、木西合、曼日玛6个乡134个村的3343户，20058人分8个安置区进行集中移民，这8个安置区分别是欧拉乡牧民新村、欧拉秀玛乡牧民新村、齐哈玛乡牧民新村、采日玛兴昌村牧民新村、曼日玛牧民新村、曼日玛乡智合桃村、木西合乡木拉村、木西合乡西强村。定居采取整体、整村、整社搬迁的办法，将贫困牧户由山上搬迁到山下，由分散集中到一起。2011—2020年的目标是在原有定居建设的基础上，对阿万仓、尼玛镇、欧拉、采日玛、曼日玛5个乡96个村的2278户13668人分5个安置区进行集中移民，这5个安置区分别是阿万仓红卫牧民新村、尼玛镇牧民新村、欧拉曲河新村、采日玛牧民新村和曼日玛强茂牧民新村。

表 5-1　　　　　　　　　玛曲县牧民定居工程表

年份	完成户数	完成人口数
2006	670	4020
2007	670	4020
2008	669	4014
2009	667	4000
2010	667	4000
2011	400	2400
2012	400	2400
合　计	4143	24854

资料来源：玛曲县政府。

在实地调查中，我们发现县城定居点基本上全部入住；乡政府周围的定居点一些是有牧民居住，另一些则空无一人，即使牧民接受了定居点的房屋，但是并没有搬迁入住，依然住在自己的草场。对原处修建的定居点，牧民褒贬不一。

拖达罗"农村—城市人口迁移"模型认为，人口乡村—城市迁移起因于城乡预期收入差距，如果农村人口在城市的预期收入大于迁移成本

(实际机会成本和心理成本),就会发生人口城乡迁移。① 针对玛曲县、碌曲县的牧民定居,我们将田野调查中推动或者阻碍牧民定居意愿的结果按比重的大小从高到低排列如表5-2所示。

表5-2　　　　　　　　影响牧民定居的主要因素

预期收益(从高到低)	迁移成本(从高到低)
子女受教育方便	担心失去草场
看病就医方便	缺乏资金
购买生活物品方便	存在语言障碍
享受政府补贴	缺乏就业渠道
交通水电方便	脱离了部落社会
文化生活丰富	增加了生活成本
寺院转经磕头方便	家人两地分居

从调查的结果看,我们可以发现牧民迁入定居点最大收益是子女的受教育问题,最担心的是失去草场,这里还有一个重要的问题,就是预期收益最低的是"寺院转经磕头"。在实际调研中我们发现那些成片无人居住的定居点,最主要的阻碍因素是在定居点选址修建过程中恰恰忽略了牧民"寺院转经磕头"的宗教精神文化需求,导致的结果是牧民根本不愿意入住远离寺院的定居点。有些定居点在乡政府附近,像阿万仓乡定居点,牧民容易获得子女教育的保障,入住率略高于其他定居点。调查中牧民明确表示移民定居点的可能性需要两个最重要的保障:第一,附近有寺院,方便做宗教活动;第二,附近有学校,可以让子女享受良好的文化教育。尤其是定居的牧民中,中老年牧民占据了绝大多数,他们主要是帮助照顾家庭中的孙辈读书。在定居后形成的新社区里,他们不会也不追求更多的休闲方式,闲暇时间到藏传佛教的寺院去转经,"念玛尼"是最重要的事,如果没有寺院,他们要么心理非常苦闷,为了子女的教育放弃去寺院的需求;要么离开定居点,回到草原上,重复以前的放牧生活。所以他们把定居点周围有寺院作为定居最大的期望值之一。此外,在调查中我们看到,国有草场上规划修建起来的有些定居点无人居住的主要原因,在于该定居点在规划选址时忽略了牧民的生产需求,这里规划搬迁的牧户都是离定居

---

① 周天勇:《托达罗人口流动模型的反思和改进》,《中国人口科学》2007年第1期。

点三十公里以外的牧民。定居点修好后，牧民用自己生动的逻辑讲述了不愿意搬迁的原因："难道让我买个班车去放羊吗？我像干部一样早上坐着车带上我的牛羊到三十公里外放羊，晚上人和羊都再回来吗？"这样的工程设计显然脱离了牧民的实际情况，导致了生产和生活的脱节，因此，也是不成功的。

图5-5 无人居住的定居点

图5-6 定居点屋内空空

定居点城镇化的居住条件的确给牧民带来了生活的便捷。通过市场、商店他们很方便地出售商品和购买自己所需生活用品。在定居工程中，牧民最大的顾虑是害怕失去草场，有些牧民都是将牧场租赁出去，或者将自家的牲畜一并租出去，有一些甚至卖掉自己的草场，一些是两地来回跑，大多数定居家庭都是老年人带家中入学的子女照顾他们陪读，而家中的牧场上留守的是子女的父母一代。牧民担心的次要因素是修建定居点的资金，约80%的牧民表示资金的压力很大。2011年，甘南牧民的人年均收入3000多元。除了县城的定居点外，欧拉乡牧民新村、欧拉秀玛乡牧民新村、齐哈玛乡牧民新村、采日玛兴昌村牧民新村、曼日玛牧民新村、曼日玛乡智合桃村、木西合乡木拉村、木西合乡西强村这些牧民定居点都是采用"群众自建和政府统建"的方式，虽然牧民只需要拿出总额的一小部分，但这些价格每年都有上涨的趋势。每家牧户要承担3万—5万元的自筹资金，有的定居点甚至更高。至于县城的定居点，是由牧民一次性支付购买的。

在调查中，无论是半农半牧区还是纯牧区的牧民，都反映自家定居点房屋或者存在一定的质量问题，或者实际建成后的房屋与牧民的期待有差距的情况。

> 我是从碌曲双岔乡搬来县城牧民定居点的。家里人还在种地、放牧，我自己带着媳妇、孩子过来住。主要为了孩子的教育。现在已经住了两年了，当时修建房子国家资助了四万多元，我自己投资了四万多元，就有了现在这个院子。这个房子刚两年，漏水现象很严重，不只是我们家的房子，这一带的定居屋都是这样，没有办法，我自己又卖了牛羊，打工挣了点钱，投资了两万元补修了屋顶，盖了采暖棚。各家都差不多，都是自己又重新补修屋顶的（双岔乡，丹正昂吉，32岁，201208）
> 我原来是跟萨村的，自从划了草场后，现在家里的草场比较小，收入也不行，大家商量了一下，于是把牛羊卖掉，草场租给别的牧户就搬迁到县城的定居点了。我来了后也不知道干什么好，听人说开车能赚钱，就去学了车，现在当了出租司机，两个孩子都在上学。刚开始，我和老大孩子先搬下来，他上学，我学车跑车挣钱，老婆和老二在家里放牧。过了一年多，老大老是说学校里的事，老二嚷嚷着说也要念书，老婆胃又不好，身体常生病，于是到第三年时，让他们也搬下来了。现在三个孩子，最小的3岁，家庭的开销很大，我跑出租挣

得钱也不多。虽然牧区的收入比现在高，但是为了孩子们的教育问题，我们也要咬牙坚持啊。这个定居点的房子质量不好，家里墙皮常常掉下来，也开了缝，刚开始这个房子都没有大门和围墙，你说说可笑不，那也得住啊，谁叫我们一家没有多余的钱维修呢。幸好赶上了国家的新政策，可以免费修大门和围墙，现在都修上了。（玛艾镇，贡保，40 岁，201208）

图 5-7　翻修后的定居点住屋

图 5-8　牧区定居点

牧民定居是我国在游牧地区普遍实行的一项政策。许多牧民自发或者被定居下来，以期他们的生活得到改善，同时也确保享受更多更全面的社会福利。可是，一些地方的牧民定居工程，因为设计和施工等的问题，也

图 5-9　未完工的定居点

影响了居住地的生态环境：牲畜流动性的降低和连续放牧的增加导致定居点周围植被多样性减少和土壤退化，这两者都削弱了生态系统的恢复力，资源管理效率亦随之降低。这样的后果是畜牧业生产力下降，迫使牧民要么完全抛弃这些牲畜，要么将大部分牲畜委托给季节性移牧的牧民寄养，原有的家庭因而丧失了日常所需的牛奶和其他畜产品福利。定居的牧民是牧民中相对比较穷苦的，他们的生产系统已经不能再与生态系统保持平衡。

极端的现代化意识，是一种强烈而固执的自信，这种意识对科学和技术的进步，生产能力的扩大、人们的需求不断得到满足，以及对自然（包括人类社会）的掌握有很强烈的信心。极端现代化主义者相信，随着科学地掌握自然规律，人们可以理性地设计社会秩序。这种极端的现代主义和科学实践是不同的，它的合法性来自科学和技术的合法性。它是缺少批评和怀疑的，因而也是非科学的，是对人类居住和生产的综合计划产生可能性的盲目乐观。那些极端现代主义的人倾向于以视觉美学的观点看待理性的秩序。在他们看来，一个有效率的、被理性地组织起来的城市、村庄、牧场是一个在几何学上显示出标准化和有秩序的城市、村庄、牧场。"社会的清晰性提供了大规模开展社会工程的可行性，而极端现代主义的意识形态则提供了渴望。"[①] 社会公共工程的一大悖

---

① 王小章：《风险时代的社会建设》，《浙江社会科学》2010 年第 3 期。

论是，它显得与现代性的经验格格不入。牧民社会的突出特征是在流动，要停止其流动就好比要管理旋风一样。许多人都会同意马克思的观点："生产的不断变革，一切社会状况不停的动荡，永远的不安定和变动，这就是资产阶级时代不同于过去一切时代的地方。"① 我们不是要停止社会的变迁，而是对社会生活要有个良好的设计，从而将进步中的摩擦降到最小。但是这种解决办法的困难在于社会工程本质上的独断性，本应有多个发明，有现存社会生活的弹性和自主，但各个位置已经被指定、被设计好的社会秩序所取代。极端现代主义的困境主要来自它运用科学知识的权威讨论改善人们的生存状态，并排斥其他的不同的看法。最重要的，极端现代主义意味着与历史与传统的决裂。如果理性的思维和科学规律对任何实际问题都能提供单一的答案，那么就没有什么是理所当然。从家庭结构、居住模式到道德观和生产方式，所有人累积成的习惯和时间都不是基于科学原理，都需要被重新考察和设计。极端现代主义认为过去的结构多是神话、迷信和宗教偏见的产物。科学设计的生产和社会生活计划比承袭的传统更为先进。

图 5-10　牧民定居点

与甘南游牧民定居工程的早期实践相似的例子，在国外，著名的有巴西利亚的城市景观。城市中所有的公共空间都成为官方指定的公共空间，包括体育场、剧院、音乐厅、规划的餐馆。比较小的、没有组织的、非正

---

① 《共产党宣言》，人民出版社 1972 年版，第 8 页。

规的公共空间,如人行道旁的咖啡店、街角、小公园、邻里广场都根本不存在了。国际建筑大会的教条创造了许多人为的人口密集区,区与区之间被很大的空地所分割,这与过去城市的人口数与占地的关系正好相反。规划的作用就在于将偶然实践可能发生、群众自然聚集的未经认可的地方在设计中取消。分散和功能分割意味着和人会面也需要计划。基本上,巴西利亚未来居民的所有需求都反映在设计上,尽管这些需求是理性的、健康的,更是平等的和政府创造的,但是计划对当地居民的欲望、历史和实践没有做哪怕一点点让步。

从牧民到农民的裕固族居住格局。历史上的裕固族因受生产力和取材的限制,形成了以便于搭建和搬迁的帐篷为其传统的居所,在当时来说,这是适应其生活地域、自然条件以及游牧生计方式的。伴随自身社会经济的发展,裕固族的生活地域逐渐自西向东迁移,其传统的居住方式开始发生变化,其中最早发生变化的是生活在与汉族农耕地区接壤的平原地区的裕固族,明海地区即是其中之一。他们放弃了传统的帐篷,开始了定居的生活,其建筑材料通常为土坯,直到我们2011年冬季前往调查的时候,在莲花乡仍能看到一些残存的土坯房。

根据我们在莲花乡湖边子村的观察,当地传统民居的居住格局一般由以下几部分组成:三间用于人居的住房,坐北向南,中间一间是会客厅,旁边两间是卧室,住房通常用土坯建成,条件较好的家庭地基也用砖块,但是一般只建到地面以上1—2米,"一砖到顶"的房屋少见;在住房的两边或一边修建有羊圈,亦是土坯建成;羊圈之外堆放着羊粪和牧草。在房屋的周围,就是自家的牧场,辛勤的裕固族牧民即以其房屋为中心,早出晚归的从事放牧生活。从房屋的外观上来看,已经无法发现裕固族的传统风格,如果不注意住房旁边的羊圈,将其以汉族民居对待也并不为过。由此可见,汉族农耕居住文化对裕固族民居的影响之深。因为仍以放牧为主要生计方式,此时的裕固族民族在分布上仍非常分散,每个家庭的距离通常在3—4公里,少数更远的则会达到8—9公里。

移民到双海子之后,村民在政府的主导下,改以往分散居住的格局为集中居住,民居、卫生室、村委会、文化活动室、商铺、供水设施等一应俱全,初期村上还设有小学,后因学生较少被并入明花中心小学。住宅由政府统一规划并资助建设,每户的占地面积达到120平方米左右,独立院落，院内都算是宅基地。房屋均为砖瓦结构，移民初期的房屋为三间住房、一间厨房和一间储物室，住房亦是中间客厅两边卧室的布局，厨房位于住房的一侧，储物室位于另一侧。传统的裕固族住房都是坐北向南，在双海子村的住房因分布在东西向的公路两侧，所以坐北向南和坐南向北的房屋共存，一些老人也因此抱怨"乱建着呢"。

　　随着村民生活条件的改善，近年来一些村民在原有的基础上对住房进行了改建，原有的厨房被改造成餐厅，在餐厅后方建造新的厨房，挨着厨房的还有新建的浴室和仓库。厨房和后院有门相连。在院子的一角是改建后的厕所，另一边是牲口的圈舍，但空间有限，无法完全满足村民的需要。如今村民们的住房和院内主要建筑都已实现了向全砖瓦结构的转变。从院子的后门出去，一些家庭挨着院墙的一侧修建有政府资助建设的沼气池，但由于实用性差而处于废置状态。院后一路之隔的就是统一规划好的各户的农田。在这种格局下，住房与农田有机结合，提高了空间的利用率。（见图5-11）

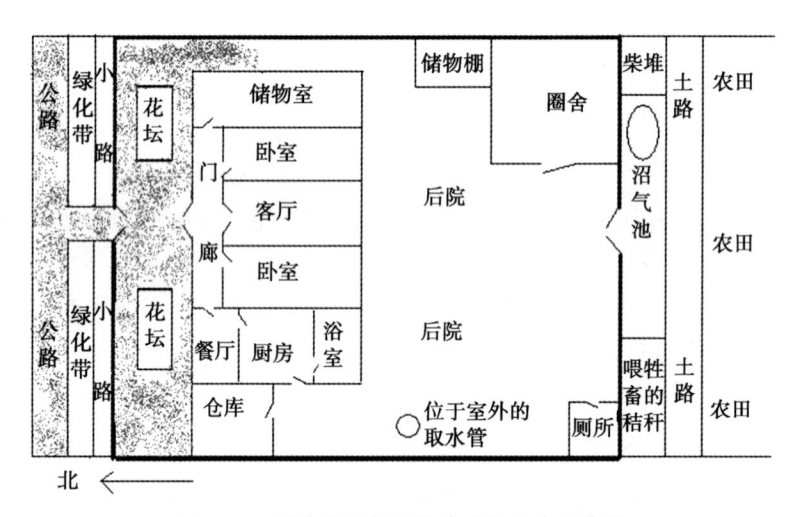

图 5-11　双海子村居民住房功能分布示意图

　　说明：图中所示是一户坐南朝北民居，通常相邻的两户人家在院内的功能区以院墙为对称轴呈轴对称分布。图中黑粗框内即村民的宅基地，阴影部分是硬化的室外路面，包括公路和前院，后院一般都未硬化，而是在经常行走和活动的路径上铺设了砖块，如厨房后门至室外取水管之间。此外，图中所示分布格局具有代表性，但不代表全部，如部分家庭的储物棚建在前院，且有门与后院相连；一些家庭的厨房和浴室的位置亦有不同；一些家庭的圈舍与厕所建在同一侧而且面积更大等。

居住格局的变化也导致了传统活动空间的变化。传统的裕固族集体活动有很多都在室外举行，如婚礼、节日庆典、待客等；集中定居之后，不再有辽阔的草原作为依托，户外活动空间受到限制，因此其主要的活动都转移到室内举行，如在自己家中或者在乡上的餐馆饭店。

2. 饮食结构的变化

各民族的饮食是由本民族所从事的主要生产部门决定的。同时，也受社会生产力发展水平的影响。由于生产活动受自然环境的制约，而吃什么、不吃什么又受信仰习俗的影响，所以自然环境和传统观念也是影响饮食的重要因素。[①] "民以食为天"，饮食文化是文化的重要组成部分，它同人们的物质生活和精神生活都有着千丝万缕的联系。任何一个民族的饮食文化都包含着这个民族的饮食特点与习惯，这种特点与习惯又在不同程度上反映了这个民族的血统、生存历史和生存环境，成为民族传统中不可分割的一部分。饮食禁忌、饮食偏好、食品加工与进食方式、食物的分配、用餐的次数、饮食结构及其变化等都是饮食文化的具体内容。

游牧民的饮食适应了他们的营养需求和可以获得的食物来源。我们在牧区草原上做田野调查时发现，年龄处于40岁以上的牧民，无论男女，没有一例近视眼患者。尽管我们发现他们每天的食物中摄取很少很少的蔬菜，有些牧民甚至每天都不进食蔬菜。按照科学的定义，如果人体缺乏维生素，就会降低机体的免疫力，包括眼睛在内的器官则首当其冲。在草原上牧民每天的食物大体如下：

> 早晨：酥油、茯茶、青稞炒面（熟青稞磨成的面粉）、曲拉，将这些食材拌到一起，做成糌粑。有些牧民会在清晨食用酸奶，因为家里牛羊充足，不断有刚下崽的牦牛，每日可以提供丰沛的牛奶。
> 中午：一些外出放牧的牧民中午是不食的，将每日的饮食规律调整为两餐制。一些牧民中午饮用酥油茶，吃炸的面果、馍馍，有一些牧民家里间或会炒蔬菜食用。
> 晚餐：大部分牧民吃面食，如面片，这和城市中售卖的面片不

[①] 徐万邦、祁庆富：《中国少数民族文化通论》，中央民族大学出版社1996年版，第87页。

同，牧民喜欢在开水中放入肉丁，然后将面片直接下入沸水中，开锅即食。

从一天的饮食结构中看出，牧民的饮食品种相对单一，以面类和乳品类、肉类为重。尤其是离乡镇、市集遥远的村庄，蔬菜的食用很少。

"以前我们觉得蔬菜就是草，只有牛羊吃草，我们人怎么可以吃草？不过现在我们牧民吃得也慢慢多起来了，虽然还是不太会做。你想想看，菜就是长出来的草嘛！现在我们去馆子里吃面的时候也习惯放菜，但是还是喜欢吃面，下馆子的时候炒的菜中我们很爱吃粉条。"（欧拉秀玛乡，丹增，36岁，201208）

因为生活在草原上，远离了农耕文化，所以种菜对于牧民而言是一项很难的技术活，况且他们也不觉得栽培蔬菜、食用蔬菜有什么好处。我们每日必不可少的蔬菜对他们而言，如同草场里长出的不同种类的牧草。长期以畜牧产品为主要食物来源，不栽培蔬菜，离购买蔬菜的市集较远，因此牧民不喜爱蔬菜是很容易理解的事。近几年，随着交通的便捷，电视传媒对各种文化知识的传播，牧民家中慢慢开始购买蔬菜食用的现象逐渐增加，但是将蔬菜加工成美味的菜肴对牧民来说还是有难度的，对于这中间需要理解和熟练应用的调料、烹饪方法牧民很难学会也不愿意去学习，因为这毕竟是和本民族的饮食传统截然不同的"外来文化"。但是在这种饮食结构下我们所见到的牧民并不是面黄肌瘦，或者身体肥硕，都是很健壮的。有些身处夏季牧场的牧民家中至今还没有通电，例如麦郭尔三队的牧民，他们在晚上做饭干活都是靠牛粪火堆借光，亦无一例近视眼患者。因此，即使我们认为牧民的饮食单一、看起来缺乏全面的营养，我们也不可以通过急剧的变迁使其得到"改善"。因为对牧民来说，急剧的饮食变迁的后果是灾难的，在将他们转移到以精细加工的商业食品为基础的饮食方式后，与"营养变迁"明确存在关联性的负面健康效应，显著地说明了饮食建立在传统生计基础之上的好处。尤其是牧民定居以后，大量的工业商品涌入，牧民们转向精细的商业食品，饮食中的粗纤维摄入量一下子减少，这对于牧民的健康造成了损害。在纯牧区，牧民的饮食结构依然以农畜产品为主。尽管受现代化冲击，依然较多保持了原来的饮食结构，只是在制作过程中会较之以前精细些。饮食方面急剧的变迁在县城和乡镇定居点的牧民中表现更为明显，在年青一代牧民中表现更为明显。

图 5-12 贡桑家的饮料

在牧区，牧民喜欢喝饮料是十分普遍的事，无论是在甘肃藏区还是青海藏区，这种情况很是普遍。在青海玉树称多县牧业村调研时，即使像百威啤酒、红牛等饮料也经常能看到。

我们在玛曲和碌曲的县人民医院以及玛曲的采日玛乡医院、兰州大学第一附属医院了解到，近几年来甘南草原上流行的地方病凸显出以糖尿病、痛风、高血压、动脉硬化、心血管病为多的趋势。这与牧民近几年原有饮食习惯和饮食结构的调整无不有密切联系。

引进了城镇的生活方式，各种加工食品琳琅满目，刺激着牧民的味觉。由于偏僻的县城或者乡镇售卖的食品很多都没有质量安全认证，也没有政府机关、消费群体对这类食品提出异议，大量的假冒伪劣食品纷纷涌入，食品安全隐患堪忧。牧民现在每日摄入的糖、盐量约为原来的三倍，因此高血压的患病率增长到原来的六倍，男性患痛风的概率约是以前的三倍多，据称饮料是痛风的罪魁祸首。正常情况下，饮食习性非常经得起变迁，实际上人们也不太可能自动放弃他们传统的饮食，而去依赖很难获取的外来食物。某些时候，外来的食物的确被视为更高品质和声望的象征。在田野点我们看到的一个不解现象写在这里正是恰如其分：

牧民家里饲养着大量的牛羊，主要是牦牛。牦牛生长在无农药、抗生素及其他化学品污染的青藏高原，常年野牧于自然草场之上，以天然牧草和草原上多种名贵的天然中药材，如雪莲、虫草、贝母等为食，因此牦牛奶的氨基酸、钙、维生素 A 含量分别比普通牛奶高 15%、15%和 6%。微量元素中，牦牛奶中所含的铁是一般牛奶的 9.8 倍、锌含量是一般牛奶的 3 倍、钙含量是一般牛奶的 1.13 倍。牦牛奶中含有的免疫球蛋白是普通牛奶所缺少的，长期饮用会有助于提高人体免疫力。但是我看到一户母亲给她的小孩喂奶时，正是用城市里买的价格高但是营养价值远远不够的罐装奶粉和袋装奶粉。这位母亲表示周围有婴幼儿的牧民家庭都会这样做。问到原因时，她表示一方面是因为来到定居点，家里牧场的牛奶不能及时送到；另一方面，他们认为电视广告中经常宣传的奶粉是现代化的商品，是优于自家生产的乳制品的。

一天下午，翻译桑杰接到电话说认识的一位老人身体出现不太好的情况，他自己有事要忙，安排我们自己去赛马场周围看看。征得桑杰的同意，我决定和他一起去探望那位老人。路上我思量该带什么礼品去探望生病的老人，桑杰提了两箱冰红茶给我一箱，说买这个就可以了。我很惊讶，对于一位身体状况很不好的老人怎么可以拿饮料去探望他，这在现代健康观念里是很不妥当的。桑杰解释说，这位老人最爱喝的就是冰红茶，你去看了就知道了。老人有 67—68 岁的样子，脸色很不好，只能斜靠着枕头躺在床上。看见桑杰来了，点点头，说不出更多的话，桑杰把我们买的饮料拿到床边的桌子上大声地和他说着什么，这时才见他笑出来。老人的子女出来和我们打招呼，拿出两瓶饮料招待我们，感谢我们的到来，笑着和桑杰说爸爸最爱喝冰红茶，他说喝了后舒服。我们每天都倒在一个大瓶子里放在床上给他喝，说着拿出饮料瓶，熟练地倒进去一瓶放在老人怀里。我小心翼翼地问桑杰，老人是什么病，桑杰回答我，心脏病加上心血管方面的问题。饮料中的某些成分会导致心跳加速，血压升高，心律不齐，还会干扰人体正常盐平衡。牧民对饮料的喜爱至此让我印象深刻。

调研似乎表明，与卷入世界市场经济有联系的饮食变迁，容易降低而不是提高受影响者的营养水平。尤其是饮食中的矿物质和蛋白质成分急剧减少，或者被数量激增的淀粉、碳水化合物所代替。营养缺乏和健康状况的衰减，几乎完全可以反映这个地区人们的饮食质量在退化。实际上，牧民转到加工食品为基础的饮食上之后，各种与营养失调相关的疾病也在增加。营养生理学是如此复杂，以至于原本是善意的营养变迁也产生了不幸的后果。

  关于吃零食，秦才郎加（音译）老人还给我们讲了刚搬到县城后发生的一件趣事。老人讲："刚开始小孙子爱吃雪糕，买了后觉得很好吃，于是别人回老家牧场的时候买了很多托人带过去，结果回来的人说那个东西是汉人骗人的，当场吃的时候有，买回去就只剩下棍了……"（赛马场定居点，秦才郎加，72岁，201107）

对于这个笑话，我们不去判断它的真实性，但是我相信在搬到定居点的起初，对于外界传入的很多事物牧民确实有新鲜感，许多都是没有见过、不会使用的。

平常观察藏族牧民，他们都有一口非常好的牙齿，我们很少在牧区听到谁的牙齿变坏、疼痛。

  "你看我们草原上有哪个人说自己是眼睛看不见，牙齿疼？身体都特别好。现在这些年轻人动不动就说没有力气干活，吃肉还说咬不动，太可笑了……小孩子的牙齿很多从小就坏了，吃得不一样了，牙齿就不好了。"（玛艾镇，东周，58岁，201107）

身处牧区的牧民家中往往都比较缺少餐具，不像在现代城市家庭，每家都备有许多炊具餐具，这其实是与其游牧生计相适应的，为便于携带，只备较少的餐具。加上他们平时使用的食品比较粗糙，食物反复咀嚼的时间很长，这样无形中就锻炼了牙齿。但是随着他们定居后不断适应、采用现代化的饮食习惯，牙齿开始逐渐毁坏。接受新的饮食习惯后，尤其是不当的饮食习惯会造成牙齿错位、齿孔移位、脸部变形、鼻孔紧缩等。

政府的发展政策旨在改变当地的水文、植被生态和定居模式，增加牧民与外界的信息交流，减少疾病的发生，保证疾病后第一时间的治疗。但是由于牧民观念未能及时转变，以及部分客观条件的限制，定居及其生计变迁确实导致了患病率的上升。一般来讲，牧民群体对他们的生活环境有着很强的适应性。在长期的生活中逐渐形成了对一些疾病的抵抗能力，无形中提高了自己的免疫力，对某些疾病产生抗体。

搬迁到县城和乡镇定居点的牧民，饮食的种类和精细程度都发生了变化。例如牧民以前是不吃鱼、不吃鸡，现在在定居点上慢慢开始什么都食用。有些牧民家里甚至慢慢学会做火锅。对味觉要求的提高使调料的使用种类也更加丰富。因为牧区县城的蔬菜价格比较高，县城定居点的牧民也开始学着在院子里栽培蔬菜。牛羊肉的食用量逐渐下降了。以前牲畜是可以宰杀的，随着牧民环保意识的增强，爱惜动物的心愿和宗教人士的提倡，牧民开始售卖自家的牲畜然后再买肉回来食用。现在市场上牛羊肉的价格很高，渐渐在定居点的牧民肉类食用量相比以前下降了。

裕固族饮食习俗传统的和藏族接近，主食是奶茶、馍馍、酥油、手抓羊肉、青稞炒面。双海子村在保留此类饮食习俗的基础上，种类有所增多，人们摄入蔬菜、水果的量明显增多，肉类的消费中，由于移民后与畜牧业联系减弱，牛羊肉不易获得，因而猪肉在村民肉类消耗中的比重有所得高，尤其是在年节期间。但总体而言，当地村民的肉类消费仍以牛羊肉为主。

3. 牧民服饰变化

对于少数民族来说，服饰是作为一种生活模式和文化传统而存在的。生活环境的变化也会导致民族服饰的不同。甘南牧民的服饰经历了从传统—现代—传统与现代结合的历程。以前，牧民缝制的藏袍都是真皮的，后来受到现代化的影响，穿城市服装的牧民渐渐多起来，传统的羊皮藏袍也被人造毛代替。人造毛的藏袍虽然价格便宜、轻便、花纹美观，但是保暖性能却大不如之前用的羊毛藏袍。一位老人给我们讲述了真皮藏袍的好处：

> 你们知道那年冬天下大雪，尕马梁海拔4000米，雪下得大，从县城开来的班车陷在里面过不来，第二天早上才过去。那一夜，好多人都冻伤了手脚，有几个牧民甚至冻死了。仅有的几个牧民是完好没有受伤的，因为他们穿的是真正的藏袍和藏皮靴，保暖性很强，大家终于看到了羊皮袄的好处，知道的人再也不愿意穿人造毛了。（齐哈

玛乡，桑吉，65岁，201208）

在现代化商品和观念的影响下，牧民也在自己不断地适应和甄别中找寻适合自己生存发展的道路。西仓乡的牧民更登说以前的藏袍不仅旧，还很脏，因为藏袍是"一辈子都不清洗的"，一年四季都穿，夏天把光面穿进去，冬天把有羊毛的一面穿在里面，躺在草场上，睡在家里，都可以把藏袍当被子用。现在变了，有很多售卖的藏袍，再也不用自己亲自去做，牧民也会清洗干净。

藏族服装有用名贵兽皮及各色花边装饰的习俗。根据有关史料中记载，这一装饰习俗是由吐蕃王朝藏族英雄的功勋带逐渐演变而来。藏族先王为了鼓励在拓展疆域的战斗中英勇的战士，采用了奖励勇士的办法来激励臣民。在战场上英勇杀敌、表现优异者可以得到藏王奖励的虎、豹、水獭等珍贵兽皮。"相传最早的功勋带都是戴在脖子上，因数量增多后给生活带来诸多不便，后来改为绕脖子后斜挎在右面腋下打结固定的办法。后来在战场杀敌时带来很大的不便，又就改为缝在衣服边上了。"[1] 历史早已过去，对现代的牧民而言，藏袍上的珍贵兽皮早已不是勇士的军功章，它已演变为一种装饰品和富有的标志。以往，在藏族牧民的节日庆典上，藏袍如果缺少了镶的兽皮，那将会遭到旁人的耻笑，牧民自己也会感到寒酸。在牧区很多家庭都以兽皮的珍贵程度来攀比财富的拥有量。后来随着和谐共生观念和环保意识的普及，宗教人士提倡"牧民不应拿兽皮来攀比财富，而忽视了搞好家庭生计，应该珍爱动物"的建议，使牧民开始自觉遵守，逐步改革对野生动物形成威胁的风俗习惯。藏袍镶珍贵兽皮边饰的这一习俗也逐渐销声匿迹。由于取消了兽皮边饰，以往牧民首选的礼服面料——呢绒不再备受宠爱。因为没有了兽皮边饰的衬托，使单一色调的呢绒藏袍显得黯然和缺少生气，于是牧民开始选择色彩鲜艳的锦缎、花缎等面料来制作礼服。

裕固族在服装上的变化不大，传统的裕固族服饰具有鲜明的民族特色，"衣高领、帽有缨"即为一大特点。一直以来裕固族平时的服饰和周边汉族一样，在一些重大节庆活动上穿传统服装的也越来越少，有些人家

---

[1] 耿英春：《青海绒哇藏族传统服饰变迁的民俗学解读》，《青海师范大学学报》（哲学社会科学版）2011年第1期。

里也没有了传统服装。从服饰上已经无法区分双海子的裕固族村民和汉族，只有一些年长的裕固族女性还佩戴有部分传统装饰品，如裕固族传统特色的项链。在农忙的季节，村民中最流行的是迷彩服，从路边向农田望去，大多数村民无论男女，脚蹬绿色劳保鞋，身穿绿色迷彩军装，头戴迷彩帽或裹以各色方巾，一些人还戴有口罩，在这全副武装之下进行农业生产。在闲暇时间，村民的穿着也极富个性和时尚，爱美的村民尤其是在年轻人当中，用各种流行的时尚元素装扮自己的也大有人在。

其传统服饰也没有完全退出人们的生活，一些家庭中仍有传统服饰的存在，在重大节日、庆典和婚礼等传统节庆活动中仍会有人穿着传统服饰出席，如在婚礼上，新郎和新娘就必须穿着传统服装，人们认为只有穿了传统服装才是裕固族的婚礼。村上也有个别妇女能够制作传统服饰，据我们了解，人数为3—5人，她们除了为自己的家人制作之外，也会应邀为他人订做，有人还专门以此做起了生意。我们调研的一位裕固族妇女就在当地经营着一家裕固族传统服装店。据她本人讲，这几年随着人们生活水平的提高，越来越多的人又重新做起了民族服装，尤其是在婚礼上许多年轻人也乐于穿民族服装。

图 5-13 牧区的藏族妇女

在制作衣物时，传统的裕固族服饰常常用到各色珊瑚珠、玉石、珍珠、贝壳、鱼骨圆牌、羊骨圆牌、藏银等原料，且为纯手工缝制，制作十分精美。由于社会经济条件的限制，收集这些原料往往就要耗费很长时间。就妇女所戴"头面"而言，从收集原料到制作完成，往往要耗费几个月乃至几年时间，因而传统社会的裕固族妇女常以拥有一套精美的头面为荣。在现代工艺下的裕固族服饰，这些原料往往被各种塑料制品所取代，如纽扣、塑料珠、塑料牌等，制作过程中通常也会借助于缝纫机等现代设备，另外由于加入了市场化的因素，为追求"产量"，一些传统服饰在选材和制作质量上并不能算是精美。通过现代工艺制作的裕固族服饰，已经失去了其原有的神韵，仅具有外在的形似。

图 5-14 现代工艺与材质制作的裕固族服装

"人类着装中的审美追求反映出人类精神生活中对美的需求，体现出人类对美的形象、品格的审视和感受的心理需求。"[①] 服饰作为生活中的一道文化景观，仅就镶边饰这一文化元素而言，经历了从勇猛为美—富贵为美—简约为美的巨大转变，记录了藏族牧民审美追求的变化。

变迁是一个连续变化的过程，这并不否认在历史的某一具体时期，文化又可以是均衡稳定的，它的传承特征明显于变迁特性。民族服饰的传承基础是传统的生产方式。生活环境的变化，使服饰作为族群之间以及个人在社区环境中的区示性等社会功能逐渐弱化。传统服饰质料厚重、结构繁复，适宜牧业地区的生活，逐渐已不能适应搬迁至现代城镇的牧民现代生活的要求。由于现代服饰轻便、省事、款式多样，尤其符合年轻牧民审美愿望和求异的心理，因而受到定居点青年牧民的广泛喜爱。一些比较高档的品牌，像耐克等在牧区也到处可见。

总而言之，服饰文化的变迁是政治、经济、社会、科技、宗教等各种

---

① 华梅：《服饰民俗学》，中国纺织出版社 2004 年版，第 80 页。

因素共同作用的结果。服饰作为民族文化的重要物质载体，体现出整个民族对美的执着追求。服饰作为一种文化，不可能是封闭的，在历史的车轮下，它总是要同相邻的民族互相渗透、汲取、融汇，这是符合文化发展的普遍规律的，表明了牧区传统文化正在向现代性转变。

4. 交通方式变化

牧民是骑在马背上的民族，马在牧人的生产生活中和心目中都有很重要的位置。现代化的交通工具进入藏区之前，马和牦牛是牧民最主要的交通工具，马主要载人，牦牛主要载物。它们具有耐力强、平衡性好、耐严寒等优良特点，是牧民能够在青藏高原恶劣自然环境中生存的重要帮手。

当肃南裕固族在莲花乡居住时，人们出门一般是摩托车，远一些的就坐班车。搬到双海子村之后，拥有汽车的家庭明显增多，大约有40%的家庭都有汽车，以皮卡和小面包车为主。

青海玉树地震之后，对当地藏族生活观念的转变非常大，灾难给他们带来的深层心理影响一直在蔓延。反映到物质生活层面，牧民买汽车人的越来越多，从三四万元的面包车到十几万元的轿车不等。

随着全球化与现代化的深入与扩展，各种现代化的交通工具纷纷涌入藏区，如同雪地汽车的进入给居住在芬兰北部的斯科特拉普人以巨大甚至是毁灭性的影响一样[1]，摩托车对于藏民族的影响也是巨大的。例如在田野资料"异化的摩托"中谈到的。

首先，最为显著的一个影响是马的使用频率大大降低。如今在草原上人们出行的最主要交通工具就是摩托车，男人无论年龄大小，从十几岁到五六十岁几乎人手一辆摩托车。鉴于草原复杂的地形，摩托车基本上都是125CC排量的。现在只有在地形十分险的，摩托车上不去的山路上，以及在煨桑等宗教活动的时候牧民才会骑马。值得注意的是，每年一度的赛马会是玛曲十分重要的文化体育娱乐活动，该活动由以前的部落即现在的乡或者大队组织，时间不一，一般在天气较好的夏天举行。比如2012年曼日玛乡麦郭尔大队的赛马会于8月13日举行。赛马会不仅是邻里之间交流感情、化解矛盾、放松身心的重要场合，更成为一种符号，一种仪式，

---

[1] [美]威廉·A. 哈维兰：《文化人类学》（第十版），瞿铁鹏、张珏译，上海社会科学院出版社2005年版，第442—443页。

一种增强藏民族文化认同感的重要活动。每年的赛马会年轻的人们会骑着摩托车牵着马来参加，近几年随着生活条件的进一步提高，用卡车运着马匹参赛的现象也在不断增加。

图 5-15　赛马会上的摩托车

其次，摩托车的大量普及不可避免地密切了藏区与外界的联系。年轻人越来越关注摩托车的牌子与外观，同时尽管摩托车的耗油量不是很大，但人们也开始越来越关注汽油价格的变化，这也同每个牧民的利益息息相关起来。

最后，摩托车的大量使用也带来了许多负面的影响。比如对于草原的破坏，牧民经常讲，马蹄、羊蹄怎么踩，草都不受影响，但摩托车、汽车轧过去之后草就不容易恢复。同时，藏族人喜好喝酒，在牧区酒后开摩托车的现象很常见，因此也造成了不少的事故，有人因此而丧失了生命。下面是我们调研中对摩托车在草原上使用情况的观察和感悟。车把上系着几缕长长的红穗子，车尾货架上挂着一台录放机，大老远就飘来了录放机传出的高亢的藏歌。渐渐走近，车上的人是藏饰装扮，头发和脖子全部裹起来，只露出黑黑的眼睛，猛增油门，呼啸而过，又渐渐远去。这几乎成了当今高原牧区的一幅典型画卷。它在告诉人们，这个古老的高原正向现代化迈进，急速变化。两种文化正碰撞在一起。更确切地说，摩托作为现代化的符号，敲开了草原之门。

很遗憾，我们无法得到翔实的统计：草原上到底有多少摩托，造就了多大的摩托车市场，带动了多少产业链，消耗了多少燃油和成本，又带来了多少经济效益。相信这一串今昔对比的数字会给人们震撼的。但是，到处可见的摩托车以及听说不少的牧民为买好几辆摩托车而卖掉牛羊，也不同程度地影响了家庭的经济状况。使我们感到原本正常的交通工具的引人，在草原上却刮起了一场不太正常的摩托风暴。随着年轻人对它的疯狂追逐与依赖，一些人，更多的是老年人开始对它发出抱怨之声。因为它已经在草原上被异化了。

"以前摩托车很少，我上中学的时候，邮电局线务站上只有一辆。人们都觉得特别神奇，会点儿汉话的藏民听起来以为摩托车是'母的车'，他们说，母的都这么快，如果是公的，就更快更厉害了！后来摩托车大批进来的时候，都是些旧车破车，经维修后刷刷漆就卖过来，骗过来的。那时候并不觉得骑马就落后了，就是觉得摩托车好玩儿。"我想起齐哈玛的次旦说起刚开始去城里看到一大一小两部汽车前后行驶的情景，牧民见了无不可怜地说："这两个怎么了，后面的娃娃怎么跑也撵不上她前面的妈妈，可把娃娃累坏了……"

"当时闹了不少笑话，有个牧民很强壮的，骑着摩托车摔下来，他就把摩托车当成公牛一样来调教。调教公牛的时候就是抓住牛的犄角用力摔，他就抓住车把拼命用力拧，结果油门越加越大，又把他摔了。他很不服气，说：我家最强壮的牛我都能调教，我还治不了你！还有一个牧民，买了摩托车以后不会骑，怕跌倒，为了保持平衡就把一根长木头绑在车座后面，于是走到哪里后边都横着一根长木头。"

"现在80%以上的摩托车都在年轻人手里，除非家里有点急事骑着摩托车去快一点，这时候能派上用场外，很多时候都是年轻人闲暇骑着晃来晃去。远路骑摩托车还能理解，可是这些年轻人但凡出门都要骑摩托车，现在的放牧不像以前了，草场划分后，又有网围栏，路就这么近，他们出去赶赶牛羊也要骑上它，纯粹就是玩儿。平时，这些年轻的小伙子却没有事情做，每天动不动就骑着去乡镇里，好像人家是乡上上班的干部一样。到了乡镇上，不是喝酒，就是打台球、玩牌，把家里女人攒下的钱都花光了。要是遇到节日庆典什么的，都有摩托车四面八方而来，有时一次100多辆，很壮观，这也是对发展摩托的刺激。"

"以前没有公路的时候，换配件和维修很不方便，车子一旦出了毛病就废掉不要了，再换新的。现在不但玩车，还攀比起来，买品牌的摩托，不能你家有名牌我家没有。有人说现在草原成了内地摩托车厂的最大市场。现在买摩托就成了时尚，羊就像是零花钱，要买车、

第五章　生计方式变迁下的民族文化变迁

图 5-16　"88888"的三人行摩托

要加油、要维修就要把羊拿去卖。我们这里有一户牧民，先后买了十几辆破摩托车，坏了就扔在那儿不修再买一辆，把家里的所有牛羊都卖光了。亲戚们都看他们家过不下去了，都无偿给他们家送牛、送羊，可是他把牛和羊又都换成钱很快又花完了。他们家本来是我们这里最'现代化'的，发电机、VCD 机、彩电等家电都有。检查的干部来了还赞扬他呢，说他什么思想解放，有商品意识、经济头脑，提高了牛羊的商品率，会追求现代生活。可好，现在他家一头牛都没有，贫困潦倒，老婆也跑了，儿女们也没地方去，他们家的草原上只剩下被掀了的屋顶和一堆垃圾摩托车。"

"大家都说，没有牛羊而最穷的人家往往就是那些门前停着摩托车和吉普车的，因为没有钱维修，车不能动，只要一动就要吃掉你的牛和羊。我们乡就有这样的规定，因为买车买摩托变成经济困难的人家不算为贫困户，不发给扶贫款，用这样的办法约束和帮助他们。"

"过度使用摩托不但带来贫困，还损坏了身体。我们这里有个阿克（即僧人），是个医生，他说现在的年轻人体质比以前差多了，以前很少给年轻人用药，现在看病的年轻人太多了。以前骑马，冬天冷了可以下来牵着马走一走，暖暖身子，现在骑着摩托不可能推着走，得关节炎的人也越来越多了。冬天骑摩托，你就不知道草原的风会有多大。有些人直接用毛毯或棉被把自己裹起来骑在摩托上，不可思议。"

>　　"过去骑马是一种享受,有雪山、有蓝天、白云,每天放牧归来的路上唱一曲山歌,享受着生命,很平静、很幸福,牧民把自家的好马卖掉时,就好像是把兄弟卖出去一样,很是舍不得。现在很多老人看着一车车的马、牛、羊被拉出去卖掉,内心很复杂,说这个世界要颠倒了!过去家里是老人做主,他们阅历丰富,也具有识别和判断力。现在的年轻人就动不动自己做决定,乱花钱,不再受制家庭的约束,不管集体的利益。在家里以前是阿爸说了算,阿爸不在还有叔叔伯伯,阿妈也要管的,现在不行,谁都管不了这些年轻人了,所以家里的钱就这样败掉了,真心痛。过去孩子要向父辈学习,现在外边花花绿绿的东西进来了,诱惑大得不得了,他们随之也就变了。"

>　　"门已经开了,就不可能再关闭了,只能在交流适应中找到适合自己的路子。国家很关心我们牧区,政策向牧区倾斜,牧民都很感激,但是给得太多了,也会把人养坏的……"

　　如今年轻人忽略了一个最基本的事实:牛羊是可以产生钱的再生资源,而摩托除了方便之外,只是消耗钱和资源的机械。物质的诱惑达到一定程度时,便可能扭曲人们对许多事情的认识和基本判断,而这种诱惑极易出现在一个相对封闭而又刚刚被打开门户的地区。这与我们整个国家改革开放初期的一些情况又何其相似。

　　这些故事所代表的,是甘南草原阶段性的发展过程,而这种阶段性特征的背后,是牧区传统与现代化最初的碰撞。所有的笑话、"畸形"和异化可能都是最初碰撞时不可避免而不会长久存在的现象。首次碰撞中的失守也未必是件坏事,它使本土文化看到了曾经羡慕不已的外部世界精彩纷呈,但这种"精彩"并非十全十美,亦不可按部就班。来自采日玛的扎朵,其心理体会是:与外面打交道的能力特别重要,需要智慧和能力的展示,而这种能力就是在适应与交流中找到适合自己的路子,不能盲从。[①]

　　从社会学角度看,摩托车在藏区的广泛应用无疑是现代化的结果。现代化是人们最经常描述今天发生的社会和文化变迁的术语之一。它被很清楚地界定为一个无所不包的、全球性的文化与社会经济变迁的过程,各个社会试图经由这一过程而获得某些西方工业社会常见的特征。

---

①　部分资料参考了《寻觅中华水塔的另一面》,《人与生物圈》2009年第2期。

第五章　生计方式变迁下的民族文化变迁　　　　　　　　　141

图 5-17　骑摩托者

图 5-18　摩托车修理铺

摩托车的普及乃至交通工具的变迁属于初级的物质层面变迁，其变化速率是十分快的，但其影响反映到制度层面与精神层面则需要一个比较长期的过程。就目前的情况来说，其影响已经逐渐显露出来：原本藏民族是一个生活悠闲、没有很强时间观念的民族，但现代化交通工具的使用使牧民的生活节奏大大加快，也有了"赶时间""赶路"的概念。

图 5-19 骑马的牧民

图 5-20 骑摩托车的牧民

5. 消费方式变迁

在一定社会经济条件下，消费者同消费资料相结合的方式即消费方式，包括消费者以什么身份、采用什么形式、运用什么方法来消费以满足其需要。消费方式是由生产方式决定的，生产方式的社会性质决定消费方式的社会性质，生产方式的自然形式决定消费方式的自然形式。生产方式改变了，消费方式也要相应改变。消费方式反作用于生产方式，与生产方式相适应的消费方式,为生产开拓市场,促进生产力的发展和生产关系的完善;落后或超越生产方式的消费方式,会妨碍生产力的发展,破坏或损害生产关系的进步和完善。例如,随着牧民在县城的定居,方便食品、家用电器、现代交通信息工具不断冲击着牧民的消费能力,改变了以前的消费方式。尽管牧民与消费资料相结合的方式都可以被纳入消费方式研究中,但为了将牧民衣食住行方面的文化变迁更清晰地划分出来,故将医疗、通信、网围栏建设等内容纳入牧民消费方式的变迁中。

医疗方面,牧民基本都知道有医疗合作保险制度这一工程,即由政府组织、引导、支持,牧民自愿参加,个人、集体和政府多方筹资,以大病统筹为主的农民医疗互助共济制度。采取个人缴费、集体扶持和政府资助的方式筹集资金。合作医疗保险是由我国创造的互助共济的医疗保障制度,在保障农牧民获得基本卫生服务、缓解因病致贫和因病返贫方面发挥了重要的作用。

在牧区,现在也基本上建立了完善的医疗保障体系。牧民加入医疗合作组织,保证了牧民的利益,由此牧民的医疗消费比以前大大减少。

> 我们的医保是每人交10元钱,每年可以向政府取80元钱的免费药。现在不像以前,家里也有了常备药,如果生病了,也敢去乡卫生院打针。(道尔加大队,才旦,48岁,201107)

但鉴于牧民对于合作医疗制度了解的获得渠道很窄,基层政府在宣传国家政策上也不是很到位,使牧民对于合作医疗制度了解较少,尤其是对于看病报销的具体细节普遍不是很清楚。

> 医保是每人50元,平时如果住院了国家会报销,在玛曲或者甘南州就医,报销的就比较多,去兰州,报的相对少一些,具体少多少我们也不知道。牧民不太懂,乡上每年来收了钱,开了证明就好了。看病一般大家都去县里。如果是大病,都是去寺院先询问。一般情况下,大多数牧民选择去国家医院(指西医),少数人会去看藏医。(麦郭尔大队三队,阿布,56岁,201208)

> 牧民有病了都会去医院,去临夏、合作、兰州的都有。我去年自己得了胆结石,骑摩托车还把肋骨摔折了四根,于是去甘南州做手术

花了4万元,最后去乡里报销时给报了1万元。听说去越好的医院报销越少,牧民知道医保,但是具体的细节不清楚。(道尔加大队,才旦,48岁,201107)

我们的调查发现,尽管现代医疗技术体系与医疗保障制度已经在牧区建立,但是牧民们在看病就医的过程中仍然受传统藏医以及藏族传统文化影响很大,人们往往在家中常备藏药,并且在看大病之前要咨询喇嘛。

去医院要是没有效果的话,牧民就去寺院问喇嘛。家里藏药和西药都备着呢。乡里基本都有卫生院,病重的时候要去寺院问喇嘛这个病要到哪个方向的哪个医院看效果好。(麦郭尔大队,阿布,56岁,201208)

牧民一般都在家中生孩子,搬走的那些(到定居点)条件好的也到医院里去生。牧区里,得病了就去找活佛,活佛说得准,没有看不好的,如果病人的病情严重的话,就不用看了。(道尔加大队,才旦,48岁,201107)

图 5-21 骑马来看病的牧民

去医院就医同咨询活佛之间并不矛盾。在牧区,活佛被认为是具有知识与智慧的人,他们不仅具有佛教、藏医等传统知识,也通过学习掌握现代知识,对于牧民病情轻重采取不同的方法,或建议吃藏药或建议去大医

图 5-22 医疗宣传

院就医。

目前，在牧区的乡镇一级医疗单位的职能已经以计划免疫等公共卫生服务为主，主要的工作是进行计划免疫、零差价售药。牧民对于现代医学的认可程度也在逐渐提高。

> 看病去卫生院比较方便。平时打预防针什么的，都是医院通知了就去打预防针。一些大的病多去合作或者县里，汉族医生和藏族医生都一样看。还是因为相信现在的治疗水平，就是害怕汉族医生听不懂我们说话，我们又不会说汉语，这方面有些忧愁。（碌曲县尕海乡秀哇四队，群培，46 岁，201208）

> 我家里有常备药。乡上的医生治疗水平不好，所以我们一般去县里，或者合作，或者临潭。每年卫生院都来给孩子打预防针。卫生院到我们这里来，但不到牧区去。他们牧区的还得自己到乡上去打。条件好的人家到县城里去生孩子，一般的牧民都是在自己家里生。我自己懂点汉语，还是比较喜欢去国家医院看病，不仅效果快，还方便。（双岔乡大庄村，才让东知，33 岁，201107）

由于牧民的生活习惯与生活环境而形成的爱喝酒、吃牛羊肉、在潮湿地方睡觉的特点，导致了牧民的常见病有：风湿病、关节炎、包虫病、胆结石等。现在牧民也越来越重视环境卫生与自我的健康保健，逐渐认识到随地大小便、随地吐痰会导致许多传染病的发生,并且在饮食与生活习惯上也越来越注意身体的健康。

图 5-23　牧民使用数码相机

　　无论是生活在纯牧区、半农半牧区的牧民,还是县城定居点的牧民,现代的信息工具——手机对他们来讲毫不陌生。有些牧民甚至持有两部以上的手机,并且手机的更新速度极快。牧民方便地感受到手机这种现代化工具给生活带来的便捷。在半农半牧区,已经实现了电话村村通工程,在纯牧业地区还没有建设完成。牧民对于消费的手机通话费用并不清楚。在调查中,他们常常向我们提出对手机话费的疑问,例如纯牧区的琴培说他们对于漫游、长途一概不知,总是觉得有时候缴了话费很快就打光了,有时候又可以打很长时间。对于手机的功能方面除了打电话以外,针对账目明细、怎样节约话费的知识一概不知。纯牧区的尼可家没有座机,"村村通"工程在这里还未实现,他们家里只有一部手机,其全家对移动手机的优惠政策还不能明白,他说常常为在一个地方话费就会维持够用,一个地方就很快会消费完的问题而长久困惑。当地移动、电信等运营商对这方面的消费宣传不够。牧民自己不认识汉字,尤其是生活在纯牧区的牧民更不会说汉语,因此,他们对于通信消费了解得也不十分清楚。

　　县城和乡镇定居点的牧民受到现代化文化的冲击更大,家庭中现代化商品的消费结构比例更大。其中一些内容在前面牧民的衣食住行变化中已经提到,在此就不赘述。生计方式发生变化后引起了民族文化的改变,对于游牧和半农半牧区的牧民来讲,家庭的消费开支中最大的变化是增加了

图 5-24　牧民家中的保险柜

草场网围栏建设和维修费用。尤其纯牧业地区草场面积大，牧民家庭支出的费用就更高。网围栏建设的造价很高，而且需要年年维修，这给牧民增加了很重的家庭负担。

玛曲县的草地承包政策是从 2001 年全面开始的，具体的办法是将以前公有的草场按照每家每户的牲畜和人口的数量，划分到户，并要求每家每户必须把自己的草场和别人的用铁丝网分隔开。当时国家推行这项政策要求必须每户都要单独承包，个别联户的也不能超过三户。各家各户之间的围栏要自己动手修建，并且由政府监督完成，修建的费用由牧民承担，之后维修的费用也要由相邻两家共同承担。

网围栏被普遍应用在草原管理中，特别是 20 世纪 90 年代以后，在北方草原加快了网围栏的建设速度。美国人类学家迪马克·威廉姆斯将围栏以后的草原称为"带刺的墙"（Barbed Walls）。我们缺少数据说明现在有多少网围栏被树立在草原上。有些地方有很好的围栏，有些地方修建了围栏，但是人为的和自然的损坏比较严重，围栏已经不再起作用，还有一些地方可能由于不同项目出现多次围栏，更有些地方没有围栏但是因为申报项目的需要，也被统计在围栏范围之内。总之，草原围栏已经成为草原管理中的重要工具。网围栏建设有两个理念：一是对草原实行有计划管理；二是划分的边界，确定草原的所有权，保护草原所有者和使用者的权利，避免其他牲畜放任采食。

在人民公社时期，每个公社和大队都有自己相对固定的放牧区域，牧民有了比较固定的四季放牧场，草场承包到户以后，为了使所有权和使用权更加清晰，在政府支持下，许多牧民开始围封自己的草场，避免与其他人产生纠纷。

草场承包和草场围栏在一定意义上被认为可以限制大户对小户的资源占有。因为在牲畜承包以后，富裕大户有比较大的牲畜群，而小户只有很少的牲畜，大户的牲畜要吃掉更多的草。草场承包以后，小户可以将自己的草场有偿承包给大户，从而使缺少牲畜的贫困户受益。但是人们发现，许多贫困户正是草场面积比较小的牧户，草场围封很少使他们受益。在草原承包以后，一些牧民通过有偿流转，将草场流转给其他人经营，流转的草场往往被掠夺性地利用，从而加剧草场退化。贫困户尽管可能收到草场的租金，但是草场退化给他们带来的损失更大。

图 5-25　隔着围栏的对话

在长期的生产活动中，牧民形成了一些不成文的规定，这些规定往往强调牧民之间的互助、强调牧民有序合理地利用草原。在草原承包以后，这些村规民约不再发挥作用。一些牧民，特别是那些上年纪的牧民经常怀念原来的草场，将原来牧民之间的关系与现在的进行对比，认为现在牧民的社会关系不利于草原的保护。

从生态学角度批评普遍网围栏建设的声音更强一些。此类观点认为20世纪80年代以前的围栏建设只是将有限的草场围封起来，并没有影响牲畜的流动。但是进入90年代以后，草原普遍的承包和围封使完整的草原呈现破碎化，牲畜只能被限制在有限的空间中活动，加剧了草场的退化。在他们看来，草原是多样化且分布不均匀的，要想保护草原就要适应草原的变化，增强牲畜的流动性。网围栏建设恰恰限制了牲畜的流动，牲畜在有限的空间中经常性践踏和采食会导致草原的退化。目前，政府积极推进划区轮牧，有许多试验数据说明划区轮牧可以改善草场质量。批评者认为，人为地将草场划分成小块，投入了大量围栏建设资金，最终的结果可能得不偿失，因为游牧是建立在不同性质草原之间的流动。比如在靠近河道的草原和山坡地草原之间流动，并不能解决草场的合理利用问题。真正实行划区轮牧，必须建立在跨户合作经营的基础上，才能达到草原的合理利用。

对草原围栏的批评还认为，草原生态建设的网围栏项目在短时间内也许可以达到生态恢复的目的，但是从长远来看，效果并不理想。首先，通过围栏禁牧可以使一些地方的植被在短时间内恢复，因为没有牲畜的采食和践踏，植物得到了生长的机会。但是草场被围封以后，意味着牲畜被转移到其他地方，加剧了其他草原的压力，最直接的结果就是局部恢复和整体退化。其次，也有学者指出，围封以后的草原在经过短时间的恢复以后，由于复杂的原因，开始退化。由于存在不同的观察，所有围封的长期效果如何，以及应采取什么样的围封形式，还有待于进一步研究。

围封是为了保护围封区域内的草原，但是网围栏的建设并不能有效地解决这个问题。首先，围栏的自然损坏和人为损坏都很严重。冬天吹风的时候，刮得沙蓬四处乱跑，经常挂在网围栏上，越积越多，并阻挡风沙。由于风沙的堆积，网围栏很快就被风沙压倒了。自然损坏的围栏每年都有，尽管政府相关部门组织人员检修，但是更多的围栏来不及维修，有些无法修复。比如有些围栏因为风沙的流动，或者被掩埋在沙丘中，或者因下面被掏空而悬空。围栏的修复速度无法跟上损坏的速度，大量围栏在经过几年以后，就会损坏而失去作用。许多牧民已经放弃了围栏建设，因为他们无法解决围栏的维护问题，每年耗费大量的劳动力和资金维护围栏是牧民所承受不起的。

因此，在生态建设中，应谨慎地使用围栏。除了在一些生态特别敏感

图 5-26　草原上随处可见的围栏

图 5-27　正在维修的围栏

地区和高产出地区以外，大面积的围栏建设应该非常谨慎。应采取积极措施鼓励牧民参与草原保护，以牧民的参与替代简单的围栏建设。我们可以借鉴天然林保护的经验，将一些生态敏感地区的牧民从牧业生产转变为草原的守护者，这样不仅可以实施有效的草原管理，而且可以增加就业机会。牧民积极参与草原管理可以取得比围栏更好的效果。

二 精神文化变迁

在民族文化变迁的内涵中，精神文化是十分重要的内容。少数民族文化生活更多地集结在以血缘、地缘为纽带的家庭、村落范围内，具有明显的地方性。随着游牧民定居和现代交通的发达，这种封闭的状况得以改变。人们的思想传统的意识、宗教观念、审美趣味及其变化，往往从丰富的具体的生活表象得以显现。不断发展的社会现实生活表明，牧民的精神文化生活发生了巨大的变迁。

1. 宗教文化变迁

一些年轻人接受外来事物的能力强，逐渐变得对传统宗教文化的情感弱化，草原上的老年牧民们开始组织请寺院的阿克来讲经，组织年轻人共同学习，要求每一户牧民家里对子女要进行传统宗教的教育。库利认为："家庭就是这样一个最重要的群体。在家庭中，孩子对他们父母的意见抱有'同感'，由此而形成自我意识……孩子就试图形成一种父母所期望的我。"[1] 近两年牧区的年轻人受家庭氛围的影响和社区老人的教诲，逐渐很好地继承了煨桑的习俗。

> 我们西仓寺的所有阿克均为西仓十二部落的人。现在上学的娃娃越来越多了，送到寺院去的阿克也渐渐变少。老人们还是觉得要是家里男娃娃多，应当送一个去当阿克，这样对家里也好，是家里有文化的人，家里人的威望也会提高。去寺院当然好，有了寺院大家的素质都会提高上去。以前'文革'的时候，寺院这些都不让讲，也不讲

---

[1] ［美］戴维·波普诺：《社会学》（第十版），李强等译，中国人民大学出版社1999年版，第148页。

经，对牧民的约束力也大，但即使那么约束，也不代表着我们的宗教就衰落了。现在政策这么好，宗教政策也放开了，我们更要把宗教的权威显出来，让大家都按照宗教里说得做，大家的觉悟都能提高上去。(西仓寺跟萨村，才让，62岁，201008)

以前我们请寺院的阿克、活佛来，就是牧民想念个经，都是平安经这些的，部落之间或者村村之间有了矛盾也去请来调解。现在这几年请的就更多了。草场一划后，大家的矛盾就多起来，刚开始单户承包时户与户之间的矛盾最大，不是你的牛羊越界了，就是破坏了我家的围栏，还有争夺水源、牧道的矛盾，大家看到单户承包确实不适合草原，这又不是你们汉人的农地。我们又纷纷开始瞒着政府联包，不敢叫政府知道，这样至少避免了单户与单户之间的矛盾，只能是联包的各大队或者团体之间的矛盾。比如说我们五队前几年和四队因为草场纠纷还死了一个人，后来凶手跑了，我们先是自己处理，内部调解，但是处理不了，两方都不同意，后来就请了寺院的活佛来处理了这件事。到现在我们两队的关系都不好。现在遇到纠纷，一般都是这样的过程，先自己内部调解，不行请村里的长辈，德高望重的老人来说，再不行就去寺院里请阿克来。实在没有办法才会去找公安。我们有些牧民也不太相信这些干部。我们觉得，当干部还没有当和尚有地位。(麦郭尔大队，仁琴，47岁，201208)

从田野调研材料中，我们不难看出宗教在牧民心目中具有极高的地位。又如牧区常见的煨桑习俗，牧区群众表示近年来人们越来越重视。曲合尔大队的牧民将这些称之为"公益事业"。阿万仓的牧民会将各队的年轻人组织起来举行念经比赛，也极大地保护和发扬了民族的宗教文化。以前有些年轻人骑着摩托车一溜烟地扬长而去，见到阿克不会停下来问好，在这种教育下，慢慢地非常尊敬阿克的风气又恢复了。

由于现在交通发达，牧民去寺院的朝拜比以前方便了许多。这些年，去塔尔寺、拉卜楞寺朝拜的牧民越来越多。草原上的牧民去朝拜自己部落的寺院，参加宗教活动，仪式的变迁表现不明显，但是搬迁到县城和乡镇定居点的牧民有了明显的变化。牧民除了拜所有的藏传佛教寺院外，还保留着朝拜自己部落寺院的习俗。搬迁至定居点后，一些离寺院很远的牧民就无法经常去参加宗教活动，平时有什么大型的活动都是牧场的老家人通知他们，然后提前一天赶过去。定居点的牧民中以老年人居多，往返的不便无形中限制了老年人从事宗教活动的机会，而人到老年以后，对宗教生活的需求更多。

人本主义心理学家亚伯拉罕·马斯洛（Abraham Harold Maslow）将人的需要分为五个层次，即生理的、安全的、社交的、尊重的以及自我实现的需要。老年期是个体宗教信仰的成熟期。因为这一时期的信仰主体不仅懂得了一定的宗教知识，如教义礼仪、规范等，独立参加宗教活动，而且开始组织宗教活动，并成为特定范围内的宗教"权威"或"典范"人士。[1]

在牧区的老年人普遍已不需要承担重要的牧业生产劳动，他们把当家的事务移交给下一代管理，自己仅从事一些简单的劳动。随着这种家庭角色的转移，老年人就从繁忙的事务中退了出来。一些老人经常因为疾病、生活中遇到的困难而寻求神灵庇佑。因此牧区老年人的宗教信仰意识强化，他们有精力、也有时间去做一些宗教活动。从而有祖父母辈的家庭中，他们的子女也能更加直观地学习和接受宗教文化。因为家中老人日常的佛事活动、直接的宗教行为比较多，使子女后代在宗教活动中得到最初的熏陶和培养。慢慢的一些宗教教义被父母或长辈施以伦理观念的形式灌输给他们，"宗教伦理在将宗教信仰贯彻于人的行动要求的同时，又深刻地作用于人的内心世界的塑造。经过长期的历史积淀，宗教伦理已成为特定文化传统的构成要素。它在人的有意或无意之中充当着价值观念的基础"[2]。从而年青一代也就理解和学会了一些戒律、规定，用以约束自己的行为，培养自己的世界观、人生观，逐步实现宗教社会化。

搬迁至定居点的牧民，其最大的初衷是子女的上学问题，他们时时刻刻要照顾子女在城里的生活，像在"陪读的重担"中描述的老人在城里的生活艰辛而忙碌，对于宗教生活的渴望已经退居到第二位。他们只能在定居点的房子里从事煨桑活动，一些大型的宗教活动和每年定时间去寺院朝拜的心愿很难达成。调查中大多数老人的心愿是"只要子女上学有出息，为了他们的将来，自己在定居点也愿意，希望等他们上完学，自己可以住在寺院旁边，每天念念经，安度晚年是最好的"。另外，在一些定居

---

[1] 参见翟存明《藏传佛教信仰与土族女性社会化问题初探》，《西藏研究》2004年第1期。
[2] 罗竹风：《宗教学概论》，华东师范大学出版社1991年版，第240页。

点，由于设计、选址、规划时忽略了寺院、佛塔等宗教活动场所，不能满足牧民念经、转经的宗教活动需求，因此这些定居点在一段时间里根本没人入住。

>县城里去是为了娃娃上学，这里的定居点就是大家在一起住，即使有商店，买东西方便又能怎样，但是没有寺院，国家修得再好我们也不会去住的。阿万仓的定居点修得好，他们的就在乡政府，乡镇政府旁边就是他们的寺院，也不知道国家为什么随便修，对我们来说，宗教情感是非常重要的。（道尔加大队，才旦，48岁，201107）

在我们的调查中，一个比较特殊的情况就是重大自然灾害对民族心理的影响。青海玉树地震对于牧民的持续性影响主要表现在心理层面。长期以来，由于通信、交通条件的限制，我们的调研点牧业村的牧民对于外界的信息获得并不是很多，尤其是对于战争、地震、重大疫情等天灾人祸不是很关注。而这次玉树地震就发生在牧民的身边，灾后的相当长一段时间里，当地牧民每天从电视上、其他人那里得到的都是关于生命逝去、家园破坏的消息，对于牧民的心理产生了很大的刺激。当牧民看到许多无辜的生命被地震夺走之后，心理无法调适，便诉诸宗教，以缓解自己心灵上的恐惧和孤独。地震之后到寺院拜佛、转经的人明显增多，去的频率也增多。年轻人去寺院不再像之前那样打打闹闹，也是认真地转经、磕头。这种变化与重大灾难对人的心理影响是分不开的。

裕固族在历史上曾先后信仰过萨满教、摩尼教、汉传佛教和藏传佛教。由于社会的发展和一些历史原因，宗教在裕固族人的信仰世界里并没有留下根深蒂固的影响。裕固族地区的宗教信仰表现出趋淡的趋势，由于交通等的不便利，平时也很少有人去寺庙。从外在的宗教行为表现来看，现在60岁以上的部分老人中还保留着比较虔诚的藏传佛教信仰，家里供着"佛爷"，初一和十五上庙里烧香。从20世纪80年代开始在政策宽松的条件下，藏传佛教的信仰被重新提起，逢年过节当地也搞一些宗教活动。历史上的裕固族是一个信仰藏传佛教的民族，随着社会的不断发展和一些历史原因，现实中裕固族总体上的宗教氛围已经逐渐淡化了。

双海子村的村民告诉我们，自从迁入之后，截至2011年夏天，村上一直都没有举行过集体性的传统宗教活动，包括祭祀鄂博、参加当地寺院

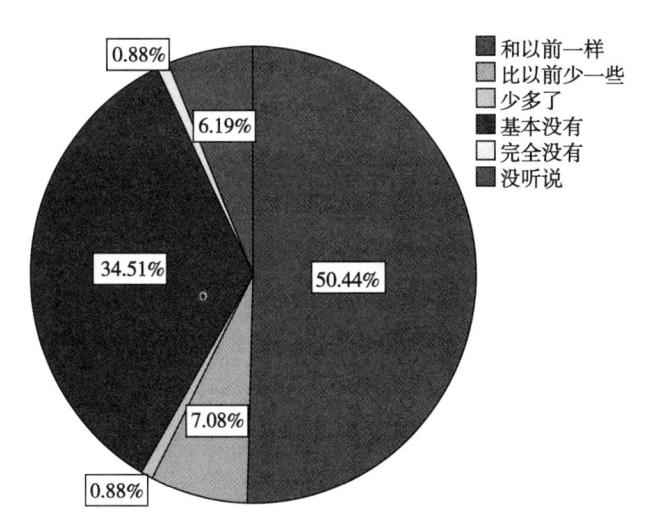

第五章　生计方式变迁下的民族文化变迁　　155

图 5-28　双海子村举行集体宗教活动的频率
（图例：和以前一样 0.88%、比以前少一些 6.19%、少多了 34.51%、基本没有 50.44%、完全没有 7.08%、没听说 0.88%）

的正月法会等。实际上，在迁出莲花乡之前，他们几乎没有参加过集体的宗教活动。

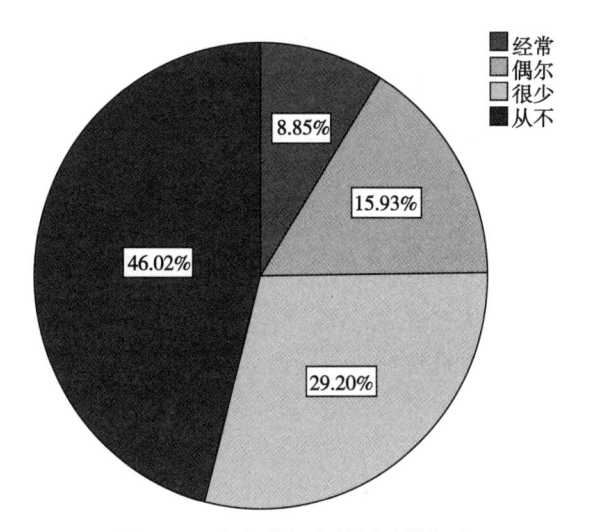

图 5-29　个人进行宗教活动的频率
（图例：经常 8.85%、偶尔 15.93%、很少 29.20%、从不 46.02%）

除了集体的宗教活动之外，个人的宗教活动，如前往寺院、在家中供奉佛像并烧香叩拜、念经等，在当地也很少见，近半数的人从不进行宗教活动。经常进行宗教活动的人当中，老年人的比例最大，调查中有 50%的老年人（60 岁及以上）表示自己经常进行宗教活动，在 50—59 岁、

40—49岁和30—39岁的人群中,这一比例分别是0、9.6%和3.4%,在"从不"的比例则分别是50%、40.4%和62.1%。一位裕固族老人告诉我们:

> 我们裕固族为啥宗教氛围淡得很,这是有原因的,一个就是我们从西至哈至那边来的时候,本身佛教上有很多东西就遗失掉了,最要命的就是文字(也丢失了),在西至哈至的时候我们还信的萨满教,后来还信过摩尼教、信过佛教,后来(19)58年的时候又扫清了一次,"文化大革命"的时候又扫清了一次。现在的年轻人宗教意识都淡得很,才慢慢恢复着呢。好多习俗都不在了。……我们裕固族有个最大的缺陷,就是爱赶新潮,接受新鲜事物比较快,所以像我们这个地方的年轻人,对宗教不是很信仰。(安某,女,54岁,政府退休职工)

上述材料解释了现实中裕固族宗教信仰趋于淡化和传统文化慢慢缺失的原因,在双海子地区,其宗教意识淡薄还有另外的原因。在搬莲花乡迁往双海子的牧民当中,其年龄结构以中青年人为主,老年人很少。[①] 由于没有自己的文字,裕固族传统文化的传承一度以口口相传为主,因而老年人在文化传承中极具重要性,他们知道更多的传统知识,对宗教信仰的虔诚和了解程度都更高,所以没有老年人的传授,年轻的双海子村民便很少有接触传统宗教知识的机会,其对宗教的了解和信仰便无从谈起。在老家湖边子村,由于老年人相对较多,所以宗教的氛围在这里相对要浓厚一些,一些人家里还保留有佛龛,摆有酥油灯,供奉佛像,每月的初一、十五和一些重大的传统节日都会煨桑祭拜。

> 小时候正月十五我们就到寺里面(指莲花寺)去着呢,我们这个寺院着实法玛(西北方言,此处用于形容莲花寺的规模宏大)着呢,到寺上去就跟走北京城一样高兴着呢。我寺上去了之后,就看着和尚在跳舞着呢,戴个面具。到1958年就没有了,多少年都没有。我们的寺院那时候修得确实大着呢,现在就一个土堆堆了。(郭某,

---

[①] 现在村中的一些老年人除个别最初随子女一同迁入的之外,均系年事渐长,自理能力下降,子女外迁后无人照顾等原因,陆续搬过来和子女一同居住的。

女，64岁，莲花乡湖边子村牧民）

湖边子村的一些老年人在说起从前的莲花寺时无不兴高采烈，童年时期的宗教经验仍深深地影响着他们，而在说起被毁后的寺院时，他们的心中又充满了惋惜。

在双海子村，个别老人家中正厅悬挂有佛像，酥油灯平时是收起来的，在重大节日才会摆出来。在年轻人当中，平时经常祭拜佛像、参加宗教活动的人几乎没有，因而也就很少有人具有完整的宗教经验。

> 今年（2011年）新修了个鄂博，去了一回，鄂博建起来以后倒是好看，我们本地方的人，全体都到那个地方去。这个鄂博建起来以后对我们到底有什么样的作用，就张三有张三的说法，王五有王五的说法。我们年轻人原来对这一方面参加的就很少，知道的也不多，到底该听谁的我也不知道。过去以后我们吃上一些，喝上一些，磕个头，就回来了。具体是啥目的，以后有啥作用，谁都没给我们讲解。（郭某，男，36岁，农民）

所以尽管从20世纪80年代开始对宗教有所恢复，但在双海子村的表现并不强烈，村民们也很少到寺院去进行朝拜。双海子村于2011年的7月修了一个鄂博，大家捐款，多则几百元，少则几十元，乡上拨了一部分款。多数村民对于宗教信仰的态度是，平时自己不怎么进行宗教活动，但是村里如果组织，就肯定会参加。同时，由于对外交流的便利，村里有一些人也一度信仰汉传佛教和基督教了。

2. 休闲方式变化

闲暇时间是人们在履行社会职责及各种必要时间支出后，所剩下的个人可以自由支配的、并对职业劳动具有补偿功能的活动时间。闲暇时间与工作、生理需要、家务劳动等必要时间共同构成了人类生活时间的系统与结构。我们把牧民的闲暇时间整个置于他们的生活时间结构及关系中加以考察。

人类生活时间的分类方法有多种。若以日为总体，按照人类活动的不同类型，可将一昼夜区分为若干个组成部分，按照组成部分的多少，其分类方法有"两分法""三分法""四分法"，其中四分法是包括工作时间，生活必需时间，家务劳动时间，自由支配时间。牧区的牧民生活是没有工作日与休息日之分的，只有搬迁到定居点后因为从事的生计不同，或者照顾子女入学时生活时间上有了工作日和休息日之分。

我们只以牧区为例。草场承包以前，男性从事家庭中放牧和转场的工作。自从草场承包以后，牧区男性的家务劳动量明显下降，因此，牧民无论冬夏，打牌一度成为男性最主要的娱乐活动。

表 5-3　草场承包以前牧区男女两性的闲暇方式比较（比重从高到低）

男性	女性
放牧	挤奶
出售牲畜	煮饭
家庭社交活动	照顾子女
宗教活动	背水
打篮球	宗教活动
闲待闲聊	闲待闲聊
打牌	其他的家务活动

表 5-4　草场承包以后生活在牧区的男女两性闲暇方式比较（比重从高到低）

男性	女性
打牌	放牧
打篮球，体育锻炼	挤奶
闲待闲聊	煮饭
看电视	背水
家庭社交活动	做酥油、曲拉
宗教活动	背牛粪，做牛粪饼
教育子女	照顾子女
夫妻交谈	其他的家务劳动

表 5-5　搬迁至定居点的男女两性之间闲暇方式比较（比重从高到低）

男性	女性
打工	煮饭
教育子女	家务劳动

续表

男性	女性
修建房屋	打工
社交活动	教育子女
夫妻交谈	夫妻交谈
看电视	看电视
宗教活动	闲待闲聊
闲待闲聊	宗教活动

可见，自从搬迁到定居点后，牧民的闲暇方式发生了变化，体现在男女分工的变化上。因为随着生计方式的变迁，原本的闲暇方式已经不再适应城里的生活。当无法依靠草场和牲畜的时候，维持生计的生产实践成了头等大事。女性的家庭重担随着不再经营牧场作业而减轻了许多。

塞维斯说："当家庭制度发生改变时，才会有完全彻底的涵化（触变）。"[①] 这些在家庭内部发生的变化，更容易使游牧民越来越远离传统文化，更集中于对环境的利用上。以乳制品的制作为例。从前，在挤奶季节里，鲜奶是每天必须加工的，现在是间隔数日才集中加工一次。

3. 教育观念的变化

2001年，国家明确提出对农村义务教育阶段贫困家庭学生实施"两免一补"政策。"两免一补"是"全部免除农村义务教育阶段学生杂费，对贫困家庭学生免费提供教科书并补助寄宿生生活费"的简称。该政策由中央和地方各级政府共同负责落实，即中央政府负责免费提供教科书，地方政府负责免除杂费和补助寄宿生生活费。[②] "两免一补"的对象是农村地区义务教育阶段贫困家庭学生，同时还有城市居民享受最低生活保障政策家庭的接受义务教育的学生，还包括人均年收入低于国家贫困线家庭的学生、父母患重大疾病而丧失劳动能力的贫困家庭的学生、单亲家庭经济困难学生、因突发事件导致家庭贫困的学生等。"两基"是2003年国家教育部提出为贯彻《国务院关于进一步加强农村教育工作的决定》，进一步推进西部大开发实现西部地区基本普及九年义务教育，基本扫除青壮

[①] ［美］E. R. 塞维斯：《文化进化论》，黄宝玮等译，华夏出版社1991年版，第92页。
[②] 王贤：《"两免一补"教育政策实施的困境与建议》，《教育探索》2008年第9期。

年文盲目标特别制定的政策。这些国家教育政策的实施，对于牧区的教育发展无疑有很大的催化作用，起到了很好的保障。

以前在牧区，很多牧民都不愿意送子女入去学习现代文化课程。小孩到了入学年龄都不愿意去上学，留在家中放牧。牧民也认为子女在家放牧就能帮助家里赚钱贴补家用，增加劳动力，提高家庭收入。在我们的调查中，牧民提到以前如果年轻人不好好放牧，当家的爸爸就会对儿子说："你不好好放羊，就送到学校"。显然是把学校当作受难所，接受文化教育就是承受苦难的象征。还有一些牧民在劳动力缺乏的季节，不让孩子上学，充当家庭的劳力，结果让孩子错过了最佳的接受教育的时机。此外，大部分牧民也鼓动孩子上山挖虫草、贝母等贴补家用，在山上留下大大小小的土坑，对当地的生态环境造成了严重的破坏。随着社会的发展和国家教育政策的实施，牧民对子女的教育问题也转变了旧时的想法，变得越来越重视。

从牧民的讲述中，我们可以感受出来，他们对子女教育观念的转变：

> 队里的学生们一般念到初中，玛曲县的大部分地方都是这种情况。我非常希望孩子们都念高中，但是县上的名额太少，今年（2012年）470个孩子初中毕业，只有300个上高中的名额。我们这里本来文化底子差，政府应该多关注我们，多给我们一些念书的名额。这里的小孩上小学的话，乡上县上都可以去。许多家长现在观念不一样了，现在的牧民家长都陪同孩子到县里去读书，照顾他们的生活，老年人去的就更多，毕竟牧场离开了年轻人有些重活累活还放心不下。这里的小学是双语教学。住宿补助2012年发了1000块钱，是第一次发，据说是几年积累下来的，实际上我们也不知道应该发多少。（麦郭尔大队，阿布，56岁，201208）

> 家长当然愿意让自己的孩子去上学。以前我们小的时候牧民观念落后，以为上学是既害人又辛苦的事，学校来草原牧民家里叫娃娃去念书，有钱人家的不想让自己的子女读书，就送几个牛羊给条件差的牧户，请他们的小孩代替去上学。现在不一样了，那个时代早就过去了。孩子上学是为了学知识，当干部（村里人羡慕）。上大学就算经济再困难，我们也愿意努力供。现在大家都重视孩子的教育，不强迫

孩子去寺院当阿克。

上学的好处就是有文化，可以去外地工作。年轻人都不愿意放牧，愿意去城里上班。如果不念书怎么从牧区去城里上班？现在我们这里的贫困户牧民中如果有读过书的，政府给安排工作。但是我也担心我的后代学习了汉族文化会丢掉我们牧民的文化。现在社会这么发展下去，我确实有时候也会想这个问题。我希望他们学习了知识后能更加懂得去保护本民族的文化。（阿万仓乡道尔加大队，才代，47岁，201107）

我十分愿意让孩子上学。但是我们红原贫苦户比较多，上学有困难。到现在学校里的补助没有发，说是国家不会要钱，现在看来可能还要交钱。还有我们乡的学校的卫生十分不行，孩子们吃不习惯学校做的饭菜，是学校请来的一个汉人做的。年轻人应当学习文化知识，不仅是汉族的，哪怕是外国的文化也应当学。我们这里的喇嘛建立了孤儿院，帮助那些没人照顾的儿童学习文化知识，教授藏语、汉语。（阿万仓乡红原五队，俄旺东珠，33岁，201208）

我当然重视子女的上学，学好了知识就是为了找个好工作，当干部。你看我们平时牧民都不喜欢干部，大家都在骂干部，但是问起来让孩子上学干啥，都是想的为了以后当干部。大家都看到了当国家干部的好处了。年轻人更是不愿意放牧，能念书的都想着走出去。我家里两个儿子上学，一个上高中，一个上合作师专，一年花费就要5000多元。上高中的儿子在碌曲高中，我儿子讲玛曲高中的汉语教得不行，我们就把他转到了碌曲县高中，让他住校念书。现在也担心啊，就怕花了这么多钱，费了这么多心害怕孩子念完书回来找不到工作。我们隔壁的这家孩子大专毕业，现在回家来给小学生代课等待分配工作。我希望我的孩子们以后能考得更好，学问更好，有个好工作，当上干部。（曼尔玛乡强茂5队，桑白，55岁，201208）

对读书，家庭还是很支持的。有些家庭困难些，大家都愿意去帮助，我们一家一家地收些牛羊，又帮助给那些家庭很困难的牧户。从1999年开始每逢寒暑假，都要组织学生娃一起写作业，这样，成绩好的可以帮助差一点的学生,也不至于在家里浪费时间,到处闲逛。对于一学期书念得好的学生,我们大家集体收钱给他们奖励,有50元、100元、200元。我们队上的牧民对念书,还是很重视的,辍学的非常非常少,一旦不去学校,乡上、队上就去家里教育家长了。家长都想着将来娃娃念书出来有点出息,能当上国家的干部就最好了!我觉得能有个工作比放牧好多了,还是有文化好。(欧拉乡曲合尔一队,仁钦顿珠,47岁,201107)

国家实行的牧民定居工程,使绝大部分牧民为了子女接受更好的教育搬去县城的定居点陪他们读书。这项工程进一步促进了牧区教育的发展。一方面,呈现出教育蓬勃的发展,另一方面也带来了新的适应问题。如在"陪读的重担"里面举的例子就是生动的证明。

总体来看,随着牧民对子女入学的观念转变,教育支出是牧民家庭中非常重要的一项。"两免一补"政策的实施降低了牧民的经济负担,可以切实提高牧民家庭中可支配收入。由于这一部分被节省的支出在贫困家庭开支中比重较大,这将意味着贫困家庭可以将更多的支出用于生产或其他消费方面。由于"两免一补"政策覆盖范围的扩大,当单个家庭支出行为的变化演化为一种集体行动时,其微观效果必然会向宏观层面传导,引发宏观条件的变化。从2008年春季政策大面积实施的效果来看,牧区贫困家庭孩子入学率提高、贫困家庭负担减轻,减支的结果意味着可支配收入的增加。这种效果是直接的、明显的。这种政策效应从微观向宏观的传导是一个渐进的过程。从机理来分析,应该存在两个传导过程:一个是政策"挤出"的资金实质上增加了牧民家庭的可支配收入,会引发支出行为的变化;另一个是政策使更多的适龄儿童可以入学,接受义务教育,提高了牧民送子女入学的积极性,增加了牧民子女接受教育的机会,促进了牧区人力资本的大幅度积累,有助于人力资源状况的改善,成为变人口压力为人力资源优势的重要步骤。

第六章 文化变迁中的民族心理现状

生态环境保护、社会发展、国家改善游牧民生活的相关制度工程打破了牧民祖祖辈辈沿袭的生计方式，他们中的部分人经历或即将经历生计方式的转型。这种转型与变迁改变了他们原有的生计方式、生活空间、传统文化及民族心理结构，使他们在打破原有认知结构的基础上，经历复杂的心理转变历程，最终要完成生计方式的转换、生活空间的转变、传统文化的重构，进而完成新的心理重构，开创一个全新的生活空间与生活场域。但同时，由于居住地域的分离、民族文化的变迁、语言环境的变化，特别是经历的不同心理过程，使改变了生计方式的牧民与传统牧民有了明显的分化现象。积极适应是主体充分发挥自身主观能动性，尽可能地去改变环境以适应自身发展的需要，这是一种比较高级、主动的适应方式。消极适应是个体改变自己的行为、态度以适合外部环境的要求，这是一种基本的、比较被动的适应方式，其作用只是求得一时的内心平衡。在个体发展过程中，生存与发展之间存在着十分密切、相辅相成的关系，因此这两种适应方式之间也存在着不可分割的联系。

一 牧民生态心理调查

为了了解牧民生活与对待自然生态环境的态度变化，我们对牧民生态心理做了调研。调研区域主要包括甘肃省甘南藏族自治州玛曲县和碌曲县，四川省阿坝藏族羌族自治州红原县和若尔盖县，调查对象为当地牧民，调查问卷为民族生态调查问卷，以入户访问为主。2018年的问卷调查一共发放41份，回收41份，回收率为100%，其中有效问卷37份，问卷有效率为90.2%，无效问卷4份，主要原因为未做答题目数量太多，故作无效问卷处理。

调查问卷对象的具体人口学信息如表 6-1 至表 6-3 所示。

表 6-1　　　　　　　　　　性别构成

性别	人数（人）	百分比（%）
男	35	94.6
女	2	5.4
总计	37	100.0

从表 6-1 中可以看出，本次调查的对象基本上都是男性，这主要是由于当地"男主外，女主内"的社会性别分工所导致的，访问过的几位女性牧民要么就是叫当家的男性成员回家来接受访问，要么就是直接说不了解家中的牛羊情况以及与放牧相关的事情。本研究只做牧区生态调查和了解畜牧业发展情况，所以应该选取对这方面情况比较了解的对象，因此调查对象在不同性别数量上的差异并不影响调查结果的可信度。[①]

表 6-2　　　　　　　　　　年龄分布

年龄段	人数（人）	百分比（%）
24 岁及以下	2	5.4
25—34 岁	8	21.6
35—44 岁	9	24.3
45—54 岁	7	18.9
55 岁及以上	11	29.7
总计	37	100.0

在调查对象的年龄分布上，以 35—44 岁和 55 岁及以上的为主，55 岁及以上的最多，因为这一年龄段的牧民由于身体原因基本上都是在定居点生活，是本次调查中最容易接触到的。

表 6-3　　　　　　　　　家庭人口数量分布

家庭人口数量	人数（人）	百分比（%）
4 人及 4 人以下	18	48.6
5 人或者 6 人	11	29.7

[①] 因统计过程中四舍五入精确至小数点后一位，故存在计算结果不等于 100% 的情况。

续表

家庭人口数量	人数（人）	百分比（%）
7人及7人以上	8	21.6
总计	37	100.0

表6-3显示，在被访者所在的家庭中，家庭人口数量在4人及4人以下的几乎占了一半，一般而言，这类家庭人口少，主要由同一代的夫妻及其未婚的子女构成，结构简单，只有一个权力中心，可以划分为核心家庭。人口为5人或者6人的家庭通常由两代未断代的夫妻及其未婚的子女构成，属于主干家庭。家庭人口数量在7人及7人以上的属于联合家庭，家庭成员通常包括父母、已婚子女、未婚子女、孙子、孙女等三代或三代以上的成员。

1. 家庭人口数量、草场面积与畜牧数量

为了保证计算结果的准确性，仅保留家庭人口数量、草场面积和畜牧数量三个变量均完整填写的个案数据，以获得家庭人口数量和草场面积的配比比例以及草场面积和畜牧数量的配比比例，结果如表6-4、表6-5所示。

表6-4　　　　家庭人口数量、草场面积与畜牧数量

	家庭人口数量（人）	草场面积（亩）	畜牧数量（头）
有效个案数	37	18	34
缺失个案数	0	19	3
最大值	13	1200	500
最小值	3	200	20
平均值	5.19	656.83	102.56

表6-4显示，本次所有调查对象家庭人口数量的平均值为5人，平均草场面积为656.83亩，畜牧数量平均为103头。

表6-5　　　有效个案中的家庭人口数量、草场面积与畜牧数量

	家庭人口数量（人）	草场面积（亩）	畜牧数量（头）
个案数	17	17	17
最大值	8	1200	500

续表

	家庭人口数量（人）	草场面积（亩）	畜牧数量（头）
最小值	3	200	50
平均值	4.35	624.88	141.59
众数	4	600	200

表 6-4 显示，本次调查对象中家庭人口数量为 4 人的最多，草场面积家庭人口数量和草场面积的配比比例约为 143.65 亩/人，草场面积和畜牧数量的配比比例约为 4.41 头/亩。需要说明的是，调查中发现，人均草地面积受到一定区域内草场总面积和总人口的影响，有的县市人均 150 亩草场，而有的县市人均 240 亩草场。同样地，草场面积和畜牧数量的配比比例受到更多因素的影响，例如人口数量、草场面积、畜牧政策、社会经济状况等。

另外，表 6-4 显示，草场面积和畜牧数量的最大值和最小值之间的差距分别为 1000 亩草地和 480 头牦牛，其平均值却分别只有 656.83 亩草场和 102 头牦牛，说明本次调查的牧民的生产资料所有量具有明显的差距，间接反映出的贫富差距也是巨大的。

统计本次调查中的牧民的家庭收入与支出情况，如表 6-6、表 6-7 和图 6-1 所示。

表 6-6　　　　　　　　牧民收入来源分布

收入来源	频率（次）	百分比（%）
畜牧业	37	51.4
草原补奖	19	26.4
挖虫草	15	20.8
打工	1	1.4

表 6-6 显示，在收入来源分布上，牧民最主要的收入来源是畜牧业，其次是草原补奖和挖虫草，极少有打工收入。在畜牧业的具体收入金额上，最高的为 80000 元，最低的为 5000 元，平均为 18222.22 元，正如生产资料的巨大差异一样，畜牧业的直接收入差距也很大。所有接受调查的牧民都表示畜牧业的收入几乎占到了家庭总收入的 100%，但是在挖虫草这一收入来源上，有地域差异，例如色达县、红原县就有，但是在玛曲县

就没有，这和当地的草原生态状况以及当地的草原保护政策等因素有关。另外，填写了"畜牧业收入"这一栏的或者知道自己家里畜牧业收入的牧民只有18人，另外19人表示自己家的畜牧业收入不确定，如果不卖牦牛就完全没有收入，如果卖牦牛还会受到牦牛数量、市场价格等的影响，因此他们自己都不能确定每年的收入会有多少。

表 6-7　　　　　　　　　牧民支出分布

支出项目	频率（次）	百分比（%）
生活	34	42.5
看病	22	27.5
教育	22	27.5
生产性投资	2	2.5

表 6-7 显示，在牧民的支出项目中，生活支出出现了 34 次，是最主要的支出，看病和教育支出是第二大支出项目，而他们的生产性投资支出只出现了 2 次，说明他们的生产投入很少，例如增加牦牛数量主要靠自己家的牦牛繁殖，而不是靠购买小牦牛。

统计近年来牧民家庭收入的变化情况，如图 6-1 所示。

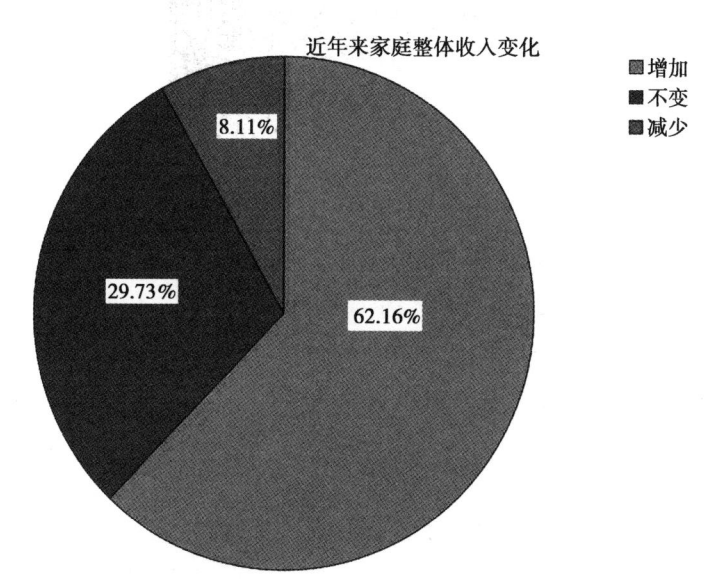

图 6-1　近年来牧民家庭整体收入变化情况

图 6-1 显示，本次调查中 62.16% 的牧民认为近几年来自己的家庭整体收入增加了，29.73% 的牧民认为收入没有变化，8.11% 的牧民认为收入减少了。

畜牧发展情况。牧业生产技术培训是提高牧民畜牧收入以及促进畜牧业现代化发展的重要举措，但是在本次调研中却发现只有 10.81% 的牧民参加过牧业生产技术培训。

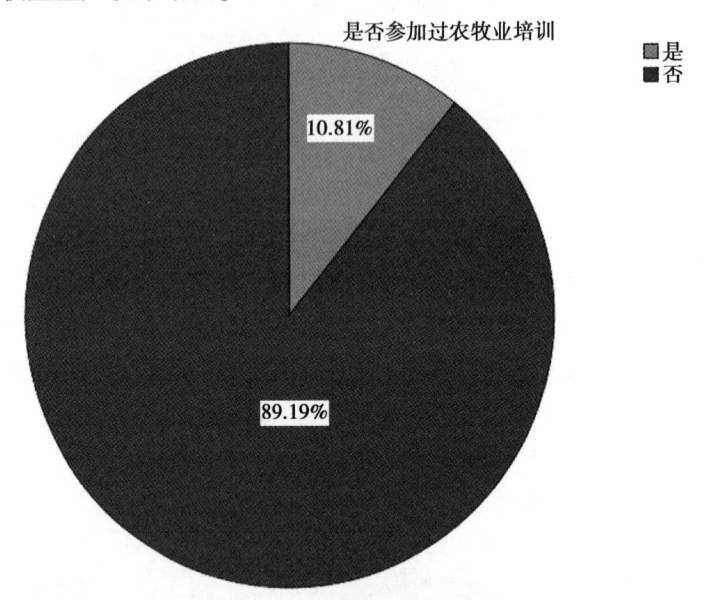

图 6-2 牧民参加牧业生产技术培训的情况

一方面，在牧区组织牧民进行生产技术培训存在很多现实困难；另一方面，牧区依然依靠传统的牧业生产技术给牧民增收和牧区发展造成了瓶颈，两者一同使牧区畜牧业发展依然停留在传统的发展模式中，要想实现畜牧业的现代化发展依然存在很多困难。

在畜牧养殖方式中，调查显示，所有牧民都是以四季天然草场轮牧的方式养殖，而非以全年圈养或者冷季圈养加暖季放牧的方式养殖，有 90% 的牧民表示这也是他们一直以来的传统养殖方式。

如图 6-3 所示，将近 95% 的牧民没有加入牧业合作社，加入牧业合作社也和地域有关系，例如在红原我们就采访到一位牧业合作社的发起人，而在其他地方则没有牧民表示自己加入了牧业合作社。牧业合作社也是牧区畜牧业现代化发展的重要方式，调查中的红原县的一位牧业合作社发起人表示，这里的畜牧业发展模式也已经脱离了传统的个体家庭经营模

是否加入农牧业合作社

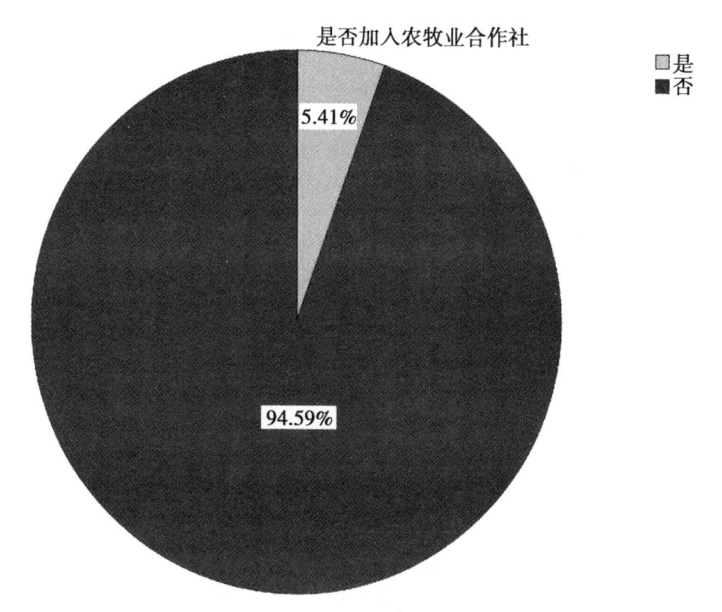

5.41%

94.59%

图 6-3 牧民加入牧业合作社情况

式，发展成为了现在的合作社的形式，本村的人都入股合作社，政府扶持合作社的基础建设、技术指导和产品销售。前一段时间受访者所在的合作社刚刚和中国航空签订了一项为期十年的牛肉供应合同。接下来的规划就是牛奶、牛皮、牛毛等相关产品的制造和销售。相比传统的畜牧业发展模式，这种模式在集中力量促发展的同时，也保证了生产发展的安全性和抗风险能力。

在是否要扩建棚圈和草棚的问题上，将近92%的牧民表示自己家不会扩建棚圈和草棚，扩建棚圈和草棚的前提是畜牧数量增加，但是增加畜牧数量也要考虑草场的载畜能力和家庭劳动人口。根据目前的调查来看，调查区域都出现了不同程度的草场沙化、鼠害等生态退化现象，即使没有出现退化现象的区域也考虑到了草场载畜能力有限，不打算扩大畜牧数量，棚圈和草棚也就不必要扩建了。当然，也不排除畜牧养殖方式的变化对棚圈和草棚扩建的影响，例如，如果现在牧区都换成全年舍养或者冷季舍养的方式，那么棚圈就需要扩建，但是这种养殖方式的变化的可能性目前还不大，因为这种养殖方式不仅仅需要闲置草地资源，而且需要投入大笔成本建设圈养设施。当我们以这样的方式思考这件事情的时候，这件事情就已经不再是一个人的行为或者一家人的行为，而是一种政策行为和社

是否扩建棚圈和草棚

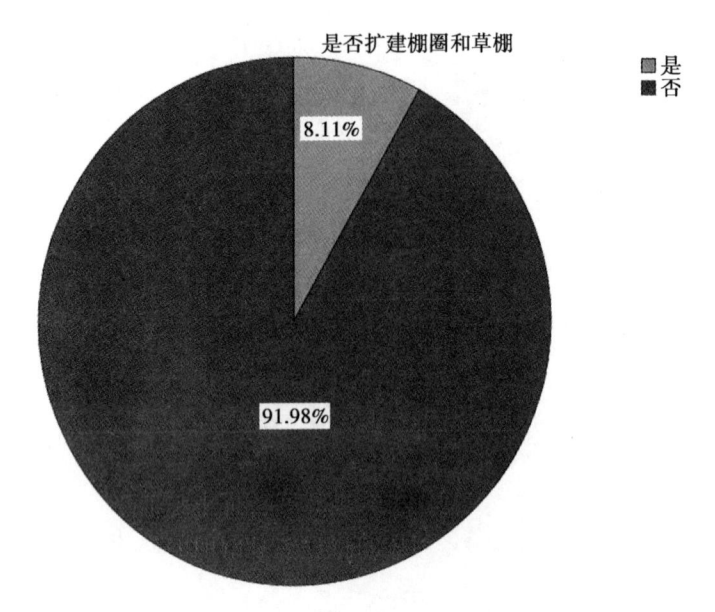

8.11%

91.98%

图 6-4　牧民扩建棚圈和草棚情况

会行为，这显然已经超过了本书的讨论范围。

在牧民租赁和出租草场的情况上，37 位受访牧民中只有 5 位牧民租赁了草场，租赁价格大致为每 240 亩草场租金 10000 元，按照牧民自己的说法，240 亩草场就是一个人头的面积，一个人头的草场租金大约就是 10000 元，所以租赁 4 个人头的草场面积租金就是 40000 元。在出租自家草场上，只有两位牧民出租了自家的 200 亩草场，价格分别为 12000 元和 15000 元，价格不同主要是因为草场的地理条件不同，有的草场土质好，草好，靠近水源，那么租金就高一些，条件不好的就低一些，租金也是双方协商的，因此也可能有人情的成分在里面。但是总体来看，因为牧区本身的草场资源就已经紧张了，每家每户的草场一般只够自己养殖，所以家里面如果没有特别情况是不会租赁或者出租草场的。

表 6-8　　　　　　　　牧民租赁与出租草场情况

	个案数量 （个）	最大值 （亩/元）	最小值 （亩/元）	平均值 （亩/元）
租赁草场面积及支出	5	960/40000	240/10000	548/24000
出租草场面积及收入	2	200/15000	200/12000	200/13500

2. 牧民对生态变化的感知

在本次调查中，用以衡量牧民对草原生态环境变化感知的题目主要包括近年来牧草质量和产量、鼠害、虫害、沙化的变化情况，如图6-5、图6-6和图6-7所示。

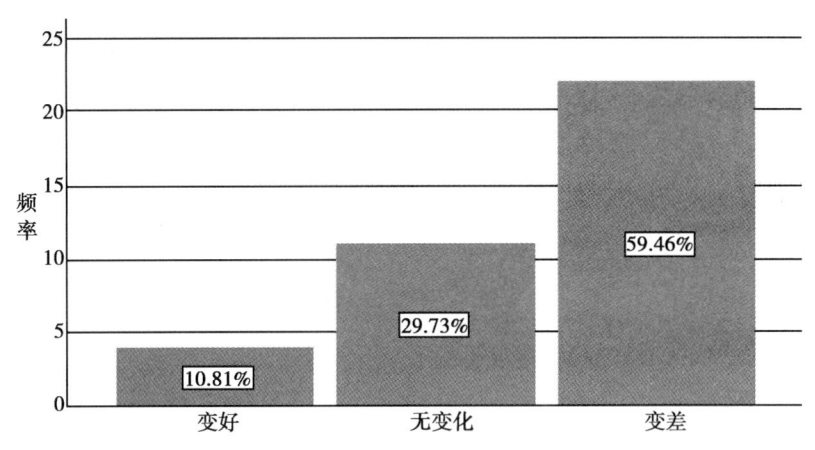

图 6-5　近年来牧草质量和产量的变化情况

如图6-5所示，2/3的牧民认为近年来牧草质量和产量变差了，根据牧民所述，最明显的表现就是现在的牧草没有以前的长得高了，以前的牧草可以长到成人的腰部那么高，但是现在已经见不到那么高的草了。

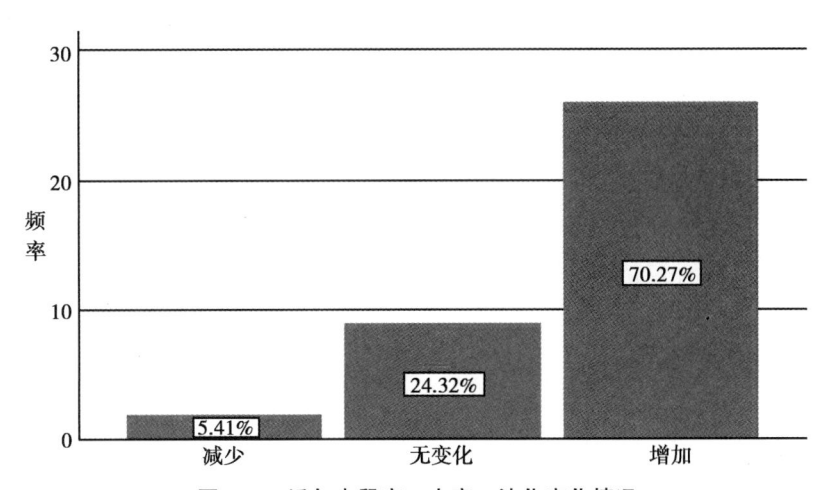

图 6-6　近年来鼠害、虫害、沙化变化情况

同样地，70%的牧民认为近年来鼠害、虫害、草场沙化等情况有所增加。鼠害增加一方面是因为草原本身的生态系统平衡出现了问题，例如草原上的物种减少，鼠兔没有了天敌，食物链断裂，另一方面也有文化的因素，活佛劝诫牧民不能杀生，即使是老鼠这种对草原很有害处的生命也不能杀。也有牧民表示政府组织过灭鼠，但是成效不佳，牧民也会自己用捕鼠夹之类的机械装置灭鼠，但是灭鼠效率太低，无济于事，出于对牲畜安全的考虑，牧民也不会下药灭鼠。我们在玛曲等地调研的路上，草原上随处可见鼠兔，草地上的鼠兔洞也显而易见，公路上也不时出现被车碾死的鼠兔尸体。

值得注意的是，不同地方的牧民对"鼠害"的理解不同，例如我们在色达县调研时，鼠兔确实很多，牧民都认为当地的鼠兔给他们带来的危害已经属于"鼠害"了。我们在若尔盖县调研时也发现鼠兔很多，但牧民不一定认为当地的情况属于"鼠害"。这种差异产生的原因，除了人们对"鼠害"这个概念本身就缺乏统一的标准或者界定之外，不同主体因立场差异而产生的认知结果不同，也是一个重要原因，例如受传统文化影响较重的牧民，会认为并不存在"鼠害"，因为其传统文化中并无"害鼠"一说。

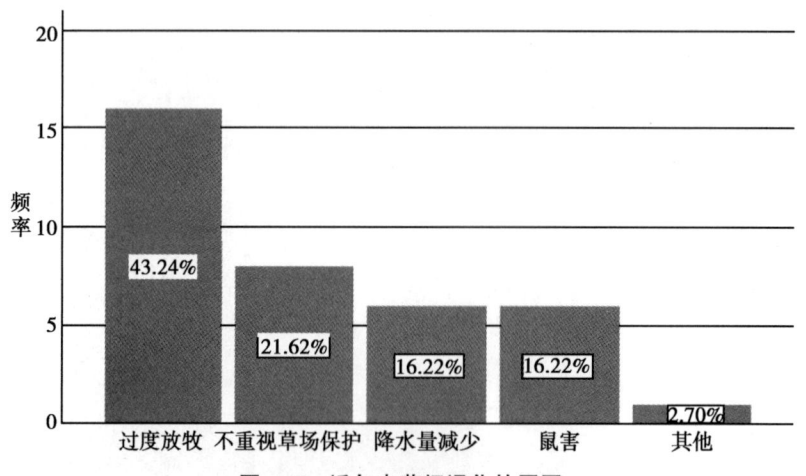

图 6-7 近年来草场退化的原因

在问及草场退化的原因时，43.24%的牧民认为是过度放牧造成的，不重视草场保护次之，降水量减少和鼠害、虫害又次之，其他原因甚少。根据牧民所述，过度放牧的主要原因在于人口增加，导致畜牧数量也相应的有所增加，就使草场的载畜量越来越大。另外，一些年长的牧民认为现在的年轻人放牧没有耐心，白天把牛赶到一片草场里，自己就回来闲着，天黑了又把牛吆回来，也就是一群牛一天只在一片草场里放牧，这无疑会增加对这片草场的破坏。草场退化的另一个原因就是不重视草场保护，其表现除了过度放牧之外，还有一些诸如挖取药材等破坏草原植被的行为、猎杀动物等破坏生态多样性的行为，不管是在植物多样性还是动物多样性，较历史上均减少了很多。

3. 畜牧规模计划及对新技术的了解

本次调查所涉及的畜牧规模计划主要是指牧民改变牲畜数量的原因和会不会在未来几年内扩大养殖规模。在改变牲畜数量的原因上，如表6-9所示。

表 6-9　　　　　　　　　　改变牲畜数量的原因

改变牲畜数量的原因	频率（次）	百分比（%）
草场面积	21	31.3
养殖成本	18	26.9
市场价格	13	19.4
家庭人口数量变化	13	19.4
牛羊肉销售问题	1	1.5
政策	1	1.5

表6-9显示，在改变牲畜数量的原因中，草场面积出现了21次，养殖成本为18次，市场价格和家庭人口数量变化均为13次，牛羊肉销售问题和政策均只出现了1次。这就说明牧民在改变牲畜数量时，首先考虑的因素就是草场面积。在采访中，很多牧民表示现在牧场草质不好了，单位面积草场的载畜量越来越饱和，甚至已经出现了超载的情况，所以在增加牲畜数量的时候就会考虑现在自己拥有的草场能不能承载增加之后的所有牲畜。这一方面体现了牧民传统的生态知识，例如每100头牦牛大概需要多少面积的草场才能养好，如果草场的各方面条件发生了变化，相应的面积又会有什么样的变化；另一方面，这也体现了牧民对草原生态的关注和保护，如果一定面积的草场长期超载，那一定会破坏草原生态环境，所以，牧民在追求经济利益和保护草原生态中尽量保持平衡。

表 6-10　　　　　　　　　不扩大养殖规模的原因

不扩大养殖规模的原因	频率（次）	百分比（%）
草场面积有限	25	49.0
牲畜卖不上好价钱	12	23.5
缺乏资金和劳动力支持	10	19.6
养殖成本太大	2	3.9
政策限制	2	3.9

在所有受访牧民中，只有 3 位牧民表示打算扩大养殖规模，他们扩大养殖规模的原因要么就是自己家里的草场或者劳动力增加，要么就是尽可能增加家庭收入。另外 34 位牧民都不打算扩大养殖规模，首要的原因就是草场面积有限，载畜量已经饱和，这与表 6-9 所示的情况能够相互印证，另外就是牲畜的市场价格问题，有的年份价格好，有的年份价格不好，从这样的统计结果来看，牧民们普遍对牛羊的市场价格走势不太看好。至于资金和劳动支持的问题，有的牧民认为现在的草场租金太高，负担较大，在考虑了投入与收入之后，还是决定不扩大养殖规模了。很多年长的牧民都表示现在的年轻人不喜欢放牧了，不仅是放牧，对草原上的所有东西都有不同程度的"疏离感"，"能读书的读出去了，不读书的出去打工了，留下来放牧的年轻人越来越少，说他们不喜欢放牧了，其实是他们不知道怎么样在草原上生活了，甚至不能适应草原上传统的生活方式了"。

表 6-11　　　　　　　　　目前牲畜养殖的主要困难

目前牲畜养殖的主要困难	频率（次）	百分比（%）
草场退化	29	50.9
牲畜价格偏低	17	29.8
其他	7	12.3
自然灾害较多	4	7.0

从表 6-11 可以看出，草场退化是目前牧民牲畜养殖的最主要困难，其次是牲畜的市场价格偏低，以及自然灾害。也有牧民列出了其他原因，例如劳动力少、草场租金负担大、成本高以及鼠害严重。另外，统计显示 81% 的牧民认为现在的草场面积不够，这真是印证了我国社会主义初级阶

段的基本矛盾"人们日益增长的物质文化需要同落后的社会生产力之间的矛盾",同样,把这个情况放在当今的中国,也充分说明了我国现阶段的主要矛盾是"人民日益增长的美好生活需要和不平衡不充分发展之间的矛盾"。

另外,在问及最希望政府在放牧中提供哪些帮助时,大部分的牧民认为需要政府提供水利条件上的支持。在调研中发现,草场在当初承包到户和修建铁丝网时,政府和牧民都没有考虑到水利条件的分配问题,就造成了有的牧民的草场里面有水,有的牧民的草场没有,加上一些年长的牧民所述,现在的河流都没有以前的水量大了,所以水资源更加紧张,水利条件对牧民畜牧业发展的影响也逐渐显现出来。有30.6%的牧民认为他们需要政府提供资金上的帮助,17.7%的牧民需要饲草料上的支持。

表6-12　　　　　　　　牧民希望政府在放牧中提供的帮助

牧民希望政府在放牧中提供的帮助	频率（次）	百分比（%）
水利	24	38.7
资金	19	30.6
饲草料	11	17.7
牲畜棚暖圈	6	9.7
信息	1	1.6
培训	1	1.6

我们对草场保护项目的态度及对新技术的了解进行了调研。首先,在问及牧民对禁牧和休牧政策的了解程度时,24.32%的牧民非常了解,但也有27.03%和24.32%的牧民表示了解情况一般或者不太了解,这说明牧民对禁牧和休牧政策的了解仍需要提高。

在休牧是否应该坚持这一问题上,92%的牧民认为休牧这一草场保护项目应该坚持,这说明他们的草场保护意识还是很强烈的。

另外,总体而言,牧民们认为退牧还草对草原环境的作用是非常好的,说明他们在制度层面上还是很接受退牧还草政策的。

在牧民们认为现在的草场保护项目对他们收入的影响上,大部分的牧民认为对自己的收入影响不大,也有14%的受访牧民认为草场保护项目反而提高了他们的收入。

我们在调研中了解到,草场生态补偿金主要包括草畜平衡和禁牧奖,

对禁牧和休牧的了解情况

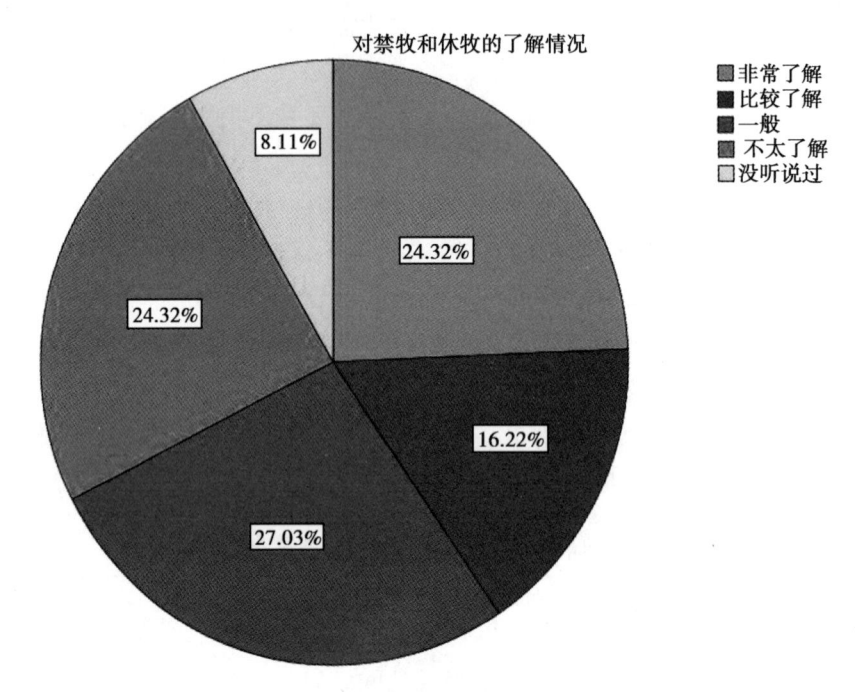

- 非常了解
- 比较了解
- 一般
- 不太了解
- 没听说过

- 24.32%
- 16.22%
- 27.03%
- 24.32%
- 8.11%

图 6-8　牧民对禁牧和休牧的了解情况

休牧是否应该坚持

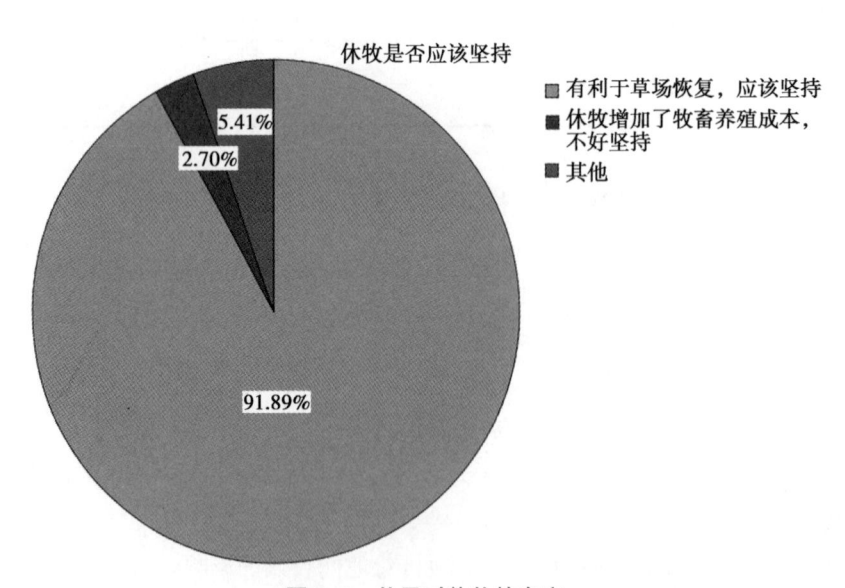

- 有利于草场恢复，应该坚持
- 休牧增加了牧畜养殖成本，不好坚持
- 其他

- 91.89%
- 2.70%
- 5.41%

图 6-9　牧民对休牧的态度

其中草畜平衡的补助标准为 3.35 元/亩，禁牧奖为 21.67 元/亩。统计显

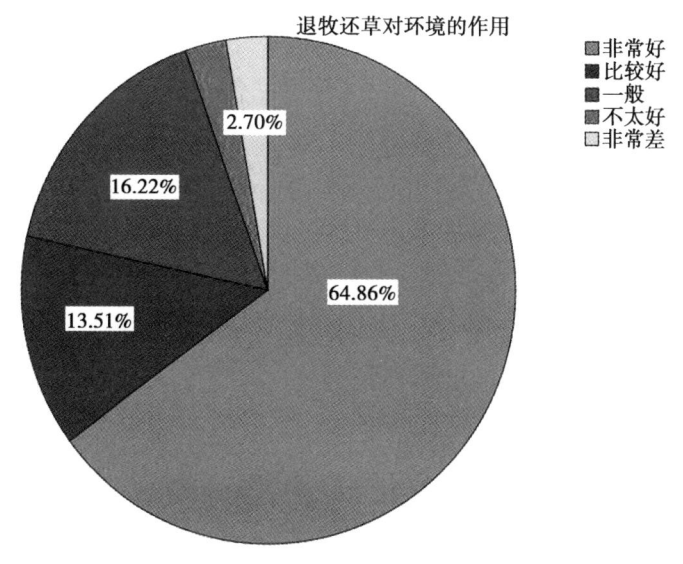

图 6-10 牧民对退牧还草对环境的作用

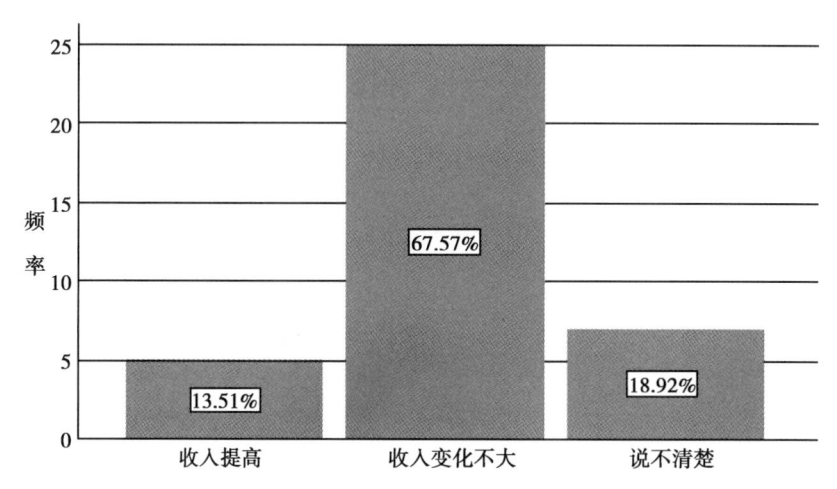

图 6-11 草场保护项目对牧民收入的影响

示大部分的牧民对现行的生态补偿标准持认同态度。

对畜牧新技术的了解程度主要是指牧民接触新技术的频率和对新技术效果的评价。总体而言，大部分的牧民都认为政府推广畜牧新技术宣传的频率是比较低的。

与之对应，牧民个人参加新技术宣传的频率总体来说也是比较低的。

对于新技术对草场恢复的作用，大部分的牧民认为一般，这也在一定

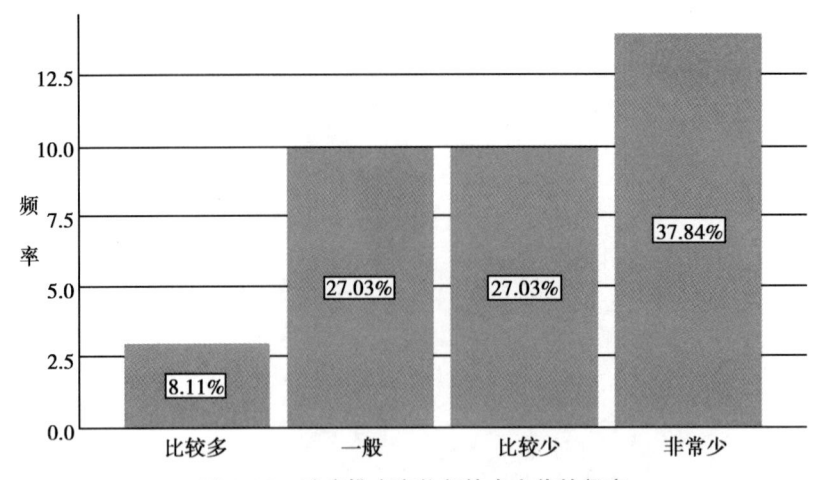

图 6-12　政府推广畜牧新技术宣传的频率

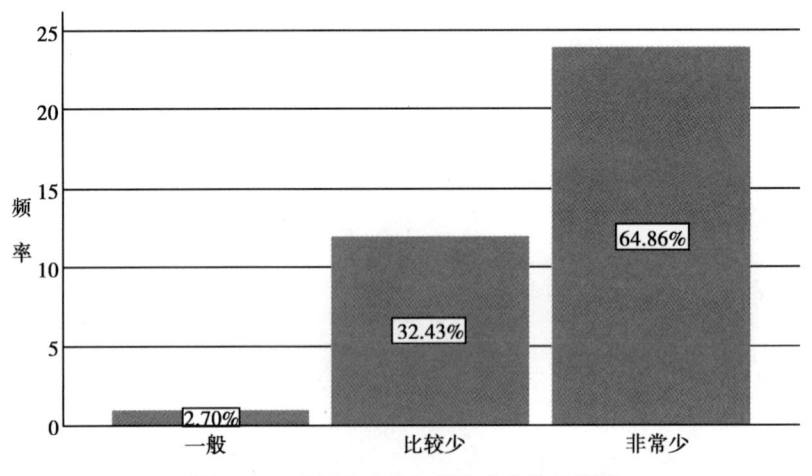

图 6-13　牧民个人参加新技术宣传的频率

程度上影响了牧民对新技术的接受度。

4. 对草场功能的认知

牧民的草地就像农民的土地一样，没有了草地，没有了牛羊，牧民不仅失去了基本的生活保障，连牧民的身份也会失去。在问及草地对自己的重要性时，95%的牧民认为草地就是自己的"生命"，非常重要，5%的牧民认为草地对自己比较重要，总体来说，草地就是牧民生活的载体，没有了草地，牧民的生活就无法维系。

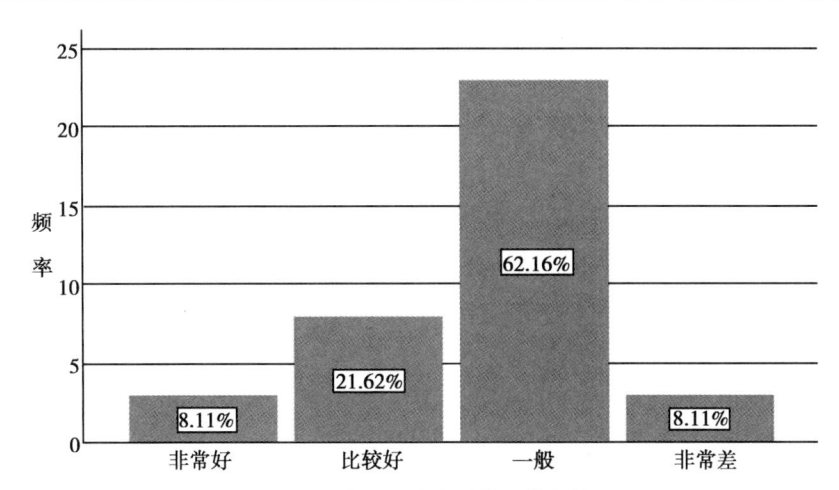

第六章 文化变迁中的民族心理现状

图 6-14 政府的新技术对草场恢复的作用

对于草地的最重要功能，40.5%的牧民认为是保护环境，更多的牧民认为是提供生产生活资料，保障基本生活。我们在本题的答案中还设计了"草地是民族文化的基础"这一选项，但被访者中并无人选择这说明牧民对于草地功能的认知更多的是从经济理情出发，以现实性的视角来考虑的，所以他们更加关注现有的草地资源能否满足自己目前以及可预见的物质需求。

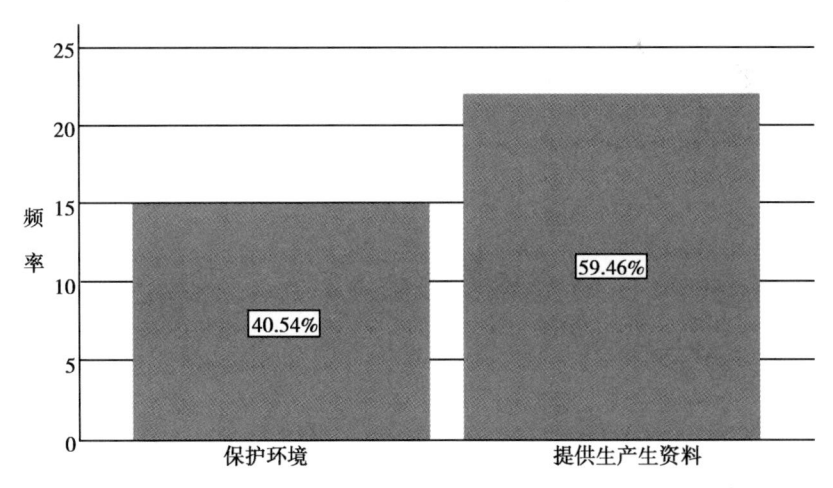

图 6-15 牧民认为的草地最重要的功能

在草场保护中，涉及时间维度和主体维度，时间维度即传统知识与现代知识，主体维度即国家政策与本土知识。

第一，在对国家的草地家庭承包经营责任制政策上，比较了解的和不太了解的牧民数量基本持平,大部分的牧民对当地草地环境保护政策比较了解。一位村第一书记在访谈时说道,村里的大大小小的政策都要通知到每一户牧民,有些政策或者决定还需要组织牧民投票,因此牧民对草地政策还是比较了解的。

第二,在询问牧民现行的管理办法好还是以前的管理办法好时,超过50%的牧民都认为现行的管理办法好,对现行管理办法的认同度较高。对于国家的管理办法和当地的本土知识,40%的牧民认为国家的好,同样也有45%的牧民认为两者差不多,这说明国家的管理办法和牧民的"土办法"都能够对草场管理产生有益的效果。在问及是否了解一些草场管理与放牧的本土知识时,只有1/4的牧民认为自己非常了解,大部分的牧民不太了解。草场管理与放牧的本土知识涉及代际传递的问题,一些牧民表示现在的牧民一般都不太知道一些放牧的本土知识了,年轻人又不太愿意在家里放牧,这些放牧的本土知识面临着"失传"的危险,取而代之的是现代化的畜牧技术。

第三,对于各个主体在草地管理中的重要性,60%的牧民认为政府的作用最大,35%的牧民认为乡政府和村委会的最大,只有两位牧民认为个人的行为最重要。草地管理与保护作为一项多方参与的系统工作,政府政策的制定者和宏观调控者,其重要性不言自明,乡政府和村委会起到政策宣传与执行的作用,而牧民则是最终落实政策的主体。应该说,每个主体都要参与到这个工作中来,根据这样的调查结果,应该说有必要唤起牧民草地管理与草场保护的主体意识,扩大其在相关环节的参与度。

表6-13　　　　　　各主体在草地管理中的重要性

管理主体	频率(次)	百分比(%)
政府	22	59.5
乡政府、村委会	13	35.1
个人	2	5.4
总计	37	100.0

第四,就草场围栏这一政策,大部分的牧民认为是好的,对于牧民的生活和经济发展很有好处。因为,首先这样兼顾了公平,在最大程度上保证了每家每户都有牧场,都能获得基本的生活保障。其次就是草场承包到户,草场管理的责任也放到了牧民手中,这就方便了对草场的管理,降低

了管理成本。再次就是牧民可以在一定程度上自行决定自己家里的养牛数量，提高了牧民在生产过程当中的自主性。最后草场承包到户能够调动牧民的积极性，充分发挥草场的价值。

表 6-14　　　　　　　　　牧民对草场围栏的态度

评价	频率（次）	百分比（%）
非常好	18	48.6
比较好	13	35.1
一般	4	10.8
很不好	2	5.4
总计	37	100.0

但是，正如前文所说，经过这么长的时间，草场承包到户的弊端也在逐渐显露。我们在调研过程中不止一次听到这样的表述：现在的牧民慢慢地不团结了，牧民们会因为水利资源等分布不均衡而发生纠纷，也会有相互攀比的现象。虽然这些现象应该说都是可控的，但这的确与承包制度存在相关性。此外，对牧民可以自己决定如何使用自家的草场，这带来的弊端就是有的牧民为了追求经济利益，会尽可能多地养牲畜，这给草场带来了巨大的压力，加剧了过度放牧的现象，而这种现象也是很难协调处理的。此外从畜牧业的现代化发展来看，铁丝围栏不利于规模化生产，而现代化的畜牧业恰恰需要大面积优质的草场。最后就是牧区经济转型的问题，有一位村第一书记说到曾经想过转变村子的经济发展模式，由单纯的放牧转变为放牧加旅游这种生态模式，但是牧民们一定要看到这种模式带来的实际经济效应才肯行动。

另外，将近一半的牧民比较在意控制牛羊的出栏数量。按照牧民的经验和意愿，牧区的牦牛一般3—4年出栏一次，羊则在1—2年，出栏数量除取决于牧民意愿之外，也受到市场价格、牛羊的生长周期等因素的影响。目前为恢复草原生态而提出的控制、提高出栏率的措施，与牧民传统生产经验之间存在相悖之处，牧民更愿意保持较大的畜群规模。

表 6-15　　　　　　　　　牧民参与的草原治理项目

草原治理项目	频率（次）	百分比（%）
退牧还草	35	43.8

续表

草原治理项目	频率（次）	百分比（%）
天然草场保护工程	35	43.8
风沙源治理项目	9	11.3
生态移民	1	1.3

在相关的草原治理项目中，退牧还草和天然草场保护工程是牧民参与最多的项目，风沙源治理和生态移民相对较少。

5. 草场恢复及畜牧技术满意度

草场恢复及畜牧技术满意度主要包括灭鼠除害、风沙治理、人工种草、牲畜改良、科技培训和防疫规范等方面，牧民对这些工作的满意度如图 6-16 所示。

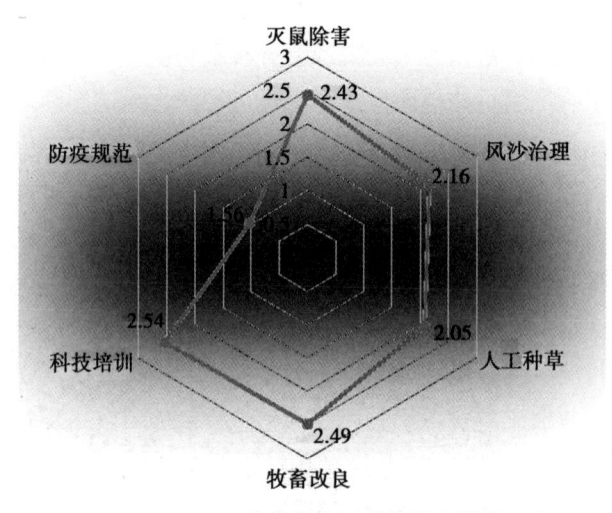

图 6-16 牧民对草场恢复及畜牧技术的满意度

在图中，得分越靠近中心位置，表示牧民对这一项工作越满意，由此可见，牧民对防疫规范是最满意的，相比之下，对灭鼠除害、科技培训和牲畜改良则不是很满意。不过在评价这些项目的满意度时，采用 6 级计分，得分越高，表示牧民越不满意，平均分在 3 分以下则表示牧民对这些工作还是比较满意的。

二 牧民积极心理适应的表现

心理适应主要指各种个性特征互相配合,适应周围环境的能力。社会环境的变迁促成牧民传统生计方式的转型和民族传统文化的变迁。如若对于依赖这种生计方式产生的文化弃之不顾或漠视牧民的心理承受能力,则为发展埋下许多隐患。心理学范畴里使用适应概念时通常有三个角度,第一是生物学意义上的适应,即生理适应,例如对感官、声音、光线、味道等刺激物的适应;第二是心理上的适应,通常指遭受挫折等应激事件后借助心理防御机制来自我减轻压力、恢复心理平衡的自我调节过程,这是适应的一种狭义概念;第三是对所在社会生活环境的适应,包括为了生存而使自己的行为符合社会要求的适应和努力改变环境使自己能够获得更好发展的适应,这是社会适应的概念。① 牧民积极心理适应主要可以从以下方面进行分析。

1. 饮食方面

在饮食文化变迁的方面,牧民能接受和适应现代化的冲击。例如过去牧民都是以糌粑、酸奶、牛羊肉、面食为主要饮食结构,随着现代化商品经济的发展和牧民生计方式的变迁,一些牧民仍在牧场放牧,一些牧民则搬迁至城镇定居点。调查中几乎所有牧民都觉得他们的饮食逐渐变得越来越丰富,愿意接受新的饮食文化,对于以前不吃的蔬菜等现在也非常接受,甚至一些牧民提出自从草场划分、牛羊牲畜变少以后更加习惯了如今以炒面、馍馍、菜、肉的依次等级顺序为主的饮食结构,对以前炒面少,多半以肉食为主的饮食方式反而变得不适应。

2. 服饰方面

面对服饰的变迁,牧民也是很自然地接受了"便装"②。在调研访谈中牧民会夸赞便装的方便与样式的繁多。随着人们生活节奏的加快,和其他民族交往的日益频繁,搬迁到县城里的牧民,平时不穿民族服饰人员的

---

① 贾晓波:《心理适应的本质与机制》,《天津师范大学学报》2001年第1期。
② 此外所谓"便装"并非传统意义上的汉服,而是当地藏族对除穿藏装之外在日常生活中所着服装的称谓,他们认为这种衣服都是汉族传入当地的。

比例越来越高。县城周围的藏族牧民平时多穿方便劳作的汉族服装，在有重大集会和节日的时候，他们才换上藏服。尤其在半农半牧区，民族服装的穿着大多为中、老年妇女，男子和青年人已经较少穿着。只有在牧区，由于气候原因仍然多穿藏服，但是年轻人和男性穿汉装的依然很多。

首先，随着经济的发展，各式各样的服装进入民族聚居区，丰富的款式本身就对传统的民族服饰带来一定冲击。其次，与休闲运动服装相比，民族服装的穿戴比较复杂，尤其是生活环境的改变致使民族服装变得不方便劳动也不容易清洗。

前面提过，随着教育的普及和生态保护观念的提高，藏族牧民的服饰已经不再在领口等处缝制动物皮毛，已被鲜艳漂亮的氆氇所代替。半农半牧区和城里的牧民男子也不再佩带藏刀。

3. 交通工具方面

交通工具的改进是人类生活水平提高的标志之一，是随着人类生产和生活的需要而发展起来的。牧民过去的交通工具主要依靠牦牛和马匹，如今公路建设四通八达，虽然有些地方路况较差，但是至少保证了牧民的通行。每户牧民家中至少有一辆以上的摩托车，有些牧民家中甚至买了汽车。因为喜欢这种现代便捷的交通工具，有的牧民家里一买就是三四辆，并将此作为财富的象征，这种现象在牧区更为严重。搬迁到城里的牧民比较青睐更为先进的汽车，他们会说："摩托车已经过时了，现在时兴小汽车……"草原上的牧民依靠摩托车代步、拉水、放牧，由于户与户之间距离较远，摩托车缩短了人们的距离，受到广大牧民的喜爱。尤其遇到一些盛典的时候，我们可见草原上摩托车的规模之宏大，而牧民家里饲养的马匹则是越来越少。调研中牧民说目前家庭还饲养少量的马匹是因为在一些高山草场上摩托车无法到达，只能依靠马匹放牧，另外，马匹也是藏族民族文化的象征之一，因此有人愿意保留。当我们问及对飞机的看法时，牧民表示非常愿意接受这些现代化的交通工具，很多牧民表达将来经济条件好转后，也会去乘坐飞机。

4. 通信方面

传播、通信方面的革新，也是牧民非常能够适应的。通信技术的革新使牧民的生活正在发生巨大的变化。在新技术、新媒介的不断推动下，传统的交往方式正在被新型的交往方式逐步取代。牧民对信息的依赖和渴求日益凸显。

电话、电视成了牧民每日生活中不可或缺的组成部分。在牧区，手机就更多了，一户牧民家庭至少拥有一部手机，在县城定居点的牧民开始追求手机的品牌，了解类似"苹果""三星"这些手机时尚品牌，且更新速度快。

新的消费种类的引进，开拓了新的消费领域，这些现代家庭消费品使牧民的生活进入了一个新的境界。移民后的牧民家中也添置了很多原本在牧区从不使用的家具，例如床、衣柜、沙发、写字台和其他现代厨房家具，电饭锅、热水器等，一些牧民定居点由国家出资修建了太阳能采暖棚，这些都是在搬迁之前没有的。

定居后，为藏族妇女再就业带来了新的机遇和发展空间。随着甘南旅游业的发展，藏族妇女以此为契机，纷纷以不同的方式跻身于旅游业这一新兴产业，旅游业的发展带来了藏族妇女社会分工的变化。这种变化也必然会带来她们性别角色和社会地位的深刻变化。前文中我们描述过牧区妇女家庭劳动的负担十分沉重，搬迁到县城后，为了维持家庭的生计，她们放弃了"男主外，女主内"的思想，在家庭的从业者中，反而女性占据了主导地位。最初，为了谋得生计，她们甚至去转包城镇户口的环卫工人清扫大街的工作，以便获得微薄的收入。后来随着旅游业的发展，妇女在经济领域的重要作用和创造力被突显出来，她们自己做民族工艺品去售卖，去饭馆当服务员，去表演歌舞。这不仅增加了家庭的经济收入，具有了独立的经济地位，而且实现了社会角色地位的转换，增强了她们的自我发展意识，同时也提高了自身的素质。

三　文化变迁带来的心理困惑

随着国家游牧民定居工程的展开，一大部分牧民都陆陆续续搬迁至牧民定居点，大多数都聚集在城镇里，由此也引发了牧民一系列心理的困惑。

1. 草场承包：游牧到定牧的心路历程

从原来的游牧转变为单户承包放牧，牧民的确经历了心理的不适应。

但是他们通过集体的方式探索出联户经营的方式，是对目前草原生态环境和文化的适应，并且这种适应是积极的。因为牧民发挥了自身的主观能动性，尽可能地去改变环境以适应自身发展的需要。牧民搬迁到城镇实现定居以后，从一个熟悉的环境搬迁到一个新的环境，首先面临的就是如何生存下来的问题。因此到了一个新的地方，就要选择一种适合的生产方式进行劳作，以便能够获得生存的资源。生计方式的适应性是牧民融入迁入地社会生活的重要条件，也是他们对整个社会适应过程的客观基础。

曾经在牧区过着游牧生活的牧民，他们虽然对城市和城市生活有着种种"想法"和"猜测"，但对城镇定居生活却没有"实质性兴趣"。搬迁前，牧民衣有毛皮，食有牛羊肉，住有毡房帐篷、冬窝子，行有牦牛、马、摩托车，这些基本上都可以通过家庭畜牧业经济而实现自给自足。搬迁后，他们变卖了牲畜，失去了畜牧业经济的载体，衣、食、住、行的需求只能从市场的交换中满足。

> 现在我们根本不敢吃肉，肉贵得很，牧区里拿来点大家就一起吃。慢慢地，以前爱吃肉、不断地煮肉的那种情况也没有了，现在出去干啥都要花钱，要是像以前一样天天吃肉，喝牛奶，钱根本不够花啊。我们又不知道靠什么去挣钱，在这里挣不到钱，没有工作，就意味着生活不下去……（碌曲县牧民定居点，丹增，35 岁，201107）

由自给自足变为市场交换，牧民稳定的生活出现了很大的变数。[①] 当调查问及"对目前的生活状况是否满意"时，大多数牧民表示对自己的生活不满意，最为一致的回答就是在经济问题上，"挣不到钱生活"，对未来生活表现出严重的焦虑感。经济的核心又是牧民职业的选择困难问题。一些牧民觉得自己不知道在城里靠什么生活，如果卖牲畜的资金用完后，那么他们的好日子也就到头了。他们一方面对政府的一些政策和行为有着不满，另一方面又强烈要求政府能够在就业、保障方面帮助他们。如果政府的行为和政策没有很好地回应这些期望，他们便会对政府非常失望，但是又无可奈何。总之，并不是所有的牧民都拒绝城镇化、拒绝定

[①] 张娟：《对三江源区藏族生态移民适应困境的思考——以果洛州扎陵湖乡生态移民为例》，《西北民族大学学报》（哲学社会科学版）2007 年第 3 期。

居，调查中绝大多数牧民都表示为了子女的教育、老人的就医问题，他们愿意定居，但是这场被动的城市化由于草原生态问题、草场管理经营制度转变问题来得太过猛烈和迅速，他们没有像其他流动人口群体那样做好了进城的准备。当一些牧民转租了草场，出卖了牲畜，突然在城镇生活时也觉得别无选择，他们觉得来不及思考和没有退路。

心理学认为，人们有计划、有目的或可预见的行为过程之前，大都有一个心理准备的过程，即形成认知、动机、态度、计划的过程。人们已有的经验是形成心理准备状况的重要基础。由于大多数牧民对搬迁及心理适应没有任何的以往经验，加之个体素质、能力、资源欠缺及其他一些原因，使他们对搬迁及心理适应的准备明显不足。到达城镇后，面对不可避免的现象和困难时，表现的缺乏心理承受能力，造成主观能动性方面的种种自我矛盾。

为了支持牧民定居后生计转型与后续发展，政府采取了一系列支持移民发展的优惠政策。但是在群体的实践中，效果微乎其微。根据玛曲县政府部门的工作人员介绍，对定居点牧民开展了关于消防知识、妇幼保健知识、烹饪技术、家庭卫生常识等方面的培训，组织并主办了数次培训班。但是在实地调查中牧民反映对于这些知识是一概不知，家庭成员也并没有接受这些项目培训。这一发生在双方身上的矛盾和悖论值得深思。此外，在碌曲的调查中牧民反映即使政府组织的各类培训有用，由于语言交流的困难，他们主动参加的积极性也并不是很高。因为即使有参加的愿望，也因为"老师讲得听不懂（汉语讲授），就不愿参加，还有一些都是空谈的理论，我们文化水平低，不明白具体的操作措施"。再者，政府组织的各类培训缺乏系统性和持续性。如在碌曲县城的新村定居点举办机动车修理与驾驶技术培训活动，参加的牧民虽然很多，但即使经过了这样的培训，能拿到驾驶执照，真正从事驾驶工作的却寥寥无几。这样原本积极的政府扶持政策被架空，政府的主导力量在牧民定居的后续发展中被无端消解，造成的结果是原本缺乏后续发展动力支持的牧民群体，陷入了想发展而无力发展的境地。

缺乏城镇生活必需的文化技术和缺少就业门路，是游牧人口定居普遍面临的两大障碍。缺乏城镇生活和工作必需的基本技能，定居点产业结构单一，缺少适合牧民就业的岗位，定居后的生活来源没有保障，使牧民放弃游牧集中定居的风险和机会成本很大，预期净收益下降。

牧民搬迁到城里，生计方式发生改变以后，出现了依赖心理。依赖心理指这样一种心态：牧民把重建生产、生活体系的希望过多地寄托在政府身上，自身则缺乏生计重建的积极性和主动性。首先，牧民搬迁定居是在国家政策的大力倡导下展开的，很多属于被动的移民，好多牧民家庭在牧区就十分贫困，搬迁到城里后，最主要是为了上学看病方便，还有一些老年人搬迁下来是为了享受政府给予的饲料、粮食补助，城市低保等基本生活保障，有些还被加之保护生态环境牺牲者的光环，比如碌曲县尕海乡的牧民搬迁，是因为保护尕海自然保护区而限令牧民整体搬迁的，这些都导致搬迁后的牧民依赖心理严重。

对定居牧民而言，从游牧到定居，并不是一种生计方式或一种生产方式转化为另一种的过程的结束。新的社会环境对人们提出了新的期待和要求，赋予了他们新的责任、义务和角色，这个人类群体的成员必须学习新的知识和本领，适应新的社会文化和自然环境，逐步养成新的行为方式，以取得比较顺利和持续不断的发展。一个人或一个社会群体从一种生计方式向另一种生计方式转变的过程，需要个人或群体调整原有的生计观念达到对新环境的认知与适应。

2. 生态移民：牧民到农民的心路历程

裕固族人民在移民过程中出现了许多新的问题、面临着许多转型中的困境，同时也遇到了前所未有的挑战与机遇。在这样一个变迁的过程中，裕固族，这个居住在祁连山下的、祖祖辈辈逐水草而居的游牧民族心理经历了一个前所未有的历史过程与心理过程。

移民之初的心理历程。在移民计划启动之初，绝大多数的裕固族人是不能接受的。对于要离开他们世代居住的地方、改变他们祖祖辈辈沿袭的生计模式和生活方式，对他们来说是无法想象的。但是，居住地草场的退化、生存空间的萎缩、生活条件的低劣使他们不得不思考自己的生产生活。这个心理过程是一个充满着矛盾与斗争的过程，是一场深刻的内心体验。

移与不移的内心"挣扎"。在移民过程实施之初，很多裕固族牧民是带有抵触情绪的，他们不愿意离开自己祖先世世代代生活的草原，他们习惯于逐原放牧的、无拘无束的生活模式。俗话说"故土难离"。移民开发的消息传到莲花乡后，在牧民思想上引起了很大波动，许多人一时思想上转不过弯来，觉得祖祖辈辈生活在这片土地上，不挪窝也可以凑合着过，更何况要放弃习惯的游牧生活去面对不熟悉的新的生产、生活方式，对能否适应以耕作为主的农业生产和以此改变贫穷落后面貌心存疑虑，也有人怕吃苦、流汗，不愿承受那份创业的艰辛。许多人在"移"与"不移"之间挣扎。他们的内心既想改变旧有的生活模式，又不愿意迁往陌生的环境，内心进行着强烈的斗争。

内心挣扎与斗争的结果是一部分人愿意移出牧区，而一部分人是不愿意的。这种情况在一个家庭里主要体现在，年轻的一代人一般愿意迁出，而年长的一代一般愿意留下来，这种情况是带有普遍性的。现在的居住中，一个家庭中往往出现年长的依然居住在原来的牧区，他们把那里称作"老家"，而年青的大多迁往新区，他们把这里称作"开发区"。

在移民工程开始的阶段，面对全新的生产和生活方式，几乎所有的移民都无法适应，因而也就使这一阶段成为裕固族移民内心世界最痛苦、最纠结的时期。双海子的裕固族原居地——莲花乡曾是肃南地区有名的贫困乡，这里的裕固族以经营畜牧业为主，兼营少量的农饲生产。当地气候干燥，多风沙，少降水。长期以来，牧民虽然不用为温饱问题发愁，但由于自然条件恶劣、交通闭塞等因素的制约，贫困问题一直困扰着他们，一些年轻的牧民便开始外出打工寻求出路。

> 老二结婚以后跟媳妇子一起到兰州的酒吧里面唱"呀啦嗦"去了，钱也没挣下，我就说你去干吗去了，钱也挣不下，那就回来吧。我就给他们（在双海子村）把房子一盖，地一整，你就搬过去住去吧。盖房子的木料都是我从老家里拉过去的。（郭某，男，66岁，湖边子村，牧民）

如前文所述，为了促使牧民搬迁，政府为计划内移民提供了大量的优惠政策，从这些优惠措施来看，向自然条件相对较好的双海子村移民所具有的吸引力是明显的。然而迁入地的配套设施也尚未完善，更重要的是搬迁后他们要放弃祖祖辈辈从事的畜牧业，从事完全陌生的农业生产，这又使多数有搬迁想法的人打起了退堂鼓。面对搬与不搬的问题表现得犹豫不决，多数人在最初"干脆不愿意搬"。

虽然移民具有很大的吸引力，但是大多数牧民仍对此抱着犹豫不决的

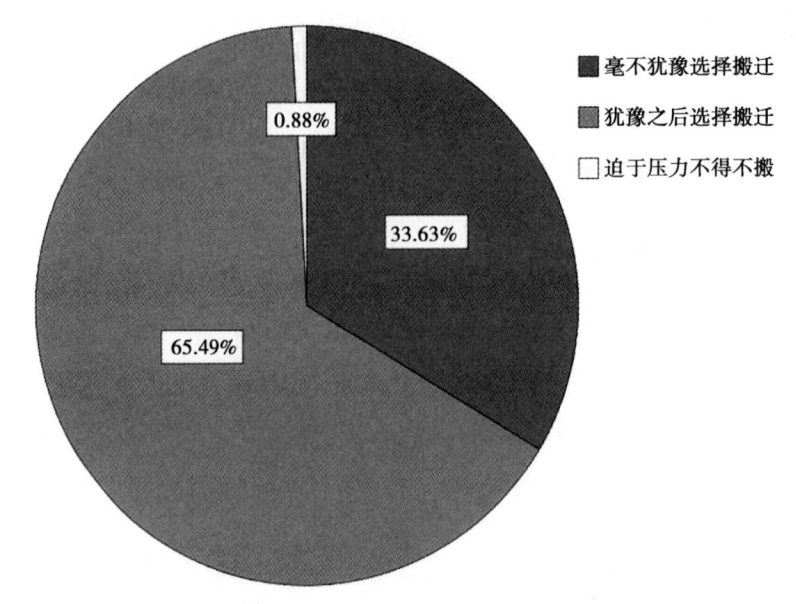

图 6-17 被访者对搬迁的态度

态度。根据在迁移到双海子的村民中的抽查显示，有 65.49% 的被访者表示自己是在经历了犹豫之后才选择的搬迁，有 1 人，0.88% 的被访者是迫于生活的压力而不得不搬迁，毫不犹豫选择搬迁的仅 1/3。

> 刚开始时候心里也犹豫着呢，他们就说我们，你们一个人到那里去不行，都没种过地。（安某，女，44 岁，农民）
> 有一种说法就是再好也不如自己的土窝窝好，当时走谁也不愿意走。县里乡里就开始下来动员思想，然后就是你的草场也有，先去种地适应一下，实在不行想回来就可以回来。（钟某，男，42 岁，农民）

对未来不确定性的担心和对故土的留恋造成了村民们的犹豫，为此各级政府做了大量的思想动员工作，一些由明花地区走出去的老干部也回到自己的家乡动员大家搬迁。在经过大量、反复的思想工作之后，一部分牧民终于同意搬迁。然而，在迁出的这一部分牧民当中，有一部分人又因为不适应农区的艰苦生活而回迁。

刚来的时候什么都没有，住在沙窝里，一刮风饭都吃不上，我那时候受不了这个苦，地都已经开好了，但是过了一段时间我就还是跑回去了。回去以后家里的地也没有，牲口也没了，钱也没了，没有往前发展的基础，所以我蹲了几天之后就又跑回来了。（钟某，男，54岁，农民）

这位牧民在搬迁过来之后，虽然已经坚持到将土地开垦好，但仍因为受不了而选择了回到牧区，回去之后因为没有草场、没有牲畜而断绝了生活来源，又重新回到双海子村，但此时他开垦出来的土地已经分给了别人，于是他又到村长、乡长那里要土地，"那时候党的政策也好，看我回去回来，有信心在这里，（开好的地）已经给人家了，不可能从人家手里再要回来，所以就给了我一些空地，自己开"。牧民们在移民之初的这种不愿搬迁和反复迁移的现象体现了其内心的矛盾与挣扎，为了追求更美好的生活他们选择了搬迁，而现实情况和理想的差距以及对故乡的眷恋又促使他们犹豫不决，此时他们的内心是痛苦的。

其实关于"迁与不迁"似乎成了彼时裕固族人一个热烈的话题，迁与没迁的人都在谈论着。没有迁移的人内心也充满了矛盾，有些人对自己没有迁移感到有点遗憾，有些人认为目前的居住环境的确不如新移民区，如果当时移民自己的生活可能要好些，有些人认为自己不能离开祖祖辈辈生活的地区，更有些老人认为："我们世世代代居住的地方是上苍给我们选定的，不能离开"；迁出的移民谈起自己做出移民的决定时的那种对故土"难以割舍"的情感。一位30多岁的裕固族女性告诉我们："我们当时都不知道该怎么办，大家对新的地方也没有什么了解，不知道迁了以后是什么样，自己可能会后悔吧，那个时候大家都是没有什么主意的。但是，最后还是移了，现在看来是对的。"

"迁与不迁"在裕固族人心理上引起的挣扎是明显的，这种内心的挣扎随着"迁与不迁"语境的变迁而发生变化。

牧民与农民未来的双重"困惑"。在当时的裕固族人中，"移"与"不移"的人都面临着很大的困惑。这其中既有来自对从"牧民到农民"的困惑，也有来自对保持民族身份的困惑。

对于在经历内心挣扎后决定要进行移民的这部分裕固族牧民来说，他们要面临一个与过去完全不同的生活模式、从事一种全新的生产方式。这些人也是在不断地说服与挑战自己中做出移民的决定的。以至于现在生活在双海子和小海子村的裕固族人，每当谈起自己当年的决定与行为时，可以非常清晰与充满激情地讲述自己内心所进行的那种困惑。可见，当时关于移民与否的谈论、思考、取舍、决定、行为等过程在他们的心理上引起的冲击和震荡是巨大的，因而他们有着深刻的内心体验。这种体验最突出的表现就是"困惑"，是对从熟悉的场景到陌生的环境生活的困惑、是从牧民身份变成农民身份的困惑、是对自己生活舞台转换的困惑、是对自己未来发展的困惑。

对于那些愿意继续留在莲花乡、维持自己固有生计方式与生活模式的裕固族人来说，他们同样面临着内心的诸多"困惑"。当自己周围的大量的人决定离开裕固人祖先居住的地方、离开自己的家乡、离开自己的亲人，他们的行为是一种完全改变自己，甚至是改变民族文化的过程，而这些人都是从未离开过他们的亲人。这些举动在他们心理上产生的冲击也是巨大的，这种冲击波在裕固族人心灵上产生了巨大影响。他们也对自己的未来、对自己不进行移民的决定所困扰。这些依然留在莲花乡、没有移民的裕固族人在说起自己当年的决定时除了表现出当时的困惑心理外，还有一个表现就是对自己现在处境的一种隐隐的忧患意识。他们有着固有生活圈被打破后生活的困惑、有着对牧民生活发展前景的困惑、有着对莲花乡发展的困惑。可以说在他们的心理中多种困惑交织在一起，更为值得关注的，是那些成为农民的裕固族人的一些困惑随着时间的推移而淡化和消失时，这些牧民的困惑依然存在，而且还增加了新的困惑。

牧民到农民生计转变的"痛苦"。随着移民工程的实施，这些迁往新区、迁往开发区的裕固人经历了生计模式的重大变迁。他们由游牧生活完全转向定居的农业生活。这种全新的生计模式对他们是一个严峻的考验。

由于世代从事畜牧业生产，绝大多数移民群众没有农业生产的技术和经验，不能熟练地掌握地膜种植、农作物田间管理、施肥、防治病虫害等农业生产技术，缺少发展高效、节水农业的技术指导。

当我们走进裕固人家，好多人回忆起当时的情景，还很有感触。他们说刚来新区时，他们根本就不会种地，而是跟着别人学。他们也不熟悉如何按照农作物生长的规律，要春播、除草、施肥、秋收等，有些人的地也因此而收成欠佳甚至荒废。我们调查的许多裕固人都表达了这种适应过程的艰辛。拿他们的话来说："宰羊我们知道在哪儿下刀子，种地就完全不在行了。"一位现在生活条件不错的移民告诉我们:"刚来时我们根本就不会种地,看着那些地就发愁。以前我们在老家,羊一放就不管了。种地的时候感觉好像不是在给自己干,也不知道种的是谁家的地。每天在地里就盼着太阳落山。刚来时感觉种地就难的很,我们学着别人把种子往地里一撒就不管了。"再拿作息时间来说,他们也是很不适应的。在牧区,他们的生活不受时间的严格限制,他们可以睡觉、休息到自己愿意的时候再去放牧。而农业区的生活却不能太自由,"日出而作,日落而息",在春播时必须播种、施肥时必须施肥,到了秋季就要进行收获等。从原先很自由、散漫的、仰望着蓝天白云的游牧生活过渡到时间、季节性强,过渡到"面朝黄土背朝天"的这种全新的农业社会的生活模式,使许多裕固人经历了一个非常"痛苦"的适应过程。

当有些人不能适应农业生活时,就又回到老家,依然从事畜牧业生产。而有些人则经历了从移出—不适应—返回—再移出的过程。此过程看似简单,但却反映出这些裕固人所经历的内心的"痛苦"历程。

在迁出之前,这部分裕固族均以牧业为主要的生计方式,他们的身份仍是地地道道的牧民,每个家庭都有大小不一的草场,居住的房屋也就建在自己的草场之中,他们就依靠长年早出晚归地在自家的房屋附近放牧为生。虽然部分家庭也有一些农田,但是仅有很少的耕地,农耕并不构成其家庭收入和生活资料的主要来源。迁移到双海子村之后,原有的分散居住模式被集中连片居住模式所代替,传统的游牧生计经营方式在这里便行不通,而且也不被允许,从事农耕这种新的生计方式成了他们最初阶段唯一的选择。

> 我们下的苦大啊。放牧不用下这么大的功夫。我们牧业上有句话,在牧区找不到一把好铁锹。在这个地方铁锹首先就是你的第一,铁锹就是吃饭的家伙。这个地方出力比较多。我们这个地方找个好兽医很容易,找个好的种地的,农业上的能手不容易,我的种地技术也一直不行。(钟某,男,45岁,农民)

在搬迁工作刚开始的阶段,迁出的裕固族原有草场并没有被政府收回,一些裕固族群众经历了刚到此地时的艰苦条件和不会种地带来的经济损失之后,因为一时之间看不到希望,纷纷选择了回到莲花乡的老家,继续从事自己擅长的畜牧业。这种局面并没有持续多久,在"走了二十几户之后",政府部门在继续进行思想劝说工作的同时,通过行政手段阻止这种继续回迁的现象,如禁止党员回迁的规定,将部分迁出牧民的草场收回重新分包①,断绝其回迁的后路也是其中的一种方式。

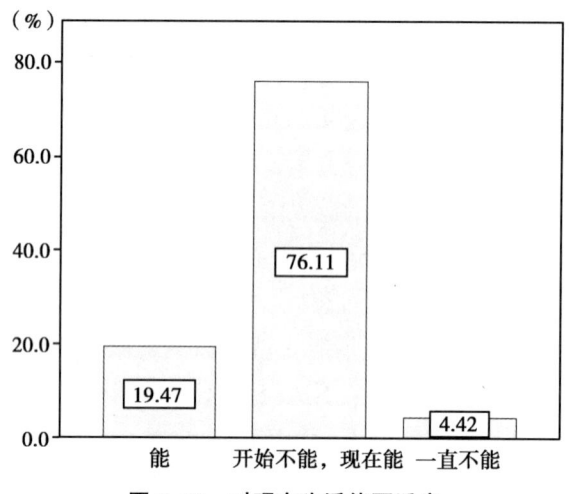

图 6-18 对现有生活能否适应

因为已经无法再往回迁,所以那些不愿意种田的村民也就只能"硬着头皮"继续留在这里从事农业生产,长期的实践之后,在心理上也就经历了一个从无法适应到能够适应的过程,但仍有一小部分村民表示至今仍然不能适应种田的生活。

> 和原先的比起来,现在的生活好,现在的收入比以前多的多了,但细细想还是搞牧业好,因为牧业支出少,成本低,农业虽然收入多,支出也多,化肥、农药乱七八糟支出了以后也剩不下几个钱,人还累得很。(郭某,男,42岁,井长②,农民)
> 老家人的生活和我们的比起来就感觉特别简单,不像这边的人一

---

① 这主要是针对一些整个家庭都迁出的裕固族,一些只是部分家庭成员迁出的裕固族其草场仍然存在。如我们在调查中遇到的几户群众,迁出之前他们和自己的父母居住在一起,最初实行草场承包的时候是以父母的名义承包的,草场挂靠在父母的户口之下,所以他们迁出之后,自己户口虽然不在老家,但父母的户口不变,草场仍归属在父母名下。

② 以提供灌溉和饮用水源的机井为中心,若干户村民生活在一起,连同他们的耕地便组成一个"方田",类似于自然村,每个方田有一个"井长",负责上下联络工作。

天特别忙,感觉(这边的)生活节奏比他们那边的快。……现在的人都很复杂,好多人表现出来是一套,心里想的又是一套,人心隔肚皮。谁把谁的事情做好了,再不要管其他的。(郭某,男,40岁,农民)

经过若干年的努力,他们的生活也有了较大的起色,一些本不适应农耕生活的牧民逐渐找到了感觉,经济收入和生活质量都比在牧区时改善了很多。虽然如此,很多双海子村的裕固族居民仍然希望能够回到牧区从事畜牧业,相比农耕生活来说,他们更喜欢节奏相对较慢的牧业,农业生活对他们来说仍然很辛苦,而且农业社会当中存在的一些不合理的社会现象,也加剧了他们因生计方式转变而带来的"痛苦"。

其实,生计方式产生之初的这种不适应或"痛苦"在其他地区也同样存在,这种现象是生计方式、生活模式改变伊始所难以避免的心理反应。

3. 文化变迁:游牧文化到农业或城镇文化

文化适应是当今跨文化心理学研究中最重要的领域之一。[1] 许多著名的跨文化心理学家都对文化适应理论的发展做出了贡献,如 John Berry、Colleen Ward 和 Ype Poortinga 等学者对"文化适应"进行了溯源,Floyd W. Rudmin 甚至追溯到了柏拉图,发现柏拉图主张减少文化之间的相互接触,使社会避免受到外来文化糟粕的影响,他同时也反对文化间的完全隔离。[2] "由个体所组成,且具有不同文化的两个群体之间发生持续的、直接的文化接触,导致一方或双方原有文化模式发生变化的现象。"[3] 早期的文化适应研究,是由人类学家或者社会学家所组织进行的,并且一般都是集体层次上的研究。他们探讨的通常是一个较原始的文化群体,由于与

---

[1] Berry, J. W., Conceptual approaches to acculturation. In: K. Chun, P. B. Organista, G. Marin (Eds.). Acculturation: advances in theory, measurement, and applied research. Washington D. C.: American Psychological Association, 2003. pp. 17-37.

[2] Rudmin F. W., Catalogue of acculturation constructs: Descriptions of 126 taxonomies, 1918-2003. In: W. J. Lonner, D. L. Dinnel, S. A. Hayes, et al. (Eds.). Online Readings in Psychology and Culture (Unit 8, Chapter 8). (http://www.wwu.edu/—culture). Center for Cross - Cultural Research, Western Washington University, Bellingham, Washington, USA, 2003.

[3] Ward C., The A, B, Cs of acculturation. In: D. Matsumoto (Ed.). *The handbook of culture & psychology*. New York: Oxford University Press, 2001, pp. 411-445.

发达文化群体接触而改变其习俗、传统和价值观等文化特征的过程。心理学家在这一领域的贡献主要是最近几十年来的工作,他们通常更加注重个体层次[1],强调文化适应对各种心理过程的影响。虽然从 Redfield、Linton 和 Herskovits 对文化适应的定义来看,文化适应的过程实际上对发生相互接触的这两个不同文化都会产生影响。但是由于影响程度大不相同,对一直生活在主流文化(dominant culture)中的群体影响很小。

虽然人类学家最早开始进行文化适应的研究,但是心理学家对文化适应的研究也有较长远的历史。早在 1918 年 Thomas 和 Znaniecki 就提出第一个文化适应的心理学理论[2],从此文化适应的研究越来越受到心理学家们的重视,各种理论也层出不穷。尤其是最近二三十年来,交通和通信技术的发展,移民数量的激增,民族间越来越频繁的交流,都有力地促进了文化适应研究的发展。与此同时,越来越多的少数民族心理学家的出现,以及他们对文化适应研究的关注,也共同推动了文化适应研究的前进。

心理学及跨学科的文化适应理论和实证方法被引入这一研究领域,必然对我国的文化适应研究以及人口安全研究产生长远的影响。与实证研究相结合的方式,坚持多元思考的模式研究文化适应问题是非常必要的[3]。

牧民由牧区搬迁到定居点以后,一方面他们受到城镇文化的辐射,另一方面又因成长于牧区,拥有牧区的文化。这两种文化在定居点的牧民身上交汇、融合,他们的文化往往表现出了双重性的特征,有些文化的冲突便导致了牧民的心理失衡,使文化变迁中的心理适应问题更加复杂。

传统思想文化观念不适应。牧民负载的传统的文化对群体的行为具有一定的指导性。传统思想文化观念对于牧民定居城镇后的适应性,有着很强烈的影响,突出的表现在两个方面:

传统财富观念影响牧民的资本积累。在草原上,牧民以牛羊数量作为财富的标志,搬迁后他们还没有形成像农耕民族一样有银行存款才是财富

---

[1] Lee S., Sobal J., Frongillo E. A., Comparison of models of acculturation: the case of Korean Americans, *Journal of cross-cultural psychology*, 2003, 34(3): 282-296.

[2] Rudmin F. W., Catalogue of acculturation constructs: Descriptions of 126 taxonomies, 1918-2003. In: W. J. Lonner, D. L. Dinnel, S. a Hayes, et al. (Eds.). Online Readings in Psychology and Culture (Unit 8, Chapter 8). Center for Cross-Cultural Research, Western Washington University, Bellingham, Washington, USA, 2003.

[3] 高宣扬:《布迪厄的社会理论》,同济大学出版社 2004 年版,第 34 页。

的心理，缺乏资本积累的意识。

从业、就业观念存在偏见。调查中我们发现，早期有许多牧民认为清洁工、服务员、街道下水管道修理工等社会服务性工作是"很丢人的事情"而不去做，自我意识中淘汰了许多社会职业，没有办法只能靠吃牧区的"老本"生活。这两个方面的直接负面影响是：搬迁后牧民的后续生产发展缺乏资金支撑，后续转产就业的选择渠道变窄，生活无法得到保障，这些意味着牧民对城镇生活的无法适应。

牧民思想观念的改变，存在两种形式：一是自身从心理上摆脱原有的生存空间，肯定和接受定居点的社会文化环境，逐步摆脱过去在牧区形成的观念，重建知识结构，适应新的环境；二是当现代化思潮汹涌冲击过来时，牧民将原有思想中不能兼容、不适宜目前生计发展的观念抛弃，接受现代化的新思想观念。这两个方面并不是完全隔离和对立的，而是交叉在一起，共同影响着牧民的文化适应。

宗教文化不适应。宗教的正常社会功能之一是教化民众。而从目前情况来看，宗教对牧民的教育作用发挥不明显。搬迁到城里后，接受新鲜的现代化事物，去牧区朝拜寺院变得不方便，加上周围社区中寺院功能的不健全，使寺院教育对城镇定居的牧民没有产生较大的正面引导作用。这时候就有两种声音：一是定居点的老年人非常强烈要求每日的宗教活动，并且希望能方便地拥有宗教活动场所。因为他们每日必须陪伴孙子上学，而且这些孩子年龄又小，他们没有时间行走较远的路程去寺院，他们在县城里无法适应不能去寺院做宗教活动的生活。二是定居点的年轻人接受现代事物的能力强，他们在这种急速的变迁中，逐渐淡化了对宗教活动、仪式的关注，宗教文化中对人向善的规约在他们那里也变得淡漠起来。本来他们是社区的主要力量，而宗教的教育功能恰好对他们产生不了作用。他们没有让宗教的正常功能发挥出来，因此，无法通过宗教信仰解决生计转变和生活场域转变后文化失落和心理上的困惑。

文化失落是搬迁移民都可能普遍面临的问题。这种失落不仅来源于对迁出地和迁入地的文化反差，对迁出地文化的依恋，而且还来自新的文化需求的增长。[①] 甘南定居牧民对文化的需求，既有宗教领域的，又有世俗

---

① 鲁顺元：《三江源区生态移民社会适应问题的调查与思考》，《青海师范大学学报》（哲学社会科学版）2009年第5期。

方面的。这种需求既有普遍性又有特殊性。牧民人口主体为藏族，信仰藏传佛教，宗教生活是其社会生活的首要组成部分。在迁出地社区，牧民与大大小小的藏传佛教寺院和活动点发生着长久的互动和相互依存的关系。牧民迁居城镇后，由于距离变远，大都与他们所经常拜谒的寺院脱离了联系。尽管大部分迁入地拥有数量不等的藏传佛教寺院，但由于藏传佛教几大教派在牧区皆有广泛影响，且有不同的信仰群众基础，所以城镇及其周边地区相对单一的教派寺院仍然无法满足移民的信仰需求。此外，一些乡镇的定居点在修建时并没有考虑到牧民的宗教心理诉求，因此定居点周围根本没有寺院，这一点在前面的例子中讲过。一方面，牧民要求在其活动可及的范围内修建寺院和宗教活动点的呼声越来越高；另一方面，移民迁出地的部分寺院减弱或失去了信仰群众基础。如何满足牧民群众世俗精神领域需求问题变得十分严峻。牧民迁居城镇后，因为没有找到合适的生计因此赋闲在家、无事可做的牧民比比皆是。这无益于其社会适应，尽力满足定居点牧民的精神文化需求，促进城镇的文化整合，是加快其社会适应的需要，也是维护地区社会稳定的需要。

　　藏传佛教中提倡"轻物质重精神、轻现实重来世，与世无争、忍辱负重、限制欲望"等思想。从总体上说，这些观念在市场经济条件下是与时代发展所要求的价值观相冲突的，对藏民族走向现代化起着制约的作用。搬迁至城镇的定居点，牧民见识了外面缤纷的现代化世界，宗教中要求的观念与现实世界发生了冲突，牧民本来缺乏在城镇里必须具备的进取精神、创造意识和竞争观念，但是现在面临着不得不放弃原来宗教观中的一些和现代社会竞争相冲突的思想，培养努力进取、灵活创业和不断竞争的观念。

　　玛曲县曾有牧民移居县城之后做家具生意，但最后全部赔本，只得回到草原，这一案例在牧民群众中传开后，更加导致了牧民的惧外思想。没有观念的相应变革就会导致现代化的畸形发展。现代民族地区中的文化意识体系尚处于建立之中，人们在现实中感受到的不仅是支离破碎，而且是新旧变迁中的文化，这种情况下，容易造成民族文化心理的失衡。现代文化意识体系只有在走向未来时保持扬弃，才能获得新的起点。文化观念的相对独立性使其发展绝不能是被动的，必须采取忠于守旧、乐于创新的引导模式。

4. 身份转换：牧民到或农民或市民的民族认同

　　身份有两层含义：一是作为分层概念，身份指的是以户籍为标志的制度性标定；二是作为社会心理学概念，身份包含了"角色"的意义。只有当外部的标定和角色的确认一致时，我们才能认为自我身份认同具有同一性。牧民在户籍身份上有一些转变为居民，但是心理认同上仍倾向于牧民身份，另一些无论外部标定还是自我角色定位都是牧民。即使生活在城里，他们也不认为自己是城里人，因此对城镇社区产生心理上的疏离感是在所难免的事。

搬迁后的牧民到底扮演什么角色呢？"角色是社会规定的用以表现社会地位的行为模式，即与人们的某种社会身份相一致的一整套权利义务的规范与行为模式。角色是身份的具体体现，是社会地位的外在形式。"[①] 在通常情况下角色的转换与身份的转换是一致的。心理学中，社会角色是与人们的某种社会地位、身份相一致的整套权利、义务的规范与行为模式，它是人们对具有特定身份的人的行为期望，它构成社会群体或组织的基础。[②] 当人们遇到新的社会关系或者来到一个新的社会环境中时，常常会遇到角色确定或者转换的问题。

在个体扮演的众多社会角色中，职业是最主要的正式角色。一个人获得了某种职业，就具体地扮演了这个社会角色，随之也就获得了相应的社会身份，占据了一定的社会位置。但这一状况在牧民身上却发生了变异，出现了角色与身份相分离的情况。从职业的角度讲，这部分牧民原来的牧民身份已随着自己脱离畜牧业生产而没有了实质意义；从户籍角度看，迁入城镇定居点后，他们仍然保留着牧民户籍，没有变为城镇户籍。这种职业与户籍之间的矛盾，使他们成为一个特殊的群体，使部分牧民有一种心理失落感，甚至有一种被剥夺感。[③]

对于进入城里的牧民来说，从偏远的牧区来到县城，首先遇到的就是社会角色的转换与确定问题。在适应城里生活的过程中，每个牧民社会角色都经历着下述三种变化从无意识向有意识的转换。生活在牧区时，牧民很少意识到自己在生活方面有不方便之处，也不会觉得在人际交往方面有

---

① 周甜：《牧民？农民？市民？——浅议三江源生态移民社会角色的特殊性》，《青海民族研究》2009 年第 4 期。

② 郑杭生主编：《社会学概论新修》（第三版），中国人民大学出版社 2003 年版，第 107 页。

③ 百乐、司宝才仁、韩昭庆：《试论三江源生态移民的文化变》，《复旦学报》（社会科学版）2007 年第 3 期。

什么障碍。因为他们对身边的人文环境是熟悉的,也不需要确定自己的社会角色,他们是牧民,是藏族。进入县城,生活在一起的有汉族、回族和其他不同的民族成员,生活环境变了,交往的范围变广泛了,再也不是以前的纯粹的藏族牧民社区,也就没有了对所在社区的归属感。

社区归属感是指社区居民对本社区地域和人群集合的认同、喜爱和依恋的感觉。归属感是牧民是否已从心理上对迁入地产生了某种认同,是他们心理发展水平的一种体现,反映社会适应的一个较高层次。在调查中发现年轻人比较适应现在的生活,而年长的牧民还是比较怀念过去的生活,社区归属感程度低。另外,调查发现牧民对定居点的归属感程度将随着他们对未来生活预期的好坏而呈高低走向。

> 我觉得现在的生活越来越差了,越来越贫穷……可能是还不适应吧。(碌曲县牧民定居点,丹增,35岁,201107)

当牧民迁入一个环境时,迁入地是否宜民,是否能持续提供生活所需,是他们必然会着重民考的问题,搬迁后的生活是否会较搬迁之前有所改善,其结果会在很大程度上决定他们能否认同迁入地,对其产生归属感,并以最基本的形式表现出来,即能够稳定地居住在定居点,不返迁或再迁往他地。

同样,裕固族在从牧民转变为农民的过程中,更是经历了身份转换认同的心理"迷茫"。移出的这些裕固人在一段时间里似乎找不到自己的民族身份,出现了认同上的"迷茫"或迷惑。从我们跟新移民的交谈中有一个感受,那就是他们对于移民生活的叙事主要是围绕着这样两个话题:一是他们的移民过程,包括内心彷徨、斗争;二是他们来到新移民地之后面临的困难与适应问题。几乎所有的新移民都会绘声绘色地向我们描述出这样一个话语场景。

莲花乡的裕固族在搬迁之后,转入农业生产,原有的牧民身份被彻底的颠覆,这种身份上的转变对许多牧民尤其是年龄较大的牧民来说,往往是一件非常难以接受的事情。伴随身份转变而来的身份认同,常常会导致一些牧民心中的迷茫,对故土的依恋往往会加重这种迷茫的程度,加大其认同新身份的难度。

深井子有个老汉①，2000年朝这边搬迁着呢，搬的时候他没办法，不搬不行，家里有两三棵种了几十年的树，最后就是把树抱着哭了几鼻子，这几棵树见证了他这一辈子的血汗，因为担心没人看管被偷偷砍掉，家人要把这几棵树放掉（即砍掉），他就不让放，最后是哭着就放掉了。（贺某，男，裕固族诗人）

我到钟玉周（音）家里去了以后，那个老爷爷就给哭了一鼻子，我也跟上哭了一鼻子。他就说："我们原来放羊着呢，但是现在到这个地方（即迁入地双海子村）来，汉族不是汉族，裕固族不是裕固族。地上种的东西，他们（指汉族）种着就长出来呢，我们种着看着眼睛淌血，东西还是不长。我们已经离开故土了，就给娃娃们说呢，我们死了你就给我们埋到故土里去，埋到莲花去。娃娃们说你埋到那个地方，糖水都倒不上。老汉就哭开了，说你们倒不上糖水也行呢，你把我送到故土去。"心理的过渡确实是个艰难的事情。（安某，女，54岁，政府退休职工）

在传统的裕固族人心中，放牧和种地是区分裕固族和汉族的重要标志，在他们看来，祖祖辈辈从事的牧业生产是他们作为裕固族身份的重要象征，其对牧民身份的认同远远超出了对新的农民身份的认同。

在移民们开始农耕生活之后，除了少量在牧区曾经营过一些农业的人表示"虽然累点，但是还能习惯"之外，更多的人发现自己对此很不适应，而此时他们也不能从事原有的牧业，与传统生活的决裂使其中一些人感到很不适应，觉得自己"汉族不是汉族，裕固族不是裕固族"，对新身份难以认同，移民的心理过渡成为一个艰难的过程。

放牧的唯一一个生活上的不习惯就是居住太分散了，人孤单一些，但好的一点是受的苦少一些，没有种地那么辛苦，要清闲一些。到了农业上以后小病多得很。牧业上空气都新鲜着呢，一家和一家也远得很，而且没有农业上那么多活。……我们现在这边一户也盖这个定居房，不光是牧业上。我们现在后面一家也要养上一二十个羊、鸡啊什么的，没地方放的话我们哪里养去呢？虽然政府的这个事情是

---

① 老汉：西北人对老年男性的称呼，多在口语中使用。

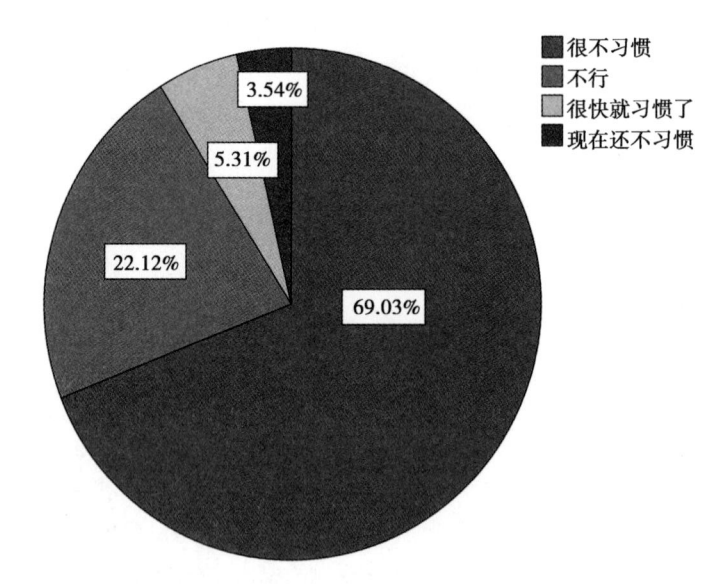

图中图例：很不习惯、不行、很快就习惯了、现在还不习惯

数值：3.54%、5.31%、22.12%、69.03%

图 6-19　裕固族村民种地伊始的心理体验

好事，但我们的生活（习惯）没有变，有点不太符合实际。（郭某，男，33岁，农民）

传统生活方式的改变也是导致移民身份认同迷茫的一个重要原因。搬迁到双海子村之后，原有的分散居住格局被打破，人们都连片定居，集中分布在道路的两侧，这种居住格局导致了他们现有的生活方式与之前不同。在房屋建筑风格上，虽然保留了一些原有的装饰风格，如在房屋的墙壁上绘有裕固族风格的绘画，但总体而言，汉民族的农耕居住文化对现代裕固族的居住格局有着根本性的影响。

因为长期放牧形成的生活习惯，在迁入双海子村之后绝大多数家庭仍饲养有一定的牛、羊、鸡等牲畜，而集中定居后有限的空间则限制了他们饲养牲畜的规模，有些家庭因为缺少空间，不得不放弃饲养牲畜，于是便造成了他们与牧业的"彻底决裂"，裕固族传统身份特征再一次消失。裕固族传统饮食中对畜产品的需求较大，奶制品和肉类在其饮食结构中占有很大的比重，裕固族传统的习惯是一日两茶或三茶，而定居点无法饲养足够的牲畜，于是生活中所需的奶制品和肉类得不到满足，传统的饮食习惯自然也就无法保障，这对一些至今仍保留这一习惯的老年人来说，是难以接受的。

生产和生活方式在短期内的巨大变化导致了裕固族移民原有身份特征消失，原有的被大家普遍接受的认同标准被打破，民族身份认同的基础被削弱，而新的认同尚未确立，二者之间的断裂使民族心理中出现身份认同困难和迷茫的心理体验成为移民中必然存在的现象。

对于牧民而言，认同系统的转换落后于客观物质实体的变迁。其实这也正符合了美国社会学家奥格本的"文化滞后"理论：器物、制度和文化价值在异域传播的进程和难易程度是不同的，它们是一个依次推进的过程。① 牧民可以在短时间模仿城里的穿衣饮食，也可以接受城镇的社会治理方式，但是让他们在心理上完全认同城市的价值观念、自我界定为城镇人口依然需要很多条件和时间。

5. 发展的不确定：忧患意识

藏族所处的地理环境——青藏高原由于极高的海拔与周围昆仑山、喜马拉雅山和横断山等形成了十分独特的地形，造成了青藏高原对外联系极其不便，这使青藏高原上的居民生计方式一直以来很少受外界的影响。直到改革开放前夕，青藏高原地区社会变迁的速度，其实都很慢。改革开放以后，我国社会迅速发展，尤其是从20世纪80年代开始，40年间对我国产生了极大的影响，其对青藏高原的影响也是十分巨大的。由于日新月异的交通与信息手段，距离遥远与地形复杂已经无法阻止各种文化的传播。

通过前面的论述，可以看出现代化对牧民在衣食住行以及生产方面已经产生了巨大的影响，对牧民从外在的行为表现到内在的心理都产生了巨大的冲击。面对这种巨大的冲击，许多牧民产生了极大的困惑与忧虑。尤其是一些受过教育的学生、寺院的喇嘛以及阅历丰富、对草原文化怀有深厚感情的群众。

心理学中，马斯洛的需求层次同社会变迁的速率呈负相关状态，即社会变迁速率越慢的方面，是人们需求层次比较高的；反之，则是需求层次比较低的。藏族牧区社会变迁发生速率最快的是衣食住行各个方面，而且其变化速率越来越快。正如我们在调查中发现，在年轻一代当中，单凭衣

---

① [美]威廉·弗尔丁·奥格本：《社会变迁：关于文化和先天的本质》，王晓毅、陈育国译，浙江人民出版社1989年版，第80—81页。

食这些方面，定居点的牧民已经很难区分出藏族与汉族。一些年老的牧民"很是看不惯"这些年轻人的行为。

  现在的年轻人越来越不喜欢传统的食物，他们糌粑吃得越来越少，白面、大米吃得越来越多，尤其是在外面上学的孩子，有些一口糌粑都不吃，不让吃米饭还不高兴。出去之后也不穿藏袍了，虽然我也理解汉人的衣服样式多，可能也比较舒适，但如果穿着运动服、整天吃大米白面的还会是我们藏民吗？（曼尔玛乡强茂5队，桑白，55岁，201208）

桑白的看法也许只代表了一部分牧民对于外来文化的看法。那么，与物质文化变迁相比，语言使用的变化更加缓慢，却影响更加深入。

  在牧区，大多数人不会说汉语，以前根本听不懂，现在看电视听广播什么的，稍微能听懂一点点，有学生的家庭听懂的稍多一点。30岁以下上过学的多数可以说汉语，有不少还会写汉字。我觉得，学习其他的语言绝对是一件好事，但是前提是本民族的文化不能丢弃，在本民族的语言学好的前提下，学习其他民族的东西则是越多越好。（阿万仓乡麦郭尔，塔尔西，47岁，201107）

随着电力、电视、手机的普及，越来越多的牧民在生活中已经离不开他们，这其中以电视的影响力最大。尽管在甘南藏区牧民可以收看到青海、四川甚至西藏的几个藏语频道，但其节目内容较为单一，对于年轻人的吸引力远不如东部一些省级卫视的魅力。包括一些中年人对我们说，看电视剧有些听不懂，但看着字幕、人们的表情、动作大致也能知道意思，这其实也使汉语在不知不觉中扩大了影响。调查中，我们发现许多家的电视里都在播放《西游记》《情深深雨濛濛》等这些"经典连续剧"，甚至年轻的牧民还会和我们说起《超级女声》《快乐男声》等流行的综艺节目。由于在牧区多数牧民不会在手机中下载藏语软件，因而手机也没有藏语字幕显示，这种情况下许多人表示更愿意学习汉语，因为学会了就可以发短信来加强联系交往。

在城镇的牧民由于降低了学习与使用藏语的环境，因此，一些牧民已经不会说藏语了,其藏族的标志也仅仅是身份证上的"民族:藏"。鉴于这种情况,许多藏族的知识分子也从自身做起学习与使用藏语。有位叫尖措的藏族人,因为在兰州有亲戚,从小就在兰州上学,现在在中央民族大学上学。因为从小生活在兰州,缺少学习、使用藏语的环境,他上大学之前不会说藏语。上大学后他看到其他藏区来的同学可以很流利地用藏语交流而自己不会讲,感到很惭愧,于是下定决心学习藏语。两年多了,他已经基本掌握了用藏语交流。在能够使用藏文书写、阅读的藏族群众当中,手机是否支持藏文输入,是影响其是否决定购买的重要原因,而这背后,则蕴含着对本民族语言、文字传承的考量。

藏族牧区这些年来,一直在大力推行的游牧民定居工程,虽然属于文化变迁中最低的一个层次,但其带来的影响无疑是巨大的。

> 藏族放牧的方式历来是游牧的,所谓游牧就是一定要流动,绝对不能在一个地方常驻。定居放牧的方式会造成以定居点为中心草场的辐射状退化,并且牛羊活动范围的缩小使得其体内摄入的营养物质与微量元素减少,导致牛羊体质的下降与疾病的增多。(南京大学,牛克昌博士,34岁,201208)

与学者相比,普通牧民对于定居的感受则更为直接,他们对定居有着自己的体验和感受。他们说:

> 天气变化也很大。现在夏天气温很低,雪多雨少。你看你们虽说夏天来的,穿的还是棉衣,我们牧民更是厚藏袍,因为气温变化很快,忽冷忽热,尤其早上特别冷,你去看帐篷里的炉子下面的草长到一尺多高,帐房外面的草却只有几寸,以前从来不会这样。这个道理也简单,天气冷了,夏天早上的土还是冻的,草肯定没有办法长。等太阳出来了,慢慢暖和起来才开始慢慢长。现在早上出来就像是住在山的尖尖上那么冷。
>
> 活佛说,如果不好好做人,不经常做善事的话就会得到报应,现在我常常会想起这些话。就像现在老鼠越来越多是不是就是因为人放毒药灭鼠灭的?草越来越没营养是不是就是因为人杀野生动物的结果?草场越来越差,是不是因为人变懒了,都不转场游牧了?

以前游牧，从一个草场转到另一个草场，很好。比如冬天在冬场放牧，春天就走了，夏天过去后我们再回到冬场时，草已经长好了。以前没有定居，没有在一片草场上一直待着不动的。

现在一家家承包了，在自己的草场上放牧，草场本来就不够大，一年到头不搬家，就在定居点住着，牛羊一直在一个范围里踩踏，草都变黑了。对草场来说还是远远的游牧最好。

现在每个队里都有很穷和很富的人。以前平均一个牧民20多头牛，200只羊就已经很满足了。那时候还没有买车盖房的事，现在的人又要盖房子还要买车，买汽油，变得越来越贫困。牧民现在也有变化了，很多人已经不怎么关心自己的牛羊。对这个事情我非常担心。还有些人总是一边说贫困，一边向国家伸手，他们把自己的牛羊都卖了，装作自己是贫困户要钱。人变得懒了，品质也坏了，不愿意放牧就不停地处理牲畜，向国家伸手要补助，这给国家增加了多大的负担啊。这样下去我们整个牧民以后还怎么办。

莲花生大师说了，世界慢慢变的时候，人的心也变了。因为人做了很多坏事，所以有很多生态灾难，这是我们应受的罪，从科学角度怎么解释我不会说。（玛曲赛马场定居点，东珠，38岁，201208）

种种变化中最根本的是心理上的变化，这些变化在许多牧民看来才是最危险的。包括宗教信仰在内，年轻一代对传统藏族文化的遵守、实践程度降低，表现出的本民族文化特质的减少等现象是牧区社会中长者与本土社会精英等是最为担心的。

移民到双海子村的肃南裕固族，他们所使用的语言是属于阿尔泰语系突厥语族的西部裕固语，至今尚保留着若干古代突厥语和回鹘语的词汇，是和古代回鹘语最接近的活语言。随着人们生产生活方式的改变，这种古老的语言也在悄然发生变化，并面临着发展的困境。

搬过来以后（和其他民族的交往）基本上就是和汉族打交道。老家就全是裕固族，现在包地的人也多，工人也是外面的，和汉族的交往就多了。像我们这种年龄的，有个娃娃，娃娃不会说裕固话，会听，不会说。这里汉人多了，娃娃也不说了。（郭某，男，42岁，农民）

裕固族语言面临的一大困境是越来越多的人不讲乃至不会讲裕固族语言。在迁出莲花之前，这支裕固族生活的地区基本都是本民族成员，其社会交往也以民族内部的交往为主，裕固语是其生活中最常用的语言。迁入双海子村之后，生活区内的汉族增多，双海子下辖的六个方田中有两个是由来自马蹄乡的汉族组成的，另外这里还有周边县市和四川、河南等地的汉族土地承包者，因此其与汉族的交往逐渐增多，在日常生活中使用裕固语的机会相对减少。由于裕固语只有语言没有文字，因此其传播完全依靠口口相传，在交谈中使用，在使用中流传，对它的记录则只能以人们的记忆存在。与其他民族的交往增多，使用本民族语言的机会就会相应减少，裕固语代际相传的难度便在无形中加大。

像我们一直在学校里读书，学的都是汉语，后面接触的也都是汉族同学，所以说裕固话的机会也少了，像我这么大的，好多人，有些（裕固）话我们都不会说了，大多数都会说，但是说不全了，有些就只会听，干脆不会说。（郭某，男，25岁）

双海子村移民的第二代人当中，有很大一部分是在搬迁之后出生的，另外一些虽是出生在迁出地，但是搬迁的时候均在学校上学，他们接触汉语的机会远多于裕固语，使用裕固语的能力自然逊于其长辈，也就造成一些年轻人"只会听，不会说"的局面。即使是在年龄较大的裕固族当中，其裕固语的能力也存在一定的衰退现象。我们在调查中发现，当地裕固族在民族成员内部的交谈中，除了使用必要的汉语借词之外，有些人在用裕固语进行表达的时候，经常会夹杂着汉语。在问到这是为什么的时候，他们会说："说得快了，有时候想不起来用裕固话怎么说，只好用汉语说。"

在迁入双海子村之后，与汉族交往增多成为村民中普遍的心理体验，九成以上的被访者认为自己和汉族的接触较在牧区的时候增多。随着对外交往的增多，一些新的事物出现在裕固族的生活当中，原有的裕固族语言中却没有相应的表达方式，已经不能完全表达需要表述的内容，因此大量的汉语借词开始出现，如苞谷、电视机（台）、手机、电脑、照片、电话、塑料、客厅、卧室、出租车、汽油、大学生、户口、医院、新农村、教授、社会、法律、手表、暖气、管子等。汉语借词的大量出现，一方面表现了裕固族语言自身发展面临的困境，另一方面也体现了古老的裕固

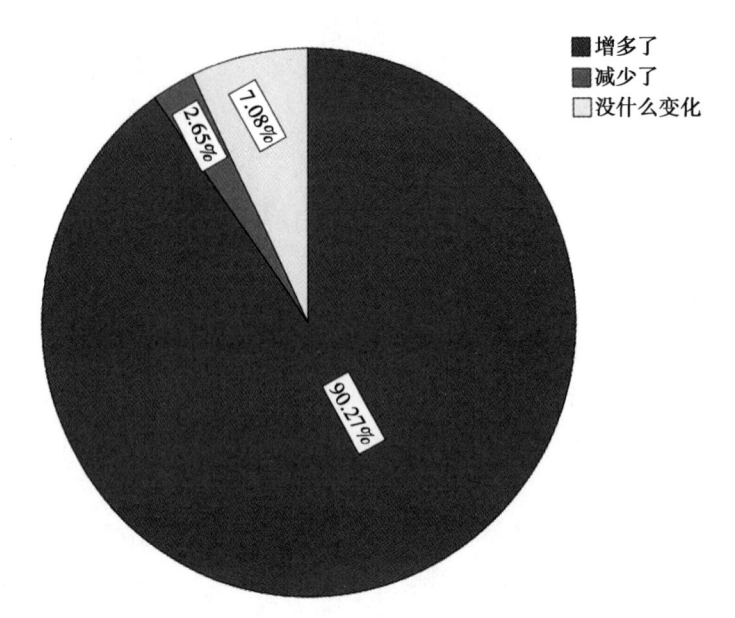

图 6-20　移民后与汉族的交往频率

语言对现代社会发展的适应，有利于和其他民族的交往与民族的发展。

　　这也许是许多牧民对于本民族发展的最大忧虑。的确，衣食住行等外在的东西都可以变，但是一个民族最为基本的核心，即共同的心理文化素质不能变。对于藏族牧民来说，那是深深扎根于高原、雪山、草地的游牧文化与藏传佛教的信仰。正是因为这些因素在现代化的浪潮中受到了亘古未有的冲击，才使牧民对于本民族的发展产生了不同程度的忧虑。

第七章　变迁语境下民族心理适应机制

当拥有自己独特的生活空间、生计方式、社会结构、民族文化的藏族、裕固族等游牧民族在面临生计方式变迁及经济模式转型时，其物质文化和心理文化必然发生重大变化。物质文化的变化是以物质的形式表现出来的、是我们可以看得见的。而这些传统的游牧民族在面临变迁时，其精神文化、心理文化的变化是不易察觉的。从游牧到定居是一场深刻的社会变革，游牧民定居如果只是把牧民从草原迁入城镇，安排好他们的工作与生活，那还仅仅是自然生态意义上的移民；裕固族中的一部分人从牧民直接转变为农民，也不仅仅是一个生计场域和身份转换的问题，其中影响更大更久远的是传统游牧民的文化和心理因素。

在对变迁语境下民族适应心理的研究中，我们将民族学田野调查资料与心理学理论结合，试图从民族心理适应的外部机制和内部机制来分析民族心理适应的机制问题。我们认为心理适应主要指个体的各种个性特征互相配合，适应周围环境的能力。个体能否尽快适应新环境，能否处理好复杂、重大或危急的应激事件，与他的心理适应水平高低有很直接的关系。我们可以依据不同的标准将心理适应分为不同的类型。比如孔维民认为，根据适应的对象，可以将其分为对自然环境的适应和对社会环境的适应；根据适应的基础，可以分为生理适应和心理适应；根据适应的程度，可以分为浅层适应和深层适应；根据适应过程中是否有意识的参与，可以分为有意识的适应和无意识的适应；根据适应过程中态度的积极或消极，又可分为主动适应与被动适应等。[①]

[①] 孔维民：《适应的分型与适应能力的培养》，《淮北煤矿师院学报》1991年第3期。

一　民族心理适应外部机制

在为牧民尽可能创造良好工作与生活空间的同时，还要保护与传承游牧民的文化，关注他们在变迁中的心理承受与适应能力。为了促使牧民顺应文化变迁，促使牧民尽快完成心理适应，我们提倡从教育的维度满足游牧民生计方式的再获得；从文化的维度促使游牧民传统文化的转型与重构；从空间的维度顺应游牧民生活场域转换的延续性；从社会的维度加强搬迁后新社区功能建设的多元化；从权利的维度提高游牧民发展机会与权益的保障。

1. 生计能力的再获得

牧民定居城镇，首先要解决的就是其生计问题。生计变迁过程绝不是传统与现代的自然传接，而是面临着诸多的问题，伴随着精神的失落和适应的艰难。通过教育保障、社会支持、信息传播为游牧民生计转型提供支援和环境，为牧民心理适应夯实物质基础。

教育为生计方式变迁提供基础。教育是培养新生一代准备从事社会生活的整个过程，也是人类社会生产经验得以继承发扬的关键环节。教育的首要功能是促进个体发展，包括个体的社会化和个性化；教育的最基础功能是影响经济发展。教育为经济的持续稳定发展提供良好的背景，提高受教育者的潜在劳动能力，形成适应现代经济生活的观念态度和行为方式，教育还深深影响着文化发展，教育不仅要传递文化，还要满足文化本身延续和发展的要求。

一个民族群的繁荣兴旺，重要的是加强人口受教育的程度，提高整个民族的人口素质。文化素质是人口素质的核心，是人口素质高低的重要标志。文化素质不仅决定着人口的发展，同时也影响着经济的发展。人口受教育状况是人口素质的重要方面，它反映出一个民族发展潜力的大小。民族人口的文化教育状况直接影响到民族人口的发展，影响到优生优育的普及，更影响到民族的繁荣。民族文化教育水平的低下制约着生计方式的多元化、高层次的发展。[1]

---

[1] 马海寿：《当代新疆昌吉地区回族生计方式变迁研究》，博士学位论文，兰州大学，2010年。

牧民从牧区走到城镇，生活场域的转变，生计环境的变化，原有的生产技能、民族文化发生改变，存在着明显的社会化不足问题，这对教育，包括学校教育和社会教育又提出了新的要求。调查中我们注意到，很多牧民搬迁到定居点的初衷就是为了解决"子女受教育"的问题。在"陪读的重担"的田野资料里我们也深刻地感受到牧民对子女受教育的重视程度。定居后城镇里的学校教育容纳和满足了牧民渴求子女求学的愿望。

为使牧民的生计方式转换拓向更广阔的市场，发挥他们的优势与特长，必须提高牧民的文化教育素质和重视现代科技文化教育。要提高民族的人口素质必须转变传统教育观念，从儿童、妇女的教育抓起，做到个人、家庭、社会等方面的积极配合。提高民族人口素质，推动民族整体发展，才能使藏族牧民不断适应新的生计。在牧区，还要大力发展民族教育，营造良好的文化环境，汲取民族传统文化中的优秀与精华的成分，提高社会文明水平及程度。牧民自身具有源远流长而又丰富多彩的传统文化，其中有许多文化特质是现代社会所必需的。考虑到藏族文化的保护和延续，教育又担负着发现、挖掘、整理、传承和弘扬这些文化特质的义务和责任，定居点的教育必须从内容和形式上发生变化，以适应这一形势变化和发展的要求。

除了教育对民族文化的保护外，民族传统文化的传承也要实现文化自觉，政府的基层管理者和决策者也要参与到民族地区的文化建设中来。传统文化的保护需要得到社会各方面的相应支持。实现文化自觉仍然是文化传承与保护的前提，作为调适和发展传统民族文化的基础，文化自觉是促使牧民作为文化保护主体参与文化传承和保护，提出更适合本民族文化传承和保护的对策。双语教学政策及其教学实践，在其文化传承中的作用及其优势是明显的。藏语教学使其对本民族语言、文字以及文化等有更深入的了解，增强其对本民族文化的自觉，汉语教学则能够提高其对现代社会高度开放的现实要求，提高其适应性，亦能促进其对中华民族文化的认同以及文化自觉。

职业教育是面向整个社会的教育，根本目的是让人学会技能和本领，能够就业，成为有用之才，在牧区发展职业教育对已经离开学校的定居牧民来说，是他们掌握就业技能的重要途径，因此，在一定意义上来说，职业教育的开展情况及其实际效果如何，也影响着能否解决牧民在城镇里新的生计方式问题。职业教育使牧民能够掌握各行各业的专业技术，顺利实现就业，摆脱贫困，促进牧民在定居点的心理适应。这是促进社会公平、实现社会和谐发展的有效途径。把职业教育纳入到甘南藏区经济社会发展的规划中，促使职业教育在规模、专业设置上与经济社会发展需求和牧民群众的需求相适应，培养更多的应用型、技能型牧民。

社会网络为生计方式变迁提供支持。心理学界对社会支持的研究始于20世纪60年代，是在人们探求生活压力对身心健康影响的背景下产生的。但是直到20世纪70年代，社会支持才首次被作为专业概念由Cassel和Cobb在精神病学文献中提出。[1] 心理学学科中将支持定义为一种能够促进扶持、帮助或支撑事物的行为或过程。康恩认为社会支持是人与人之间的帮助、关心和肯定。Cohen和McKay指出，社会支持是指保护人们免受压力事件和不良影响的有益人际交往。它作为个体对其人际关系密切程度及质量的一种认知评价，是人们适应各种人际环境的重要影响。

心理学学科中，社会支持一般有三种分类：第一，客观支持、主观体验到的支持和对支持的利用度。客观支持也称实际社会支持，包括物质上的直接援助和社会网络、团体关系的直接存在和参与是客观存在的现实，这是人们赖以满足自己的社会、生理和心理需求的重要资源。主观体验到的支持也称领悟社会支持，即个体所体验到的情感上的支持，也就是个体在社会中受尊重、被支持、被理解而产生的情感体验和满意程度，与个体的主观感受密切相关。第二，家庭支持、朋友支持和其他支持。这是从社会支持来源角度进行的分类，强调个体对来自各种社会支持来源的理解和领悟。第三，认知支持、情感支持和行为支持。这是以社会支持维度为出发点的分类。认知支持指提供各种信息、意见与知识等。情感支持指安慰、倾听、理解及交流。行为支持指实际的帮助行动。

社会支持是一个人通过社会联系所获得的能减轻心理应激、缓解紧张状态、提高社会适应能力的影响。[2] 其中社会联系来自家庭成员、亲友、同事、团体、组织和社区的精神上和物质上的支持和帮助。社会支持不仅仅是种单向的关怀或帮助，它在大多数情况下是一种社会交换，是人与人之间的一种社会互动关系。社会支持来自于社会关系的帮助、人们联系的方式以及支持网络中成员间的资源交换。

---

[1] 纪梦楠：《大学生社会支持研究现状》，《精神医学杂志》2008年第6期。
[2] 陈成文、潘泽泉：《论社会支持的社会学意义》，《湖南师范大学社会科学学报》2000年第6期。

领悟社会支持通过对支持的主观感知这一心理现实影响着人们的行为和发展，更可能表现出对个体心理健康的增益性功能。社会支持能够缓解个体心理压力、消除个体心理障碍，在促进个体的心理健康方面起着重要作用。

提高牧民劳动技能、推动牧民的社会支持是解决牧民再生计问题的根本出路，也是实现牧民心理适应的关键。面对牧区发展现状，应从加大牧区人力资本投资、建立完善的培训服务网络、提供多元化的就业空间、选择多元化的培育模式等方面切入，[1] 外部促动与内部激励相结合，拓宽牧民就业渠道，改变以往粗放劳动模式，促进牧区长久发展，推动牧民增产增收。

加大牧区人力资本投资、拓宽牧民劳动技能是提高牧民自我发展能力的根本。政府可以加大对牧区的公共人力资本投资，出台社会经济政策应重点考虑对牧区人力资本的投资和积累，科学制定牧区人力资本投资政策。进一步增强知识发展因子与人力资本投资因子对牧区持续发展、牧民增产增收的促动作用。加强牧区人力资本投资制度建设，提升牧区基础教育。百年大计，教育为本，完善牧区教育制度，包括教师聘用制度、工资制度、培训制度和绩效考核制度，以及牧区教育经费保障和融资管理制度等。完善牧区医疗保障制度，建立健全牧区人力资本投资的救助和扶持制度与体系，帮助牧民家庭摆脱人力资本投资需求，化解牧民群众收支矛盾所带来的困境。加大牧区劳动力转移资本投资。把牧区转移劳动力的素质教育和技能培训纳入国家总体教育规划和投资范围，建立"政府主导、多方筹集"的投入机制，实行教育均等化，支持牧区转移劳动力在城市用工单位享有平等教育和培训权利。

建立完善的培训服务网络。由于牧区经济结构单一、牧民文化素质相对较低、生存资源仍有不足的现状都不利于大规模移民和集中居住。牧民依靠传统的游牧生产方式，不能彻底改变落后的生产力，牧区基础设施相对滞后，针对这些特点只有调整现有产业结构，加强牧民劳动技能培训，完善培训机制，才能在提高公共产品效率的同时，有效改善牧民的公共产品服务。虽然为分散的小规模人口创造良好的教育环境和培训网络显得非

---

[1] 赵雪雁、巴建军：《牧民自我发展能力评价与培育——以甘南牧区为例》，《干旱区地理》2009 年第 1 期。

常昂贵，然而它对于提高牧民自我发展能力又是必需的。因此，应建立完善的培训服务网络和科学的教育模式，以提高牧民的生产力及抵御风险的能力，增强生产投资因子与生产效率因子对牧民增收的促动作用。建立科学的技术推广和劳动技能培训体系。完善牧区各州、县、乡"三站"（兽医站、草原站、育种站）职责建设，充分发挥其科技推广和应用。由政府主导、部门负责，实行集约化、规模化舍饲养殖，实施农牧互补战略，大力发展草产业，突出肉牛、肉羊及奶牛养殖，加快牛羊育肥贩运，加大畜产品精深加工，培育高效生态畜牧业，提高牧民收入，扩大就业空间。技改传统工业，打造绿色产业，发展循环经济。应充分利用甘南地区得天独厚的自然资源，树立品牌意识，大力发展绿色产业，把纯天然、无污染的畜产品以乳制品、肉制品及畜副产品精深加工为主导，延长畜产品加工业产业链，逐步形成各具特色的畜产品加工产业集群。努力发展循环经济，促进民族特需品加工业的发展，扩展牧区就业渠道，重视生态环境保护，创造人与自然的和谐。大力培育新兴产业。比如甘南藏族自治州，应依托甘南牧区丰富的藏中药材资源和藏药研究开发优势，加大藏中药的研究开发和精深加工。利用甘南牧区生物多样性的特点，大力发展红景天、食用菌、人参果等山野珍品特色加工业。积极推进民族工艺品和民族用品加工业的发展，使其向专业化、特色化、规模化和品牌化的方向发展。大力发展以物流业及旅游业为主的第三产业。甘南牧区自然特色丰富，区位条件优越，应在县城以及区位、交通、物产等条件优越的乡镇，分层次规划建设一批规模不等、布局合理、功能互补的专业化市场、商业网点以及特色鲜明、富有活力的物流配送中心，积极发展物流产业，尤其是甘南牧区蕴藏着丰富的自然旅游资源，不仅有辽阔的草原、茂密的原始森林、巍峨的雪山和风光旖旎的高原湖泊，而且有浓郁的民族风情、神秘的宗教寺院、众多的文化遗迹，还有可供漂流探险、跑马、登山、科学考察的区域。因此，甘南牧区应将丰富的旅游资源作为促进产业转型的突破口，鼓励当地群众参与其中，发展"牧家乐"，提供家庭式的藏文化与生态相融合的旅游服务。

选择多元化、立体化的培育模式。必须立足于市场经济的客观规律，着眼于牧区社会经济的发展趋势，选择多元化的培育模式。首先是制度创新推动模式。这种模式的动力主体是政府。通过政策的导向，释放制度创新的能量、强化基础设施建设、组织和协调全社会力量，对牧民自我发展能力建设产生积极的制度"诱发效应",从体制和机制的结合上构建牧民自我能力发展的政策法规体系。其次是产业分化驱动模式。这种模式的动力主体是产业界,主要以技术进步条件下的产业结构分化和调整,派生新的产业和职业岗位需求,引导牧民为适应新的职业要求而挖掘自身潜能,从而增强牧民自我发展的能力。同时,在提高牧民整体素质的前提下,优化牧区产业结构,提高畜产品的竞争力,最终提高牧民群众的自身发展能力水平。最后是素质教育促进模式。这种模式的主要动力主体是教育界,通过知识的启蒙、灌输,提高牧民的文化素质、培养新型牧民。牧民定居及城镇化诱导模式。通过游牧民定居工程和城乡一体化建设,改变牧民过去居无定所、分散游牧的生产状况,创造出更多的就业机会和岗位,引导牧民按照城镇化发展的水平,提高自身的综合素质,实现牧民向城镇化转移,使相当一部分劳动力不仅可以投入第三产业服务领域,而且可以投入牧区资源开发、兴办畜产品加工、旅游开发等中小产业,不断壮大经济实体,有效培育牧民自我发展能力向更深层次和更大范围内延伸。

利用多样化的信息传播为生计方式变迁提供环境。牧区信息化的不断推进,在牧业生产和提高牧民生活水平方面日益发挥出重要的作用。政府宣传引导,科普知识的推广,尤其是广播电视节目在相当大程度上丰富了当地牧民群众的文化生活,并为他们传播了生产、生活中所需要的重要信息。电信部门的移动电话、ETS无线接入系统以及其他如GPS设备,为牧民对外联系与沟通、夏季偏远牧草地的定位与导航起到了重要的作用。一些牧民过去对市场行情不了解,中间商来收购牛、羊及畜产品时,对于要多少价、究竟多少才是市价,都很难得知,为此经常损害到自己的利益,而今传媒信息的发达全方位的将各种信息汇集到草原深处,可以使牧民及时了解到畜牧产品的新近价格,可以讨价还价,随行入市。信息化基础设施建设的投入就需要政府资金扶持和政策的倾斜,建立常态化机制并固定下来,因为基础设施涉及光缆、微波、卫星等传输方式以及广播电视、移动通信、宽带、固定电话等多种信息网络工程,这对于地处边远、交通不便、资金短缺的草原牧区来说,绝不是一蹴而就的事情。

除了前面所提到的需要政府资金扶助外,还需因地制宜,结合本地人口的多少、需求量的大小、居住位置的分布、供电等实际情况,采取多种方法,有计划、有步骤地稳步推进。首先,需要继续完善"电话村村通"工程和"广播电视户户通"工程,在此基础上推广应用高效的网络传媒,有条件地区的牧业部门，应积极主动地搭建自己省、地、县级信息网络平台或专业网站，发展个体门户服务站点，逐步在乡镇、村一级、定居点配置网络终端设备，使宝贵的牧业信息资源充分得到利用与共享。其次，各有关信息技术部门应结合本地实际，尽可能地使用便捷最新的现代技术，合理地越过某些过渡性技术阶段，在各级政府的大力支持与发达地区的对口支援下，发挥当地潜在的后发优势，实现跨越式发展。

在牧区信息化建设的推进过程中，如果说网络设施是基础，信息资源的开发、利用就是核心，那么信息技术人才则是关键所在。一方面，要选拔牧业信息技术人员和管理人员，并进行重点培养，积极引导广大牧民群众树立崇尚科学、移风易俗的思想，使他们在原本懂得牧业技术知识的基础上，尽最大努力发挥计算机技术，并在实践中不断总结提高自身的管理能力和服务水平；另一方面，专业技术人员要发挥自身优势，对家庭拥有电脑或能够接触电脑的牧民群众，进行电脑信息网络知识的培训辅导。这些知识和技能，直接为牧区的经济发展和牧业的生产提升服务。

通过在政策上倾斜、经济方面的扶植来推动手机媒体在民族地区的蓬勃发展，担负起强有力的保障及信息传播职能。在政策扶持方面，考虑到手机媒体成本较低的现实条件，国家可以出资组建专门针对民族地区农牧区的免费手机媒体信息发布平台，实现手机媒体在上述地区的全覆盖免费传播。如果上述措施能够顺利实施开来，借助手机媒体将会大大促进党和国家方针政策的宣传，更快、更好地传达到广大的农牧民中。从而实现"窄众传播—放大化的人际传播—具有更大影响大众传播"的效果。

建立和健全牧区信息化服务的法律保障。为保障信息化建设的顺利实施，有必要制定和健全相应的法律、法规，营造良好的氛围，开拓有利于信息传播的良好环境。我们在调查中了解到，牧民对来自不同方位的信息很敏感，也存有防备心理且非常反感那些夸大、虚假的广告和虚假信息，因为他们本来就缺少信息渠道，不可能利用大量的信息来比照、分析和考量。那些不实的广告和信息给难于辨别真伪的牧民群众带来了欺骗和误导。一些地区还有这样的现象，政府出资在乡镇街道的路旁设立一些公共通信设施，但是，却因人为的破坏（多为零部件被盗）而无法使用。由此反映出，在牧区的信息化建设进程中，我们必须要加强设施的管理，要进一步加强普法宣传教育的力度，增强全民法律意识和法制观念，夯实观念转变，运用政府职能部门严格的法律手段来维护法律的尊严，保障牧区信息化工作的顺利推广。

除了利用通信手段达到交往和信息的传播外，还要利用人际交往的丰富性和复杂性。因为人与人交往中传递的信息更具有"人"的意义，包括价值意义和情感意义。牧民不但要通过人际交往达到心理适应，还要利用人际交往为获得新的生计提供信息环境。首先，交往活动对人类的生存和发展是极为必要和重要的。交往是人类社会的存在方式，交往对社会有整合作用，使人类各分散的个体得以联合起来，聚集成一个整体；交往又对社会成员起调节作用，使个体行为得到调节和控制，达到个体之间和谐配合，实现共同的社会任务。当今社会已进入信息时代，电子计算机技术的提高及应用的普及，世界性卫星通信网络的发达，都导致每个人接受信息的大量化和便捷化，使人们更加依赖现代传播工具。其次，人与人之间的交往是不可或缺的。交往是个人正常心理得以发生发展的必要条件。即使个体的心理机能已发展成熟，正常的人际交往活动依然是他们维持和进一步发展心理机能的必要条件。个体一旦被剥夺交往，业已获得的心理机能仍将发生衰退。心理学实验表明，被剥夺交往的人群会失去安全感，产生抑郁、淡漠和敌意，并拒绝信息的传递。

马斯洛曾经提出的人类五大类需要中，乍一看来，似乎没有交往需要的地位，可是实际上这五大类需要都不能在个体自我的范围内实现，每种需要的满足都离不开人的交往活动。"人是社会性的动物，因此，在日常生活中人们与他人进行交往，发生联系，以寻求自我生存的保障。"[1] 定居点的广播电视推动了各种文化在牧民中的传播，在城镇定居的牧户由于搬迁过来是按照各乡之间杂居在一起，因此牧民自我的文化娱乐活动增多，而邻里之间的交流比以前减少了。社会学通常从联系人际关系的纽带上，将社会关系区分为三类：血缘关系、地缘关系和业缘关系。血缘关系主要指亲戚，地缘关系主要是邻居、村干部，业缘关系主要是同事。自从牧民的生活的场域发生变化以后，人际关系纽带也产生了过渡，由血缘关系—地缘关系—到业缘关系的变化。

搬迁后，牧民原有的社会关系网络发生了空间位移，这无疑影响了他们的生产生活。来自不同搬迁地区的牧民之间处于一种相对隔离的状态，与当地居民亦处于隔离状态。尽管生活在同一城镇，但他们之间却存在一

---

[1] 李强：《应用社会学》，中国人民大学出版社2004年版，第328页。

定的区隔，清晰地划分出来自哪一个定居点。在广大的草原牧场，长期以来自给自足的、生产工具落后的粗放经济，使广大牧民与外界的交往相对少。他们的人际关系范围不大，而且有着浓厚的家族主义色彩。这种人际关系同质性强、结构稳定、感情投入多，对外乡人的介入则容易持否定、排斥态度。对于搬迁的牧民群体来说，他们都具有同质性，又有一致的利益，因此有很好融入和团结的可能性。很多信息、观念均可以共享。调查中发现当地居民在生产方面对牧民的帮助不是很大，因为他们之间的交往极少。如果当地居民和移居牧民之间能有更深入的交往，彼此认同对方是城镇主人翁的一部分在主动交往中获得信息、传递信息，为获得更多的生计提供信息资源。

2. 传统文化的保持与跟进

对于人类来说，客观世界的存在具有特殊的意义和关联结构。人们需要依靠心理意识对其做出反应，从而进行思考和进一步展开活动，但是我们"对这个世界的所有解释都建立在人们以前有关它的各种经验储备基础之上，……这些经验以'现有的知识'的形式发挥参照图式的作用"[①]。对一个民族来说，这些"现有的知识"正是其民族成员在漫长的历史时期中所积累的关于这个客观世界的认知结果，并以此来指导民族成员在日常生活中的行为。即使是在现实世界发生变化的情况下，当这种"现有的知识"不足以为人们解释社会事实提供"参照图式"的时候，人们需要重新认识社会事实以储备足够的经验，但这种对新的社会事实的认知过程仍是受到传统经验的影响和指导的。

作为藏族历史上流传下来的固有文化，其传统文化与他民族一样，亦是在藏族形成和发展过程中逐渐兴起并壮大的，是藏族群众在认识和改造青藏高原的物质生产生活中，与他民族不断交往融合，创造和发展起来的独具特色的文化体系。古老而丰富的藏族传统文化，包含着宝贵的精神和智慧，从形成的那一刻起，它就深刻地影响着藏族社会的存在和发展，构成了维系藏族民族心理的纽带，为民族的发展提供了情感基础。

甘南牧民的生计方式变迁促使其社会、文化、民族心理等方面都出现了变化。对涉及其中的藏族牧民而言，他们需要经历重新认识其所处的客

---

① 舒茨：《社会实在问题》，华夏出版社 2001 年版，第 32—33 页。

观世界的过程。"文化过程是动态的、依赖于语境的。"① 当现实社会中人类行为和心理活动的语境发生变化时，文化也可能出现不同于以往的意义。由于现实社会中人类行为和心理活动与传统文化之间的深厚渊源，传统文化并没有完全退出新的文化环境，而是利用自身的特点，积极形塑着当前的文化变迁，为人们更好地适应新文化语境提供借鉴。牧民在利用传统知识适应现实社会变迁的同时，同样在适应新文化语境的过程中对传统知识进行改造和重构。

传统仪式的现代重构。仪式，在藏族社会和文化中是一个普遍存在的现象，作为一套系统的象征体系，仪式文化从一个侧面反映了藏族文化的全貌。仪式在藏族社会中的存在和应用、仪式行为本身及其所表征的象征符号、其中所蕴含的政治与权力之间的关系等，无不为牧民的族群和社会认同提供了有利的因素。有效发挥仪式的正能量，可以发挥其整合与巩固社会的功能。伴随着社会的变迁，牧民传统仪式中的一些内容也在悄然地发生着变化，并被赋予了新的内涵和功能。

在玛曲，每年农历正月初一的洛赛节、正月十三日至十六日的毛兰木节、三月十日的涅槃会、四月十五日的插箭节、春夏两季的蔡拉卜考（嘛呢石堆）、十月二十五日的燃灯节等，当地都会有规模不一的庆祝活动，而这时也是举行一些比较重要仪式活动的时候。

在藏族传统的节日仪式中，牧民也会进行各种体育赛事，其中赛马尤其受到藏族群众的喜爱，被视为一项重要的社会活动。除了节庆期间的赛马外，一些地区的牧民也会举行盛大的赛马节，其赛马节本身就与藏族的宗教信仰有关，最直观的表现是在赛马节期间各种藏传佛教仪式的存在。同时，撇开赛马节期间的宗教仪式不说，其表现出的集体认同或社会认同、社会分工、社会价值观念都使社会结构清晰可见，而"仪式之所以存在并能够持续下去的原因，是因为它们是一个有序社会维持其生存的机制的一部分，其作用是建立某种根本的社会价值"②。所以，赛马节本身就起到了重要的仪式性功能，我们也可以将其作为仪式进行研究。

牧民的赛马节历史悠久，目前每年都会举行，对玛曲牧民来说，马在

---

① [美]赵志裕、康萤仪：《文化社会心理学》，刘爽译，中国人民大学出版社2011年版，第237页。
② [英]A. R. 拉德克利夫-布朗：《原始社会结构与功能》，丁国勇译，九州出版社2009年版，第325页。

其生活中拥有重要的地位。赛马是其传统文化中的一个重要组成部分，但也曾一度停办，后在牧民的强烈要求下，赛马节又重新恢复。但是这种恢复并不是简单地照搬原有的模式，而是在恢复的同时加入了新的内容。如今玛曲地区的赛马节影响力不断扩大，参加赛马的队伍已经不再局限于玛曲地区，甘、青、川、西藏、内蒙古各地的选手都会参加。当地藏族在赛马节举办的同时，利用这个机会举办各种民俗活动，把赛马节举办成了宣传民族文化的平台，吸引各地的参赛队伍和游客。又如双海子村的裕固族移民，2010年他们在自己的"新家"双海子村集资兴建了鄂博，为每年举行祭鄂博所用，也有为开发旅游储备资源而做的考量。

就其本质而言，牧民在传统仪式的重构过程中重新认知原有的文化特质和新的文化因素，根据认知的结果选择、调整相应的行动，这些又会影响其对社会变迁的适应情况。当地社会变迁的一个显著结果就是玛曲的社会开放性更强，与其他民族的交往不断增多。如今玛曲的赛马节，为这种民族间的交往提供了更多的机会。外界游客的进入，不仅给玛曲带来了经济收入，其他文化群体的游客进入玛曲、与当地牧民进行交往之后，获得了对藏族文化的再认识，藏族的民族文化、民族精神也在其中得以不断展现，促进了不同文化间的融合。伴随着藏族牧民和裕固族传统仪式的重构，其自身原有的文化因素得以继承和发展。再加上外界文化因素的进入，二者在良性的社会环境中进行互动，重构之后的传统仪式则充当了二者之间的媒介。

民族语言的传承。民族语言是民族文化的重要组成部分和表现形式，它是民族文化系统中，各种特征、各种属性的文化因素的有声符号的物化表达形式。民族语言也是民族的文化内涵和精神特质得以传承和发展的重要媒介。通过考察民族语言的发展历程，我们可以了解民族的特点及其形成和发展的历史轨迹，"一个民族的语言就是该民族的一座文化宝库，每个民族成员学习和使用本民族语言的过程也是习得民族文化的过程"[①]。民族语言的存在和发展是"民族文化心理的载体之一，包含着丰富的民族心理。民族的民族意识、民族认知世界的方式方法、民族的生态伦理观念、民族的宗教及崇拜心理、民族的交往心理等民族特有的文化心理无不

[①] 王军：《民族教育学》，中央民族大学出版社2007年版，第86页。

透过民族语言得以表现"①。正因为如此,民族语言成为民族认同感和民族凝聚力产生的一个重要特征。在田野调查中我们有这样一个直观的感受,即牧民在和能够使用藏语和不会藏语的对象交往时,其表现出的认同存在明显的差异,牧民能够更快地接受和信任前者,而后者则需要一定的过程;对于那些不会使用藏语的藏族,他们的认同程度往往也会受到影响。

牧民的生计变迁使一部分群众搬迁到城镇生活,生活场域的变化造成他们与他民族交往的机会增加,使用其他民族语言的机会和客观要求亦随之增加。这就造成牧民使用藏语的机会减少,势必会影响一些牧民对藏语的使用,尤其是处于较低年龄段的青少年及儿童,他们对藏语的使用能力和记忆要弱一些,而他们接受新事物的能力却更强,如果没有适当的语言环境,势必会增加他们遗忘藏语和语言能力弱化的概率,对民族语言的传承也会造成不利的影响。

作为民族文化这个整体内部的一个子系统,民族语言"是民族文化产生和发展的必要条件,而民族语言又不可能脱离民族文化存在而发展"②,藏语和藏族、裕固语和裕固族文化之间也存在着这样的密切关系。因此,语言的传承和发展关系到民族文化的生存环境,二者之间是一种明确的正相关的关系。藏语的传承离不开藏族文化的大环境,由于生计变迁而搬迁到城镇的藏族牧民,其生存的环境已经发生了变化。首先,随着族际交往的增加,生活在城镇的藏族牧民无论是使用汉语的机会还是为了满足族际交往的需要,他们都需要在更大的范围内使用汉语;其次,来到城镇之后更多的新鲜事物进入他们的视野,其中一些在藏语中无法找到相对应的表达方式,采用借词成为他们的一个选择。比如汉族或回族的人名、摩托车、水泵、挖掘机、太阳能、义务教育、两免一补等,涉及其生活中可以接触到的各个方面。汉语的大量使用,对藏族牧民的社会交往而言无疑是有利的,可以使其社会交往更加顺畅,但是这种情况也会导致其自身的藏语使用范围和机会被压缩,而且传统的藏文中也没有这些词的相应表达方式,这对藏语的使用和传播就造成了不利的影响。裕固族地区也是如

---

① 李静:《民族心理学教程》,民族出版社 2006 年版,第 229 页。
② 娄晓悦:《浅谈中国少数民族语言与文化及其传承》,《西北第二民族学院学报》2006 年第 3 期。

此，移民到明花乡的裕固族使用本民族语言机会大大降低，为了与周边汉族进行交流，他们更多地使用了汉语；另外，也由于他们搬离了故土，而大多数的老人留在了牧区，使语言在代际传承中出现了缺失。

为了解决语言传承的问题，甘南、肃南、玉树等地在小学阶段实行了双语教学，取得了一定的效果。但是在目前的教育形势下，到了初中以后，藏族、裕固族学生在学校学习本民族语言的机会就大大减少。在玛曲，虽然有民族中学，还保留有一定的藏语课程，但是对于在普通中学学习的藏族学生来说，他们就已经没有机会在课堂上用藏语学习。到了更高级别的学校，如专科、大学之后，他们所接触的语言基本上是汉语，这就造成了一种情况，即藏语仅限于在家中或者在遇到本民族成员交流时使用。这种情况对藏语和藏族文化的传播明显是不利的。

从目前的情况来看，在学校教育中教授藏语确实是保存藏族语言和文字的一个重要手段，但是，藏语教学的目的并不仅仅是使藏族学生掌握使用藏语和藏文的能力，它也不仅仅是一种教学工具，而应该是建立在其语言文化基础上的一个重要载体和媒介。藏族语言和文化的存在和发展受到其生存的生态和社会环境、族际交往情况、民族心理因素、民族文化特征等多种因素的综合作用和制约。现代社会的开放性和多元性不断得到强化，民族语言也越发不可能生存在一个封闭的社会环境当中。所以，在这种一体化和多元化不断发展的大格局中，要谋求藏语的传承和发展，就需要体现其文化价值，承认社会文化变迁和语言变迁的现实，重视对藏族语言的使用、学习和教育。同时，需要具备一个多元化的文化心态，在和其他民族的社会交往中增强对民族文化的认知，强化文化之间的交流和理解，提高民族整体的文化适应能力和竞争能力。

宗教信仰的调适。在经历了漫长的发展历程之后，植根于藏族社会的藏传佛教形成了独具特色的宗教文化体系，对藏族群众社会生活的方方面面都影响巨大。概括而言，其社会功能主要体现在对藏族社会的心理调适、社会控制、族群整合和族际文化交往四个方面。在历史上，藏传佛教对藏族社会、经济、政治和文化的发展做出了重要的贡献，直至今日，其中的一些因素仍然具有很强的现实功能。例如，藏传佛教所提倡的一些行为规范、世界观、人生观已经不仅仅停留在经院哲学的范畴，它们同样规约着世俗社会的众人，成为影响藏族群众的社会规范和价值观念。藏传佛教当中所倡导的伦理道德，其中包含的旨在要求人们诚实、正义、行善等内容，为藏族群众妥善处理人与人、个人与集体以及国家、人与自然的关系提供了积极的信号，这也是人类世界共同追求的道德标准。此外，在藏族传统社会，寺院教育成为其传统教育的主要形式，每一座寺院都发挥着学校的功能，虽然其主要目的是培养宗教人才，但是其教育功能也一直在朝向世俗的方向发展。这里不仅培养出很多精通佛法的僧人，也培养了大批医生、文学家、天文学家、艺术家等专门人才。虽然现代社会藏传佛教寺院的教育功能已经发生巨大的变化，但是这里仍在培养各种掌握藏族传统文化的人才，并且在藏族信教群众当中积极地发挥宗教所具有的教化功能。

从宗教心理的层面来说，藏传佛教对信仰者的心理也具有很强的调适功能。藏传佛教的人生观可以满足信仰者内心的自我需要，如一些藏族老人们对希望的超脱，其力量就来源于对藏传佛教的信仰；藏传佛教还有利于信仰者获得更多的安全感；对另一些藏族牧民来说，藏传佛教是促使其追求理想，追求价值的强大动力。与其他宗教一样，藏传佛教也认为人类应该有所追求，应该认识到更高层次的超越自我的价值，并且应该为之不懈的努力。

无论是由游牧转变为草场承包以后的牧民、从游牧转变为定居从事第三产业的牧民，还是从牧民直接转换成农民，他们依然维持着自己的信仰。不过在面对生计变迁的同时，牧民的宗教信仰也在悄然发生变化。调查发现，中老年藏族、裕固族对藏传佛教的信仰程度更为深刻，他们在宗教上往往有更多的诉求。在玛曲，实行游牧民定居工程以后，一些老年牧民逐渐远离了放牧生活，从牧区搬迁到县城定居，担负起照顾孙辈上学的陪读任务。距离县城最近的藏传佛教寺院是在玛曲县城以北约3公里处的外香寺，由于陪读，他们没有足够的时间去寺院朝拜，一些老人对此感到十分惋惜。而搬迁到县城的年轻人，自身的宗教信仰本来就相对老年人而言较弱，在接受了县城的新鲜事物之后，加上县城的宗教氛围相对较淡，其宗教信仰进一步趋于弱化，他们更容易为世俗的事物所吸引。

藏传佛教是一种独特的社会文化，具有特殊的社会和心理功能，它在信仰者当中发挥着重要的作用。在调查当中，藏传佛教依然在藏族群众的精神世界中占据着主要的位置。无论是信仰依然虔诚的老者，还是信仰趋于淡化的年轻人，他们都承认藏传佛教的地位和作用。藏传佛教在增进藏族内部的一致性、促进藏族特色文化的发展和演变、促进藏族社会经济和文化发展方面具有很大的促进作用。

藏传佛教不仅是一种超越体验，同时也具有一套完整的世俗行为规范，这构成了一套完整的宗教话语。正是这种宗教话语，使其具备独特的调适功能。它通过一系列措施来调整、规范藏族裕固族的心理基础和社会行为，也为牧民更好地适应社会、促进社区发展提供了帮助。基于藏传佛教的这些特点和功能，如果我们能够引导其有效地发挥正面的调适功能，消解其不利的因素，必然可以在藏族社会变迁过程中控制社会失范的发生，使这种变迁朝向良性发展，促进社会的和谐。

3. 生活场域转换的延续性

牧民定居是一个深刻的社会、文化变迁过程。马克思主义基本原理告诉我们，生产方式制约着整个社会生产、政治生活和精神生活的全过程，"社会存在决定社会意识"。牧业生产是游牧民的传统产业，在传统牧业生产中，游牧民在自己熟悉的生活场域中，建立了一整套与游牧业相适应的民族文化。既然牧民走向定居已经成为历史的必然选择，作为牧民的衣、食、住、行等日常活动场所，牧民参加各个社会领域的生活场所，即物质生活和精神生活场所的总和的生活场域的改变同样不可避免。但是，从游牧到定居，牧民由传统的逐水草而居转变为固定的生活社区，由原居住地搬迁到安置地，他们的生活环境、生产方式、社会网络、思维方式、行为模式既有断裂的一面，也有延续的一面。调查发现相当一部分定居后的牧民仍然依赖游牧生产方式，这也导致草原生活场域存在着一个延续的过程。牧民的社会生活首先是一种自在的过程，在外界的、客观的因素和内在的调适过程中，逐渐转向自觉，由对原有生活场域的延展进入对新的生活场域的适应。这些变化首先从衣食住行娱的物质的、可见的变化方面得到充分体现，再逐渐扩展到精神层面的、文化和心理的适应和改变。

游牧文化的继承。牧民民族文化的现代转型不仅是时代发展的要求，也是游牧民的内在需要和文化选择。引起民族文化变迁的因素很多，其中生产方式改变、居住环境变动都是重要的因素。文化惰距理论告诉我们，物质文化和非物质文化的变迁速度存在时差。也就是说，一般意义上，物质技术类的变迁在非物质的适应性文化变迁之前，便显示出相对的独立性和稳定性。在定居过程中，游牧文化的现代转型不可避免。但游牧民固有的观念和习俗的改变也需要一个漫长的过程。因而，政府在制定和推行定居政策时，必须充分考虑到游牧民的传统文化起源、发展与他们游牧生产和生活的密切关系。在社会发展进程中，对游牧社会的传统文化来说，存在扬弃不适合现代社会发展的那部分内容和形式的要求。但是扬弃不是割断或丢弃，而是在新的条件下保留具有生命力的内容和形式。

另外，在游牧民族世代相传的游牧文化、生产方式、生活习俗中，崇尚自然、尊敬自然的观念是定居点的牧民发扬的品质。"同大多数传统社会转型所面临的问题一样，调查中我们看到了广大牧民对于社会转型进程中传统民族文化如何保护和传承的热切关注，也看到了他们在现代化进程中出现的困惑和迷茫。"[1] 草原文化在社会转型中如何定位并实现调适与创新，在民族社会新一轮的发展中继续发挥重要的作用，是其所面临的重要挑战。草原文化与社会转型之间的关系，主要从两个方面着手：一是给予牧区社会人文关怀，防止草原文化在转型的过程中被激烈同化或文化断裂，在创造物质财富的同时却遗失了传统的精神家园，从而带来难以解决的社会问题；二是从本位出发，培养民族文化自觉意识，熟悉本民族历史与文化特色，在保留文化根基的基础上兼容并蓄地推动牧区传统文化重构，在现代化发展中继续发挥重要的作用。

宗教寺庙建设及其社会功能的发挥。宗教作为一种意识形态，为社会提供了一种认识世界的方式，一种评判社会行为的价值观念和道德体系。而作为一种社会存在，又有它实体方面的社会组织和整合功能。这两个方面的功能都应该在定居工程中得到重视，为牧民定居工程后安置牧民在新的生活场域顺利实现心理适应并发挥积极作用。

社区功能建设的多元化。大量调查研究显示，在定居初期，牧民在定居地的经济适应对牧民的社区适应性有最为显著的影响。同时，牧民与当地居民的交往状况、牧民相互间的交往状况，以及对汉语的熟悉程度等因素也对牧民的心理适应性具有一定影响。由于牧民传统思想转变较慢，大多数人对于定居点的经济收入来源抱怨较多，生产、劳动方式无法适应，经济收入更无法令人满意。第一，在原有生计方式下，牧场和牲畜作为最重要的经济来源，是牧民生活的保障和信心。定居点的畜牧生产方式尚未或者几乎不能作为主要收入来源，而其他创收手段还未开发或适应之前，

---

[1] 僧格：《转型期西蒙古牧区社会生活变迁的实证研究——基于内蒙古与青海蒙古牧区的实地调查》，《西北民族研究》2009 年第 3 期。

经济问题是牧民最重要的心理适应障碍。第二，由原住地到定居点的搬迁造成了大量的资金支出。第三，定居地与原居地相距较远，很多家庭只能将老人和小孩安置于定居点，而劳动力必须在牧场，此类人力两地分散状况，为家庭生活带来了诸多不便。这些都是值得去认真思考和关注的现实情况。

随着牧民在安置地新生活的进展，影响牧民总体适应的因素开始越来越多的从生活各个不同方面显现出来。定居前，牧民居住分散，牧区基础设施、社会福利、文化教育等建设薄弱。通过实施定居，使牧民享受各种优惠政策和现代化成果。但事实上，定居点的基础设施建设仍待完善。大多数牧民定居点远离城镇，有的牧民定居点地处偏远，缺少城镇依托，在交通、通信等方面，一般都不如人口较密集的农区，尽管大多通了公路，但公路质量差强人意。因而，若要真正通过牧民定居工程来改善牧民生活条件，实现脱贫致富和促进区域经济可持续发展，从根本上解决牧民"上学难、就医难、用电难、行路难"的问题，就须把牧民定居工程作为一项系统工程狠抓落实。

首先，从经济领域来看，需要依据自身资源优势，实现从传统产业结构到畜牧业的产业化。建立、健全牧区生产体系，要从生产资料供应、种畜引进等物资方面，到技术、资金、信息和科普宣传等软件方面，以及运输、仓储等物流方面实现全方位建设。特别要强调科技服务体系建设，如各种实用技术的推广、科学经营管理水平的提高，科技示范的培训和教育强化，从而提高牧民生产和经营中的科技含量。

其次，从社会公共事业来看，实现定居社区的社会功能多元化，促进文化、教育、医疗等公共服务在内的各项事业得到发展，全面提高牧民定居水平，加强牧民对社区的认同感，从而促进牧区经济社会协调发展。

新社区定居点的各项配套设施滞后，加紧建立健全定居点服务功能成为当务之急。就当前而言，因地制宜地加快牧民定居的配套建设，打造住房宽敞、水源洁净、通信快捷、交通便利、村容整洁的定居点，是进行新牧区建设的首要目标。

大力发展教育，提高牧民们的文化素质，为牧区经济发展提供人力资本。牧区教育应结合牧区特色，实现由单一的国民教育转向多元化的教育，强化职业教育，适应牧区社会发展需要，为牧民持续发展提供专业技术人才。

完善牧民定居点的社会保障制度。牧民在定居后，尤其是在定居初期，一方面失去了原有草场经营支持和最为依赖的生活保障，养老问题和医疗负担压力有所增加；另一方面对新的生产方式不熟悉，经济收入不稳定，家庭经营风险凸显，牧民心理压力无疑增大，这就需要制度层面的保障。用农村最低生活保障、新型合作医疗等新的社会保障形式替代原来的以草场经营为基础的家庭保障形式。重视牧民定居后的心理建设。定居既给牧民带来了新的发展机遇，也造成了相应的心理压力。因此对定居牧民进行适时和适当的心理疏导，是实现牧区社会稳定和发展的重要保证。

最后，各级政府要切实做好思想宣传工作，调动牧民积极性、主动性和创造性，引导牧民成为定居点建设的主体，使之对新环境建立认同感。能够带动牧民致富和促进增收的方式，都可以大胆尝试。发挥牧民的主体作用，通过各方面的保障使牧民踏实放心、转变观念、掌握技能，此时，牧民"定得下、稳得住"的状况就能实现。

| 生计能力再获得 | 传统文化的保持与跟进 | 生活场域转换的延续性 |

民族心理适应外部机制

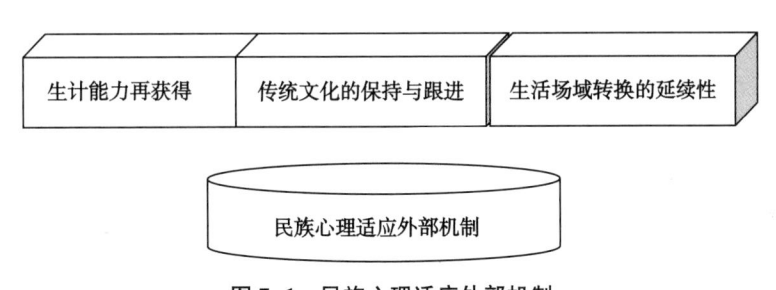

图 7-1 民族心理适应外部机制

依据上述分析，我们建构了如图 7-1 所示的"民族心理适应外部机制"，强调了生计能力的再获得、传统文化的保持与跟进、生活场域转换的延续性等因素面临或正在进行生计方式转换中的人们的意义。

二　民族心理适应内部机制

处于生计方式变迁中的民族，其心理也会相应地发生变化。为了使其顺利实现心理的适应，除了传统文化的保持与跟进、生活场域转换的延续性以外，我们试图从心理适应指标体系入手，探索在生计方式变迁中如何建构民族的心理适应机制，帮助他们更好地适应转变或变迁中的生活。

1. 民族内驱力

从人的内心出发，牧民有满足自己各种需要的内在动机，有盼望自己生活得到改善的各种动机，这是内驱力心理适应的前提。所以，激发牧民对美好生活的向往和动力是促使其心理适应的基础。要激发牧民的主观能动性，培养自我监控的意识和自我调节的能力，特别是在遇到失败或者受到损失后应该及时自省、自察和自我审视，培养自我调节与自我控制的能力。这是同全部适应过程都有关联的心理素质。坚持草原传统文化的保持与跟进，传统仪式空间的现代重构，民族文化自觉和民族语言的良好传承，发挥宗教信仰文化中的积极因素。

人类从事任何活动都要受到动机的支配与调节。动机是在目标或对象的引导下，激发和维持个体活动的内在心理过程或内部动力。动机是一种内部心理过程，不能直接观察，但是可以通过任务选择、努力程度、活动的坚持性和言语表示等行为进行推断。动机必须有目标，目标引导个体行为的方向，并且提供原动力。动机要求有活动，活动促使个体达到他们的目标。动机具有激活、指向、维持和调整功能。要实现牧民在变迁社会中的心理适应，激发或诱发动机是从内部帮助适应的出发点。动机是个体能动性的一个主要方面，它具有发动行为的作用，能推动个体产生某种活动，使个体从静止状态转向活动状态。同时它还能将行为指向一定的对象或目标。当个体活动由于动机激发而产生后，能否坚持活动同样受到动机的调节和支配。

动机的功能。心理学的研究指出，动机作为人内在的动力，对人的行为有四种功能：

首先，引发功能。动机能引发人的行为，推动人们从事有目的的活动。动机与引发动机的行为之间的关系相当复杂，同一种行为可能由多种动机所引发，不同行为也可能由同一种动机所引发。此外，人具有的动机中某些属于主导性动机，某些属于从属性动机。由于主导动机的性质不同，它与从属性动机的关系不同，便形成了不同的动机体系。也就是说，人的任何行为并非是由单一的动机所引发，而是由动机体系所推动。搬迁定居点牧民在成就动机的引发下，为了获取物质财富和社会地位而努力工作，主动去学习在牧区没有接触过的知识，以获得在新环境中的适应。一系列动机体系的推动会成就牧民生计转型和心理适应的成功。

其次，指向功能。动机引发的行为总要指向特定的事物，以了解、认识、把握事物的性质、状态、本质或规律。受动机指向性功能所致，动机不同，人的行为方向及其所追求的目标也各不相同。在青海玉树称多县的藏族牧民，由于地处三江源保护区以及玉树地震之后的灾后重建，给当地人提供了很多就业机会及发展机遇。这些外在的诱惑对牧民就产生了激发力，此时就可能产生内在需要，动机的指向性明确是促使人的行为高度分化的内在动因，也是形成人类认识对象无限多样化、层次化的原因所在。在新环境中，牧民面对的新事物更加庞杂，在获得不同的职业结构中，指向的目标亦不尽相同，它也决定着牧民接收信息的方向。

再次，激励功能。动机的性质不同，对行为的激励作用也不尽相同。激励是通过一定刺激和满足人的需要来激发其动机，引导、强化、改造、改进、加强和维持其行为，使之能够成为有利于组织目标的行为过程。肃南裕固族生态移民工程实施之初，政府就设计了激励机制，如早搬迁的会有各种的优惠和奖励，搬迁到新移民点的可以享受三年种地收入不交税、老家的牧场等保留三年的使用权等，各种激励措施激发出的裕固族移民动机能够对行为的选择、发动、维持、制止做出解释，成为行为发生的根据，这表明动机是激励的出发点与动力源。而激励是动机的唤醒方式与活化手段，没有激励的发生，动机可能是潜在的或静态的，这表明激励是动机的现实化和对象化。[①] 高尚动机的激励作用远大于一般动机，长远动机的激励作用远大于短时动机。高尚与长远动机能持续地起激励作用，并很少因偶发事件而变化；相反，一般短时动机只具暂时或阶段性激励作用，并容易受活动中所在情境的影响，致使行为多变。此外，不同的动机强度对活动的激励力度各不相同，使活动效率呈现明显差别。如果牧民在定居点只是为了子女受教育，那么子女受教育的完成也就意味着阶段性激励的结束；如果牧民树立远大目标，决心在城镇里生存，那么会引发强大、持续性的激励动机促使其完成目标。

最后，调控功能。一项已经展开的活动，是持续进行还是中途停止，会受到动机的调控。进行中的活动指向原本追求的目标，相应的动机便会得到维持或强化。在动机的调控下，现有的活动才能沿着预期的目标持续发展。反之，如果进行中的活动偏离了原本追求的目标，原有的动机便得

---

① 梅传声、申来津：《激励：动机的现实化和对象化》，《学术交流》2004年第9期。

不到维持与强化。此时，在弱化动机的调控下，人们降低了继续进行活动的积极性，甚至推翻了这项活动或使活动终止。一些牧民搬迁到定居点后一段时间，开始摇摆于是否回迁，因为在搬入时是以获得更多的生计资源和丰厚的收入回报为目的，但是由于各种因素导致一些人生计的困窘和即将面临的破产，牧民原有的动机不能得到维持，心理失衡，无法适应。

　　人类通过调节自身的情绪、情感才能达到适应社会环境的要求。当今社会正处在快速发展和全球经济趋于一体化进程中，社会变化之快，人际竞争之激烈，是前所未有的。在这种背景下，牧民突然从遥远、相对远离现代化的草原急剧的变迁，搬入城镇，这种压力是可想而知的。尤其在遇到各种困难，甚至在竞争中的挫败产生的挫折感，会使牧民形成种种消极的情绪和情感。消极的情绪、情感如长期得不到疏解，会严重影响到在定居点的工作与生活，导致更加无法适应依然在不断变化的社会环境。因此，及时培养牧民个体自我调节的能力，调节自身情绪和情感，排除困扰，重新建立自信与自尊，以主动姿态去工作与生活，参与竞争，才有利于完成心理的适应。

　　当然，在现实生活中，我们无法保证人人时刻都在一种积极乐观的情绪中去培植强大的心理能量，因此必须有心理弹性的介入作为牧民控制自我情绪的一种指标。培养牧民灵活地根据实际情境调节自己的情绪状态，学习能够转移情绪的心理适应能力。

　　激发牧民成就动机。面对种种的变化导致的心理无法适应，我们提倡从以下几个方面去提高牧民的心理适应能力：

　　①了解自我。牧民对自己要有充分的认识和了解，恰当地评价自己拥有的能力，以此判断生计转型、生活场域变化、文化变迁后自己适应的可能性。在调查时发现定居点一些牧民宁愿到处闲转，也没有主动去寻找工作的意识。一些牧民说："我们也想去打工，可是我们什么都不会做，人家肯定不要我们……"这是不能正确评估自己能力的错误认识。

　　②信任自我。牧民要对自己有充分的信任感，发挥主观能动性，主动参与克服定居后的种种困难，不再被动等待国家扶持，有面对挫折的勇气，能够正确地评价自己的成败。调查中有些牧民说："我们是政府安排定居的，政府应该想办法的。"这种等、靠、要的依赖思想，严重地成为阻碍牧民适应现代生活的主观因素。这导致改变牧民千百年来遵循的传统文化以及在此基础上形成的固有生计观念和习俗，比教会他们一项生产技

能更加困难。

③接纳自我。牧民要对自己的外形特征、人格、智力、能力各方面都能够愉快地接纳认同，而不是将生活环境变化后的不适应归因于自己智力和能力方面的缺陷，认为"做生意就是做不过汉民和回民"，"草原上习惯了，这里来了一点本事都没有……"行为学研究表明，能力在很大程度上是由态度决定的，消极否定的态度会扼杀良好的思想，阻碍原有能力的发挥和改善；积极主动的态度和信心则会增强移民的社会适应能力。①

④控制自我。牧民需要适度地表达和控制自己的情绪和行为。初次面对定居生活的时候，牧民们抱怨、表示不满，当逐渐意识到简单地抱怨无法改变现状，便开始立足实际，谋求新的生计。有些牧民说："刚开始定居点安置时一些干部在处理许多问题上对我们牧民不公平，他们将条件较好的牧民定居到城镇附近，没有安排我们这些经济贫困、给不了自筹经费的困难户，我们很生气，想理论。我们以为我们是没有定居的机会了，没有县城的房子孩子上学就要租房，又是一笔开销，后来政府给我们安置了，我们想一定要在这里好好生活，把娃娃的教育抓好……"

⑤调适自我。牧民要及时地对自己的行为目标、心理平衡状态、环境适应性方面做出正确的反馈、修正、选择和调整。对环境有充分的安全感，能与环境保持良好的接触，理解他人，接纳他人。面对定居的新环境，牧民在可控制的范围内进行调适，认可自己所在的社区，逐渐放弃疏离感。

⑥完善自我。牧民要培养不断完善自己、保持人格完整与和谐的能力。牧民在现有的生产与生活条件下，努力将生活恢复到自己理想的状态，比如诉诸宗教，参加赛马节、香浪节等有利于增强认同感的活动，加强同周围新建邻居的联系，保持良好的人际关系。

心理动因是个体做出某种行为的内部心理机制。生计方式的改变引起了牧民民族文化的变迁。由此，"主动参与、自主发展"是要求牧民全面地、整体地、深入地了解和认知自我和社会，从而缓解和消除焦虑、孤独、无助、悲伤、抑郁等消极社会情绪，让自己经常处于积极、乐观、健康、和谐的心境之中，保持对自己、他人、社会关系的满意度。心理学研究表明，经常体验积极社会情绪的个体，就会与他人积极相处，工作中积

---

① 风笑天：《落地生根：三峡农村移民的社会适应问题》，华中科技大学出版社2003年版，第97页。

极向上，也就会拥有良好的人际关系，表现出积极的亲社会行为。[①] 反之，经常拥有消极社会情绪的个体就很容易出现社会不适感和反社会行为，危及社会的安定、团结、和谐。牧民应勇于主动安排有利的环境条件，借助认知指导，为自己的努力创造诱因。积极拥有强大的心理能量，用旺盛的精力、积极的态度、主动的行为培养有感染力的情绪。在科学的目的和计划的支配下，采取有效的应对策略，应对压力、解决问题。对于消极的社会情绪要加强调适，理顺消极社会情绪的表达，使之在允许的范围之内适当地释放，消除它对社会适应的有害影响。

牧民在社会认知过程中的变化必然会引起其社会情绪体验的变化，同时会导致他们行为意向发生变化。当牧民通过社会认知产生了积极社会情绪时，这种积极社会情绪就会影响下一步的社会认知，牧民就能更充分地认知评价自我、他人、社会及人际关系，从而就增强了积极社会情绪体验的强度，减弱消极社会情绪体验的强度。因此，牧民社会化的过程也是他们情绪社会化的过程。在社会化的过程中也形成了对现实世界的态度，这种态度决定着牧民对自身与定居点环境之间关系的评价，进而决定他们的社会情绪生活。因此，在定居生活开始后，牧民应该注重从自我的角度出发，培养良好的社会情绪，顺应社会发展的趋势，遵循文化差异的影响和作用，来实现自我发展。

"顺应社会发展的趋势"就是要求牧民按照自身的社会性特点，遵循社会发展的规律，能够认知社会发展中存在的问题并客观公正地对其进行评价。定居以后必然会在社会生活中遇到各种各样以前不曾经历的事情，这些事情并非每一件都能符合自我的意愿，要摆正自己在社会关系中的位置，积极地去处理社会关系。

"注重文化的作用"就是要注重文化对社会情绪的影响。文化严重影响了牧民对社会的认知、对社会关系的理解、对自身发展信念的确定，从而影响他们在处理与他人、社会的相互关系时产生的社会情绪的体验。在培养良好社会情绪中，牧民要发挥文化对良好社会情绪培养的积极作用，避免其消极影响，从而以更积极的社会心态、带着更积极的社会情绪去适应搬迁后的新环境和以主人翁的姿态改造新环境。

---

① 刘永明、贾林祥：《个体社会情绪的发展、调适与社会适应》，《上饶师范学院学报》2008年第4期。

2. 同化与顺应过程

在心理学中，心理适应的内部机制是同化与顺应的平衡。"同化"与"顺应"是著名心理学家皮亚杰在他的认知发展论中提出的。他认为，认知发展是受同化和顺应这些基本过程的影响，从而达到平衡的过程。

同化是指将客体纳入主体已有认知结构或行为模式的过程，即牧民把外界刺激所提供的信息整合到自己原有认知结构内的过程，就像消化系统吸收营养物一样。如牧区的牧民在最初对手机的认识、对摩托车的认识、对定居点的认识等，就是因为这些外界的刺激以新事物（手机、摩托车等）的形式出现，牧民在认识和熟悉的过程中逐渐将这些认识系统中从未有过的信息纳入自己已经有的认知结构中，通过调整建构新的认知结构。如过去没有手机时，他们在草原上互相喊话或吆喝的距离是有限的，而手机的出现让牧民感受到了通话可以不受距离的限制，所以很快就被纳入他们原有的认知结构中；再如，曾经牧民在草原上的主要交通工具是马，马是游牧民族生活中主要的成员，无论是藏族、裕固族，还是蒙古族、哈萨克族等游牧民族都把拥有马匹作为家庭财富的象征之一，更有男子把拥有一匹好马当作游牧民族男人的骄傲。随着现代社会的发展，摩托车等现代化的交通工具进入牧区，牧民很快地接受了这些快速、便捷的交通工具，在他们原有的认知结构（传统交通工具——马）中纳入了摩托车这个现代化的交通，在进行认知结构的调整后，很快就形成了新的认知结构——摩托车取代了马作为现代牧民主要的交通工具。这就是心理适应中的同化过程，这个过程是牧民对外界环境做出的反应，包含很强的主动性。

顺应则是指调整原有的认知结构或行为模式以适应环境变化的过程，即外部环境发生变化，而原有认知结构无法同化新环境提供的信息时所引起的牧民认知结构发生重组与改造的过程，即牧民的认知结构因外部刺激的影响而发生改变的过程。在牧区建立定居地，一开始牧民很难接受，在牧民的认知结构中无法接受和理解让世世代代以游牧为生的牧民固定居住下来，所以，很多牧民定居点长期空置，无法居住，即使政府出台很多措施也无法吸引牧民来居住。有些牧民住上几天就又回到自己在草原上的帐篷，依然习惯地过着逐水草而居的生活。随着近些年牧民定居工程的发展，越来越多的牧民住到了定居点。这种过程既是定居点各项条件改善吸引力增加的结果,同时也是牧民调整自己原有的认知结构来适应环境变化的过程,当环境发生变化而他们的原有认知结构无法认知时,他们就不得不重组和改造自己的认知结构,去适应外界环境的新变化。肃南裕固族生态移民从牧民变为农民的过程更是一个典型的顺应过程。定居、种地、浇水、施肥、收割等信息在传统以游牧为生的裕固族认知结构中是根本没有的,当他们不得不面对这些新环境时,很多问题就出现了。裕固族长期从事的都是游牧业,自幼的耳濡目染造就了他们对牧业的精通,但是也使他们几乎从不接触农耕生产,所以他们的农业技能非常欠缺,即所谓的"找不到一把好铁锹",因此导致他们最初对具体该如何耕种土地并不了解,大多数搬迁来裕固族的群众都面临着"不会种地"的局面。而且初期的农田水利、道路交通以及居住环境等基础设施还相当得不完善,政府将土地进行平整之后的工作都需要搬迁的裕固族自己来完成,这不仅加大了他们适应的难度,而且也增加了他们因生计方式转变而带来的心理上的痛苦,于是也就有了"根本不爱干地里的活"的人。有位裕固族人说:

> 我们刚开始来了八十几户(实为78户),有二十几户都受不了又走掉了。就回去了。刚来那时候这里啥都没有,就是个沙,一天风刮得大得很。风刮的饭也吃不上,地里的活又累得很,就想回去呢。地下的种子什么都种不出来。下苦着呢,就是不见钱。那时候就根本不习惯。种上十几亩地都赔着呢。种不来就胡种。种了10亩地的棉花才卖了1000块钱。那时候不会种,棉花秆子长得太高了,全长到秆子上面了。后面才知道要打药,不让它往高里长。有些人就是看着没收入,然后就向老家里跑着呢。走了二十几户之后,年轻些的人(政府)就压着,再不让走了。(安某,女,44岁,商店老板,农民)

> 当时有的人就跑掉了,我是党员,就强制不让走,我要不是党员我也就走掉了。必须留下来,要不然整乡都这样,没治么。(郭某,男,50岁,党员,农民)

上述裕固族对自己从牧民转变为农民的心理过程的描述,其实就是一个新环境与他们原有的认知结构无法平衡而出现的心理不适应。最后因为各种原因他们不得不调整自己的原有认知结构而适应新环境,最后完成顺应过程，达到心理平衡。在心理适应机制中，同化和顺应是互相补充、同时存在的，其结果产生了两者的平衡。同化和顺应是认知结构发展的两个机能双翼，它们之间的相互作用和矛盾是心理发展的不间断的内部根源。其实，就是心理适应的两个方面，一方面是要牧民对外界环境做出反应，将外界环境中的新刺激纳入牧民已有的认知结构中；另一方面要主动调整已有的认知结构去接纳新环境、新刺激、新事物。由此可见，就本质而言，同化主要是指个体对环境的作用；顺化主要是指环境对个体的作用。同化是认知结构数量的扩充（图式扩充），而顺应则是认知结构性质的改变（图式改变）。认知个体（牧民）就是通过同化与顺应这两种形式来达到与周围环境的平衡；当牧民能用现有图式去同化新信息时，他是处于一种平衡的认知状态；而当现有图式不能同化新信息时，平衡即被破坏，而修改或创造新图式（即顺应）的过程就是寻找新的平衡的过程。牧民的认知结构就是通过同化与顺应过程逐步建构起来，逐步达到处于变迁中的牧民的心理适应。

同化是把外部环境中的有关信息吸收进来，并结合到牧民已有的认知结构中，即牧民将外界环境的刺激所提供的信息整合到自己原有认知结构内的过程。顺应是定居点外部环境发生变化后，牧民原有的认知结构无法同化新环境提供的信息，因此认知结构开始发生重组与改造的过程。即牧民的认知结构因外部环境刺激的影响而发生改变的过程。牧民在新环境的发展过程中，需要积累大量的新的经验，通过思维与经验的相互作用（同化）来适应环境和自身的变化（顺应）。在这个过程中不断加以修正，以达到最后的平衡。在整个过程中，同化和顺应都起着重要的作用，这也是牧民追求健康心理的必备要件。

3. 认知调节与平衡

认知调节是心理适应的平衡过程，这一环节包括外部评估和内部评估两部分。外部评估是认知调节的第一阶段，指主体对变化了的外部环境及其对自身发展所具有的影响作用进行全面了解，并做出新的判断的过程。牧民搬迁到定居点，生计方式的转变携同着身份认知的转换，从"牧民"到"打工者"、从"牧民"到"商人"、从"牧民"到"农民"、从"牧民"到"无固定职业者"等，这种身份的转换必然会出现一时的不平衡和不适应的现象。为了获得新的平衡，适应新的环境，就要正确判断身份转换的原因。

内部评估是指主体在对外部变化做出正确判断的基础上，对自身内部状态进行的进一步了解与判断。通常自我评价的结果会影响到自我体验的改变，如自信心的增强或削弱。同时，自我体验的改变也会影响到对行为目标的重新选择，包括对目标价值及成功概率的重新评估以及在此基础上所形成的新的自我期待等。当牧民对所处的新环境的新特点做出了全面、客观的判断以后，接下来要进一步分析一下内部原因。

调查中牧民经常说："我们哪里有汉人精明，做生意哪里能做过他们……""我们脑子不行，没有那个本事……"这些都是牧民对自我的经验和能力做出的一个心理估计。因为来到新的环境，开始寻找以前从来不熟悉的工作，牧民常常觉得原有的经验和能力无法在新环境中展开来，自己也就没有能力满足新环境的要求。当牧民理解这种生计转换的不适应只是暂时的，主要原因是自己的认识不够或者努力不够时，这时个体的自信心便不会受到影响，自我观念仍然是积极的；假如牧民认为生计转变的不适应主要归因于自己的能力不足，这就会使他们的自信心水平下降，同时会产生诸如忧愁、悲伤、愤怒、紧张、焦虑、痛苦、恐惧、憎恨等消极的情绪，一旦消极情绪固定化，会使牧民在新环境的发展中丧失机会，希望破灭，限制主观潜能性的发挥，通过前面的同化、顺应过程，从而达到心理平衡。

平衡是指个体通过自我调节机制使认知发展从一个平衡状态向另一种较高平衡状态过渡的过程。个体每当遇到新的刺激，总是试图用原有图式去同化，若获得成功，便得到暂时的平衡。如果用原有图式无法同化环境刺激，个体便会做出顺化，即调节原有图式或重建新图式，直至达到认识上的新的平衡。处于变迁中的牧民也在试图来对自己的认知进行调节，从而达到一个新的平衡。如玛曲定居点的一位藏族说："我想现在还是挺好的，虽然有困难，但是以后会越来越好，还是要有信心……"

皮亚杰认为智慧行为依赖于同化与顺化这两种机能从最初不稳定的平衡过渡到逐渐稳定的平衡。自我调节作用的平衡过程，这也是最重要的因素，即起自我调节作用到达平衡的过程。心理发展过程是一个内在结构连续的组织和再组织的过程，过程的进行是连续的，从最初不稳定的平衡过渡到逐渐稳定的平衡。皮亚杰从发生认识论的角度对适应过程做出解释，从这一角度出发可以认为心理适应就是主体对外部变化所做出的一系列自我调节的过程，其最终目的是重新达到适应的过程。适应是个体通过不断做出身心调整，在现实生活环境中维持一种良好、有效的生存状态的过程。有关适应性心理问题则是个人与环境不能取得协调一致所带来的心理困扰。心理学家哈特曼将适应作为是个体终生维护心理平衡的持续过程，以无须付出太高的代价去处理一个具有一般性及可预期性的环境。由此不难发现，适应是个体与环境在相互作用中发生改变的过程。既然是相互作用，发生改变的应该是双方。个人与环境的关系体现为一种状态，即个人与环境之间的一种和谐、平衡的状态，这种平衡是机体在不断运动变化中与环境取得的。如果机体与环境失去平衡，就需要改变自身以重建平衡。

关于牧民进行认知调节、积极心理适应变迁的最典型的案例，就是在玛曲实行的从单户承包经营到联户承包经营的转变。由于单户承包经营与牧民传统生产方式相去甚远，而且与当地生态规律也存在相悖之处，因而牧民在单户经营的体制下，通过调整自己的行为、态度，自发组织，以"单产承包，联户经营"的形式在行政制度下，通过"坚守"又形成了内生性的制度，用这种制度来适应当前的现实需求。政府推行草场承包到户政策，牧民在单户与联户之间做出了自己的选择。牧民在共有草场上的策略互动有可能生成有效的适应规则，并且这些规则能够自我维系。看似缺乏效率的联户经营实际上在某些条件下能带来许多成本的节约，与牧民原有的生产生活方式相适应。

以玛曲为例，牧民以自然村的形式管理草场，一个联合体中的牧户数量不多，个体之间有着血缘关系。即使是没有血缘关系，共同的文化、共同的自然环境使村庄的同质性很强，有合作互惠的共识，相信佛教的生死轮回，这使他们对在共有草场进行生产活动给予高度评价。心理学中，激励就是持续地激发人们的行为动机，使其心理过程始终保持在激奋的状态之中，维持一种高昂的情绪。行为科学认为，激励可以激发人的动机，使其内心渴求成功，朝着期望目标不断努力。有了激励，从而保证了牧民能够跨越集体行动困境，形成了新型的经济组织——联户经营，以此应对政府的包产到户政策。联户经营的内容通过牧民积极地适应和调整，达到了适应现有的生计方式。在国家强调包产到户的行政环境下，符合、适宜了牧民的生计期望。因此，表现在行动上是牧民以群体保有的方式共同管理草场：第一，制度中规定了参与联户的每个家庭放牧数量，这些数量考虑了草地的承载能力，并按每个联户家庭人数分配；第二，为了保证新增人口不对牧场形成更大的压力，规定放牧数量与未来新增人口无关，这稳定了参与联户的人口数量；第三，违反协议的牧户将受到惩罚，而且惩罚方式对违反者是有效力的。

青海玉树牧业村的情况也是值得深思的。2013年，我们去牧业村调研时，全村有草场约16.9万亩，其中夏秋季草场8万亩，冬春季草场5.3万亩，退牧还草3.6万亩。根据国家有关草场承包的规定，牧业村于20世纪90年代中期开始进行草场承包到户的工作，到2005年明确了每家每户所承包草场的准确范围，并颁发《草原承包经营权证》，内容包括每户的草场承包经营权合同、家庭人口总数、劳动力、草场总面积、可利用面积、冬春草场面积、夏秋草场面积、其他草场面积、地块数量，每块地的地点、面积、类型等级、利用季节、四至、亩产鲜草、放牧天数、理论载畜量、现有载畜量、超载情况；绵羊、山羊、牦牛、马、黄牛、犏牛、驴的数量，每块耕地的位置示意图等。

在承包制度下，牧民在实际的放牧过程中仍然采用集体承包的形式，即仍然以牧业村的三个小组为单位，进行放牧，每个小组的牧场均为一个整片的连续牧场。具体的放牧形式比较灵活，有单户单独放牧、2—3户协作放牧、根据协议帮助亲戚邻居放牧等形式。

牧业村饲养的牲畜主要是牛，当时全村共有牦牛、黄牛和犏牛2540头。其中最多的牧户有155头牛，而有几户已经没有牲畜。约在10年前，牧业村还有一定数量的羊，后来因为劳动力缺乏的原因，逐渐放弃养羊。之前放羊主要是由8—15岁的少年放养，随着政府对于义务教育的重视以及牧民受教育意识的提高，现在这个年龄段的少年基本都在学校上学，又由于饲养羊的投入产出比要小于养牛，故已经基本放弃养羊。随着交通工具的进步，马匹的作用已经完全被摩托车、面包车、农用车等代替，全村目前仅剩约8匹马，仅作为赛马节赛马比赛使用。

牧业村每年从4月25日至9月底到夏秋牧场放牧，其余时间在冬春牧场放牧，每年迁移的时间根据天气条件、雨水温度等因素有所不同。以一组为例，夏秋牧场分为三块，分别位于三条沟内，距离冬春牧场5—13公里不等，15户人家自主决定每年去哪一条沟，一般情况牧民都是形成良好的默契，轮流到不同沟里去，这样可以让牲畜保持健康，利于育肥。此外，牧业村一组在冬季牧场辟出约1800亩草场作为人工草场，在没有严重的干旱、冰雹等自然灾害的情况下，不允许牲畜进入。待秋天收割牧草作为过冬饲料，以备不时之需。

制度是人们交换活动和发生联系的行为准则。在制度变迁中，是一种利益格局的重新调整和利益的再分配过程，个人是直接的受益者或受损者。适应效率只为制度变迁准备了前提，并不代表制度接受者的真正需要。从心理学的角度来看，人具有主观能动性，能够把外在客体内化于主体已有的认知结构中，进行价值判断，从而做出是或否的选择。由于认知的作用，在制度变迁中个体会对新的制度进行心理上的评价。在认知调节过程中，如果主体与客体制度基本上实现了均衡，主体对所选择的制度取得了满意的结果，对新的制度环境进行积极的适应，那么新的制度供给就是有效的，主体会通过行为强化使新的制度巩固下来，形成稳定的行为习惯。当然，主体与新制度之间的不适应现象仍可能存在，主体会借助于同化或顺应不断地调整，进行制度行为的重新选择，直至达到心理适应的平衡状态。

4. 情感适应：AREA 模型

心理学研究认为，情感适应是指对重复或连续刺激的情感反应变弱的心理过程。认知过程的变化会引起情绪体验的变化，同时也会导致行为意向发生相应的变化。牧民从最初面临生计模式变迁时的茫然，到变迁的需要动机激发，到同化顺应及认知调节过程，其间都要伴随着情感的适应。情感是人对客观事物是否满足自己的需要而产生的态度体验，普通心理学认为："情绪和情感都是人对客观事物所持的态度体验，只是情绪更倾向于个体基本需求欲望上的态度体验，而情感则更倾向于社会需求欲望上的态度体验。"当认知、情感和行为意向都发生了变化时，就会引起态度的改变。态度的转变实际上是对心理动力系统和反应倾向的调节，这是适应新环境的变化、保持和恢复心理平衡的一种背景条件。当牧民对生计转变不适应的原因做出正确解释，并且信任自己有能力改变这一现实时，那么这种不适应只是暂时的，他们就能继续保持对目前生计的热情，或者关注寻找适宜自身发展的生计方式，对现有生活持积极态度。但是如果牧民将其归因为自我实力的不足或者能力低下，便会导致牧民个体自信水平下降，产生自卑感，体现在接下来的行为选择过程中。

在我们的调研中，感受到生活常常会有的体会：当裕固族在面临移民的抉择时，有些裕固族说当时的感觉真的有点不知所措，曾经多次发生移民出去不适应又跑回来；但随着时间的流逝，移民出来的裕固人渐渐从不适应中走出；当甘南、玉树等地实行草地承包之初，在草原上按照自己传统的本土知识轮牧的藏族是不舒服的，觉得自己的游牧已经不是游牧了，被铁丝网给分隔和限制了。在玛曲调研时，牧民曾对我们说：

> 政府的定居政策初衷是好的，减少疾病，提高生活水平。但是我们和汉族不一样，我们是游牧的民族，一直住在一个地方，心里感觉很不自在，看着外面的牦牛也不舒服，整天去同一个地方，它们也没有了新鲜感，也长不肥了，收入自然就少了。（采日玛，尕藏尼玛，43岁，201208）

> 那时草场还是很好的。到了夏天，草场上开满了花，就像花布一样，这座山是黄色，这座山是粉色，各种各样的植物气味掺杂在一起，闻起来特别浓，好像现在进去藏医院里的那个味道。有时候牛奶里面都有花草的味道。牛夏天吃多了野葱，牛奶里都是葱味，甚至都不能喝了。夏天，牛羊吃饱了就在草地里卧着，集中在一起一睡就是好几个小时。现在再也看不到了，很多地方都没有水，大家都在房子里待着，再也不用远远地找好草场让牛羊吃饱吃美。现在草场营养也没有了。以前吃一根草能得到的营养，现在要吃五六根才成。草变少了，花也比以前小了。（采日玛，扎醉昔，56岁，201307）

现在牧民的这种情绪也在趋于平淡，这就是情绪适应的表现。另外，生活中的重大事件也会引起人们强烈的情感反应，但情绪会逐渐消退，快乐水平又恢复到基线，这种现象称为情感适应（affective adaptation），即对重复或连续刺激的情感反应变弱的心理过程。当前积极心理学研究领域中，比较受关注的话题之一是如何提高人们的主观幸福感（subjective well-being, SWB）水平，即抑制消极情绪，促进积极情绪，并增加生活满意度。在游牧民族生计方式转变这样的重大生活事件中，生产生活方式的改变、经济状况的改变、居住环境改变等，无论是出现的消极生活事件还是积极生活事件，都会出现适应，最终回到原来的水平。情感适应的存在，能有效降低牧民在游牧民定居或是生态移民之后，因生计变迁和社会环境变化而产生的某些消极情绪带来的负面影响。

在牧民情感适应研究中，我们按照心理学家 Wilson 和 Gilbert 的理论提出了情感适应的新模型：AREA 模型，即注意（attend）、反应（react）、解释（explain）和适应（adapt）模型，这个模型可以比较系统地阐释牧民情感适应发生的心理机制和过程。

注意原则认为牧民个体关注的事件会带来更大的情绪影响。刺激信息的新奇性、出乎意料以及与情绪的关联度等因素均会对注意力产生影响，但 AREA 模型认为它们都包含在一个更为通用的原则下，即与自身相关且难以理解的特性，这类信息会优先获得注意和记忆。例如，草原上出现的铁丝网、牧民定居点，裕固族移民后出现的种地、浇水、施肥等均一度是难以理解的典型表现，会被纳入牧民的注意系统中。

反应原则是与自身相关且难以解释的事件不仅会引起注意，还会触发强烈的情感反应。只有被觉察为与自身相关的事件，个体才会对其进行加工和评估。除了自我相关性外，信息的出乎意料和新异性也能通过增强生理唤醒，进而强化情感反应。

解释和适应就是当个体注意到与自我相关的事件并由于难以理解而产生情感反应时，会试图解释这些事件——不仅寻求原因，还会进一步理解事件对自我概念及目标的影响。双海子村的裕固族告诉我们，一开始，他们对种地是一无所知的，在开垦农田时他们就如何种地、收获的农作物如何卖出等一系列的问题询问乡政府寻求解释，当他们得到的解释是政府会派专门的技术人员来教他们种田，还会在浇水、施肥、除草、收割等重要环节派专业技术人员来指导时，他们心理的紧张度就减少，这就是解释成功，牧民就不再反复思考，情感反应也相应减弱，在具体环节中出现的技术人员及其行为，进一步降低了他们的情感反应。在 AREA 模型中，"解释"过程并非严格意义上的因果归因，而具有更广泛的意义，即"理解事件的本质、因果及影响"。通过解释来缓解或去除事件的力量和意义，即牧民个体在理解他们面对的变迁的同时，也引起情感适应。心理学家 Wilson 和 Gilbert 指出人们经常忽视解释是促使适应出现的关键过程之一。例如，我们在调研中曾经遇到一个裕固族人，他在学习种地的第一年里几乎颗粒无收，最初他判断是自身的相关性并试图做出解释。如果他认为与自身相关性不大或可以理解，如种地的难度太大，而且很多裕固人都不会种地，也有同他一样的颗粒无收的，也有田地荒废一年的，这样他就不会反复回想，情感反应便会变弱。但是如果他认为第一年田地的颗粒无收是与自身相关性很大，别人的田地庄稼都长势很好，且自己很努力去种地了为何颗粒无收，这样的心理就会不断重复，会影响到他的注意、反应、解释等过程，进而影响到他的情感适应。在前一种情况下，此循环过程就会很快结束，牧民个体的情感反应也会减弱，会促进情感适应的发生。所以，我们认为，在生计模式变迁的语境中，AREA 模型对促进牧民心理适应机制中的情感适应具有理论指导意义。

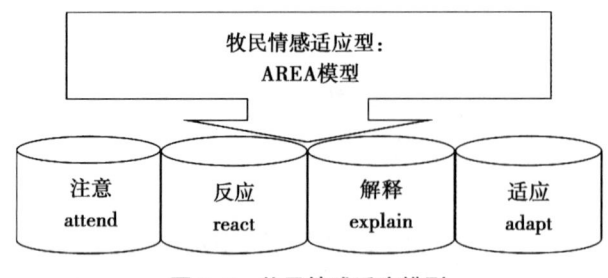

图 7-2　牧民情感适应模型

在社会转型期，游牧民族在经历生计方式变迁时，其心理的适应要经历一个漫长的路程。最终会表现在行为选择上，行为选择实际上是一个比较与决策的过程。核心是对原有行为方式的调整与改变。行为方式的重新选择是以认知的调节与态度的改变为基础的，受思维方式与态度倾向的直接制约。思维方式与态度倾向如果是积极的，那么主体的行为方式也会是积极的；反之，那么行为方式会是消极的。牧民面对生计转变的不适应，行为可能有不同的选择：当他认为在城里生活对自己和家庭非常重要，获得新的生计方式非常重要，同时对自己的能力有认可的态度时，就会表现出愿意想方设法通过学习和努力达到适应的目的；如果认为获得新的生计方式在目前的生活中无足轻重，加之对自己的能力和经验丧失信心，就会表现出退缩和放弃的行为倾向。

结语：心理人类学话语中的心理适应

在社会现代发展中，每个地域、每个民族都会面临程度不同的变迁，这种变迁包含着发展、也包含着创新。与现代社会中的每个民族群体一样，藏族、裕固族、蒙古族和哈萨克族等以游牧为生计模式的民族，均在这样的社会背景中不断发生变迁，其民族成员则与整个民族一起，在不断变化的社会现实中寻求适应。我们的研究关注了生计方式变迁所引起的文化变迁和心理适应问题。

一 政府作为：民族心理适应的保障

在现代化进程中的社会转型时期，政府在牧区的社会治理过程正经受着挑战。一方面，这种挑战来自传统社会文化及其观念与现代化过程之间的矛盾；另一方面，急于实现社会现代化的社会力量和现代化本身的内含因素，在交锋中对社会和谐发展造成的不利影响。在这样的背景下，作为社会治理最重要的主体，政府在其中扮演的角色是否合和，将会直接影响到社会对政府的评价和认同，会影响社会的稳定与发展。回到我们所讨论的生计变迁过程。伴随着游牧民定居、草场承包、生态移民等一系列政策的施行，牧民转变了原有的生计方式，转换了原有的生活场域，原有的思想观念也发生了不同程度的变化，引起民族文化的变迁。面对社会变迁，下至基层牧民，上至各级政府，不同主体均在努力调整自己的行为和观念，以适应新的社会现实。正如前文所说的草场家庭承包经营，由于牧区实践的空白，在政策推行伊始采用了农耕区的成功经验，玛曲县等地的牧民在实践后则发现这种生产模式带来的不便阻碍了生产的发展，因此在政策框架下做出调整，改为"单户承包，联户经营"，政府亦及时调整政策方向，允许联户经营。这个例子中所反映的，除双方主动的适应策略外，也说明了政府行为在牧民适应新生计方式、生活的基础作用。

在管理方面，要有健全的制度、规范的机制和具有创新型的管理人才。在体制建设上，要改革导致牧民进城以后无力创业的因素。牧民搬迁到新的定居点，进入城镇，仅仅依靠县城的企业吸纳劳动力是不可能的，尤其是在一些资源比较匮乏、基础设施比较薄弱的边远牧区小县城，由于工业化水平较低，转移更多劳动力还是十分困难的。在这种情况下，单纯依靠牧民自身或地方社会的力量，是很难从根本上扭转这种不利局面的，对民众的心理适应也会造成一些不利影响。因此，通过政府的宏观调控，为当地社会提供更多的支持，就显得尤为重要，可以在政策和制度上提供牧民心理适应所需的保障。

二 公共保障：民族心理适应的社会情境

这里所指的是通过全社会的广泛参与和共同支持，为牧民的生计保障和心理适应提供有利的发展环境。

通过公共保障，保证进城牧民在经济上获得比放牧时更多的、更稳定的收入，获得比放牧更能发挥个人才能的条件和机会，获得同城镇居民一样的平等地位，解决实际中存在的一些身份歧视问题；能享受现代城镇丰富多彩的生活，包括城镇齐备的公共设施，较高的科学文化教育，较好的医疗卫生条件，安全的社会养老保障、保险制度，乃至现代社会的法律服务和政府的公共管理服务等。

为此，需要全社会共同参与，帮助搬迁牧民在传统游牧文化的基础上，积极适应城镇社会文化，不断积累新的生产、生活知识，积极融入城镇社会生活中。城镇社会中，个体对社区归依的作用十分关键。加强社区文化建设，提高牧民的综合素质。积极向上的社区文化不仅有助于丰富多彩的精神生活、陶冶居民情操、开发居民潜能、增进居民交往、塑造居民素质，在促进牧民向市民的转变中也发挥着重要的作用。因此，在"牧转居"社区中建设和完善一批硬件设施，比如图书室、文化娱乐室、活动广场等之外，还要通过开展有益身心健康的文体活动，寓教于乐，大力倡导牧民形成科学、文明、健康的生活方式。社区也要通过会议、板报、文化娱乐活动等多种形式，引导搬迁牧民学习科学文化、公共卫生、社会公德等市民必备的知识，了解并遵守城镇的行为规范，使他们不仅从身份上，更要从思想意识和情感上增强归属感，实现从传统游牧生活向现代城镇居民的转变。

针对牧民心理压力问题，可以通过调动社会各个志愿者团体、非政府机构等社会力量，采取各种有效措施，帮助牧民习得城镇生活的各种能力和规范，自觉维护公共秩序。同时还要切实解决好牧民在城镇居住的实际困难，如全社会成员共同联合起来对牧民开展就业指导、岗位培训、帮助其子女入学、提供法律援助等，保障他们能顺利融入城镇生活中，顺利实现心理适应。

有必要在游牧人口定居的基础上进行小城镇建设，这样才有可能集中水、电、交通、通信、文体广场等基础设施的建设；才有可能把牧民从分散的游牧生产中解脱出来，为牧民群众创造一个广泛融入现代社会、适应市场经济发展的机会和条件。大力宣传并树立经济理念，实现信息化交流，传播文化知识，推广先进、容易掌握的适用性技术，促进游牧文化向现代生活方式转变。

最后，立足地方实际，以基础设施工程、环境工程、光明工程为突破口，以绿化、美化、净化和亮化为目标，发展特色小城镇化建设，如工业型城镇、旅游型城镇等。通过农牧业、工业、商业、建筑业、运输业、服务业的共同发展，转变传统的生产模式，发展规模化、集约化的草畜业和舍饲养殖业，增强畜牧业生产抵御自然灾害的能力。优化畜牧业劳动力结构，并合理配置把富余的畜牧业劳动力转移出来，促进发展畜产品加工业和商品贸易一体化进程，提高畜产品附加值和市场营销竞争力，使小城镇经济体成为新的经济增长点，也对周围地区起辐射带动作用，促进城乡一体化建设。游牧人口定居工程是游牧民民族文化的一场深刻变革，也是牧区社会发展的转折点，在长期的实践中其积极效应作用正在逐步凸显，我们在实践中应当及时纠正不合理、不科学的方面，发扬积极、优秀的一面，使牧民定居效应在公众社会的全力保障下以合力的形式推动牧区的可持续性发展。

三 心理适应：机体与环境的平衡

在民族适应心理机制建构中，首先要创设的就是外部适应机制。当然除了牧民的主动参与外，还需要通过教育保障为牧民生计方式变迁提供基础；社会支持为牧民生计方式变迁提供支援；多样性的信息传播为生计方式变迁提供环境；政府合理的政策决断为牧民心理适应提供科学保障；社会的广泛参与提供牧民发展和心理适应的社会情境。针对牧民心理压力问题，要调动社会各个志愿者团体、非政府机构等社会力量，采取各种有效措施，使牧民习得城镇生活的各种能力和规范，自觉维护公共秩序。同时还要切实解决好牧民在城市居住的实际困难，如全社会成员共同联合起来对牧民开展就业指导、岗位培训，帮助其子女入学、提供法律援助等，保障他们能顺利融入城镇生活中。通过公共保障，保证牧民在经济上获得比放牧时更多的经济收入，获得比游牧更能发挥个人才能的条件和机会；解决实际中存在的一些身份歧视问题，能享受现代城市丰富多彩的生活，包括城镇齐备的公共设施，较高的科学文化教育，较好的医疗卫生条件，安全的社会养老保障、保险制度，乃至现代社会的法律服务和政府的公共管理服务等保证牧民顺利实现心理适应。

同时要构建民族心理适应的内部机制。既要有对牧民需要与动机内驱力的激发，使得他们有改善自己生活的愿望和诉求，也要有促进牧民在认知结构中的同化与顺应过程，进而通过认知调节达到平衡，实现情感适应。如图 8-1 所示。

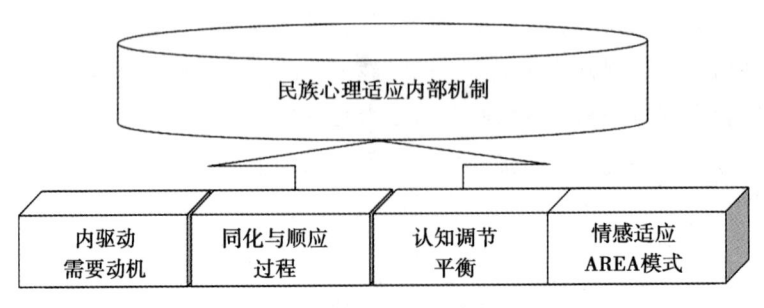

图 8-1 民族心理适应内部机制

在变迁语境下的民族心理经历了从不适应到适应的过程，其中内驱力、同化与顺应、认知调节和情感适应始终在发挥着作用。面对内外环境的复杂性和行为效果的多重可能性，主体的判断与选择不可能一次性完成。所以适应过程往往会表现出一个螺旋向上的动态过程。一般经过以上几个环节以后，如果牧民所选择的行为方式取得了令人满意的结果，对适应环境起到了积极的作用，就意味着同化与顺应的过程基本上实现了平衡，这一行为就会因受到正强化而巩固下来，逐渐形成稳定的态度倾向与行为习惯。如果行为反应的效果不理想，牧民与环境之间仍然存在着不适应的现象，说明同化与顺应之间并不平衡，这时就需要再次进入上述的自我调节系统中进行重新选择。有时这种选择需要经历若干次的循环，才能取得理想效果，达到同化与顺应的平衡状态。正如心理学家桑代克提出的刺激——反应联结理论，他认为刺激与反应之间的联结是通过多次的尝试错误过程而建立的。在尝试过程中，错误的反应越来越少，而正确的反应越来越多，最后形成了一种能够适应环境的联结。[1] 学习的实质是通过"尝试"在一定的情境与特定的反应之间建立某种联结。人类的学习也是通过尝试错误的途径实现的。在尝试中，个体会犯很多错误，通过环境给予的反馈，个体放弃错误的尝试而保留正确的尝试，从而建立正确的联结。桑代克提出，在尝试错误学习中，行为的后果是影响学习最关键的因素，如果行为得到了强化，证明尝试是正确的，行为就保留下来，否则就会作为错误尝试而被放弃。总之，正强化会促进行为，而负强化或惩罚或削弱行为。皮亚杰认为适应是通过两种把环境因素纳入机体已有的图式或者结构中，以加强和丰富主体的动作和改变主题动作以适应客观变化，采取新的动作，以适应环境来完成的，比如牧民由单户承包经营自发地改变为联户承包经营，就是主体改变原有的机体动作以试图适应新的环境。个体每当遇到新的刺激，总是试图用原有图式去同化，若获得成功，便能得到暂时的平衡；如果原有图式无法同化环境刺激，个体便会作出顺化，即调节原有图式或重新建立新图式，直至达到认识上的新平衡。

　　同时，根据心理学，适应可以根据不同的标准划分为不同的类型，如根据适应的态度和行为方式不同可分为主动适应和被动适应。被动适应是指民族个体改变自己的行为或态度来适应外部环境的要求，这是一种基本的、比较被动的适应过程。主动适应是指个体充分发挥自身的主观能动性，积极主动地调整自己与环境不相适应的行为，并尽最大可能改变环境使之适合自己发展的需要，这是一种比较高级、比较主动的适应方式。这里特别要强调的是主动适应和被动适应是相互联系的，二者密不可分，如图8-2所示。

　　根据对心理适应内部机制剖析，可以分析与牧民心理适应能力有关的基本心理素质可能包括：牧民要拥有对目前定居点的新情况做出正确判断

---

[1] 胡永萍：《桑代克教育心理学思想述评》，《江西教育学报》1997年第5期。

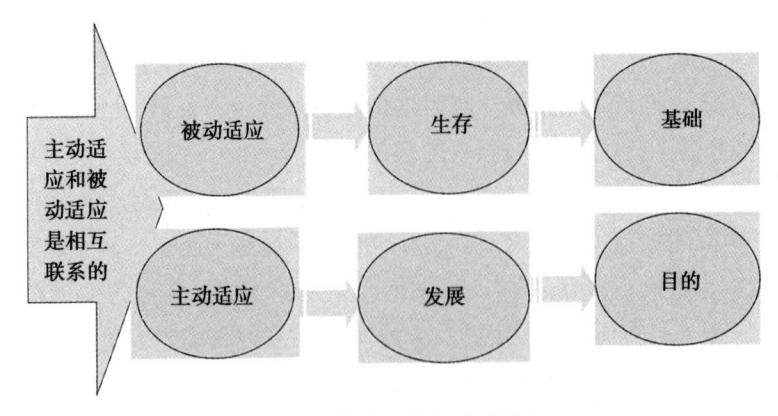

图 8-2　主动适应与被动适应

的能力，主要表现为分析问题和做出正确判断的能力；牧民需要对自己进行全面、客观评价的能力，以及在此基础上所形成的积极的自我观念。这两项都是与第一个环节有关的心理素质。牧民要树立积极的生活态度和明确的生活目标，包括在定居点生活的坚定信念，同时还要有积极的自我体验，对自己始终充满自信。这是与第二个环节有关的心理素质。牧民需要具备良好的性格特征，特别是意志品质方面的特征。比如把在草原上放牧时拥有的坚韧、顽强、果断的品格延承下来，同时面对快速的商品经济社会，要有较强的自制力、较强的竞争意识和好胜心，对人、对事拥有宽容的态度与豁达的胸怀等。这些是同第三个环节有关的心理素质。牧民要培养自我监控的意识和自我调节的能力，特别是在遇到失败或者受到损失后应该及时自省、自察和自我审视，培养自我调节与自我控制的能力。这是同全部适应过程都有关联的心理素质，也是决定定居点的牧民能否达到心理适应的关键。

附录 "构建适合藏区民族文化特点的草地管理模式"调查问卷

性别_____年龄____民族_____居住地_____文化程度____婚姻状况_____职业_____信仰____家庭草场面积_____

牲口数量____牲口种类_____

1. 家庭年收入：1. 两千元以下 2. 两千元到五千元 3. 五千元到一万元 4. 一万元到两万元 5. 两万元到三万元 6. 三万元到四万元 7. 四万元以上

2. 家庭收入主要是靠：1. 放牧 2. 打工 3. 国家工资 4. 做生意 5. 农业 6. 其他_____

3. 这几年的收入：1. 比以前好多了 2. 稍微好些 3. 差不多 4. 没以前多了 5. 差多了 6. 其他_____

4. 你觉得自家牲口的质量好不好：1. 很好 2. 比较好 3. 一般 4. 不太好 5. 很不好

5. 你觉得自家草场的质量好不好：1. 很好 2. 比较好 3. 一般 4. 不太好 5. 很不好

6. 和从前比，当地牲口的质量：1. 越来越好 2. 越来越差 3. 还那样，没什么变化 4. 不清楚

7. 和从前比，当地草场的质量：1. 越来越好 2. 越来越差 3. 还那样，没什么变化 4. 不清楚

8. 当地发展牧业最大的有利条件：1. 牲口质量和品种 2. 自然条件 3. 牧民的技术 4. 国家政策 5. 其他_____

9. 当地发展牧业最大的不利条件：1. 牲口质量和品种 2. 自然条件 3. 牧民的技术 4. 国家政策 5. 其他_____

10. 政府有没有派人教你们怎么放牧：1. 一个月一次 2. 半年一次

3. 一年一次 4. 两三年一次 5. 好几年一次 6. 从来没有

11. 有没有人组织你们改善草场的质量：1. 没有 2. 不清楚 3. 有（谁组织的：_____）

12. 有没有人组织你们改善牲口的质量：1. 没有 2. 不清楚 3. 有（谁组织的：_____）

13. 县上、乡上这些年在放牧方面的政策：1. 越来越多 2. 没多少 3. 很少 4. 没听说 5. 不知道

14. 和草场承包以前比，你家里牲口的数量：1. 多了很多 2. 多了一些 3. 差不多 4. 少了一些 5. 少了很多

15. 家里有几口人：1. 一口 2. 二口 3. 三口 4. 四口 5. 五口 6. 六口及以上

16. 家里的劳动力有：1. 一个 2. 两个 3. 三个 4. 四个 5. 五个及以上

17. 和草场承包以前比，你家放牧的时候需要的人：1. 更多了 2. 差不多 3. 少了

18. 和前些年比，这几年在劳动的时候：1. 年轻人干得更多 2. 老人干得更多 3. 女人干得更多 4. 和以前差不多 5. 不清楚

19. 你知不知道现在当地实行的一些关于草地保护、环境保护的政策：1. 很了解 2. 知道的不多 3. 知道的很少 4. 一点都不知道 5. 没有关心过 6. 其他_____

20. 你觉得国家以前实行的这些管草场的办法和以前实行的那些哪个更好：1. 现在的好 2. 以前的好 3. 差不多 4. 都不好 5. 说不好 6. 其他_____

21. 你觉得是国家的这些管草场的办法好还是咱们自己的土办法好：1. 国家的好 2. 土办法好 3. 差不多 4. 都不太好 5. 说不好 6. 其他_____

22. 你能不能习惯现在的这种放牧方式：1. 完全没问题 2. 刚开始不行，现在行了 3. 还是不太习惯 4. 完全不习惯 5. 其他_____

23. 现在的这种放牧方式：1. 比以前的好多了 2. 差不多 3. 没以前的好 4. 不清楚 5. 其他_____

24. 对现在的收入 1. 很满意 2. 比较满意 3. 一般 4. 不太满意 5. 很不满意

25. 对现在的放牧方式：1. 很满意 2. 比较满意 3. 一般 4. 不太满意

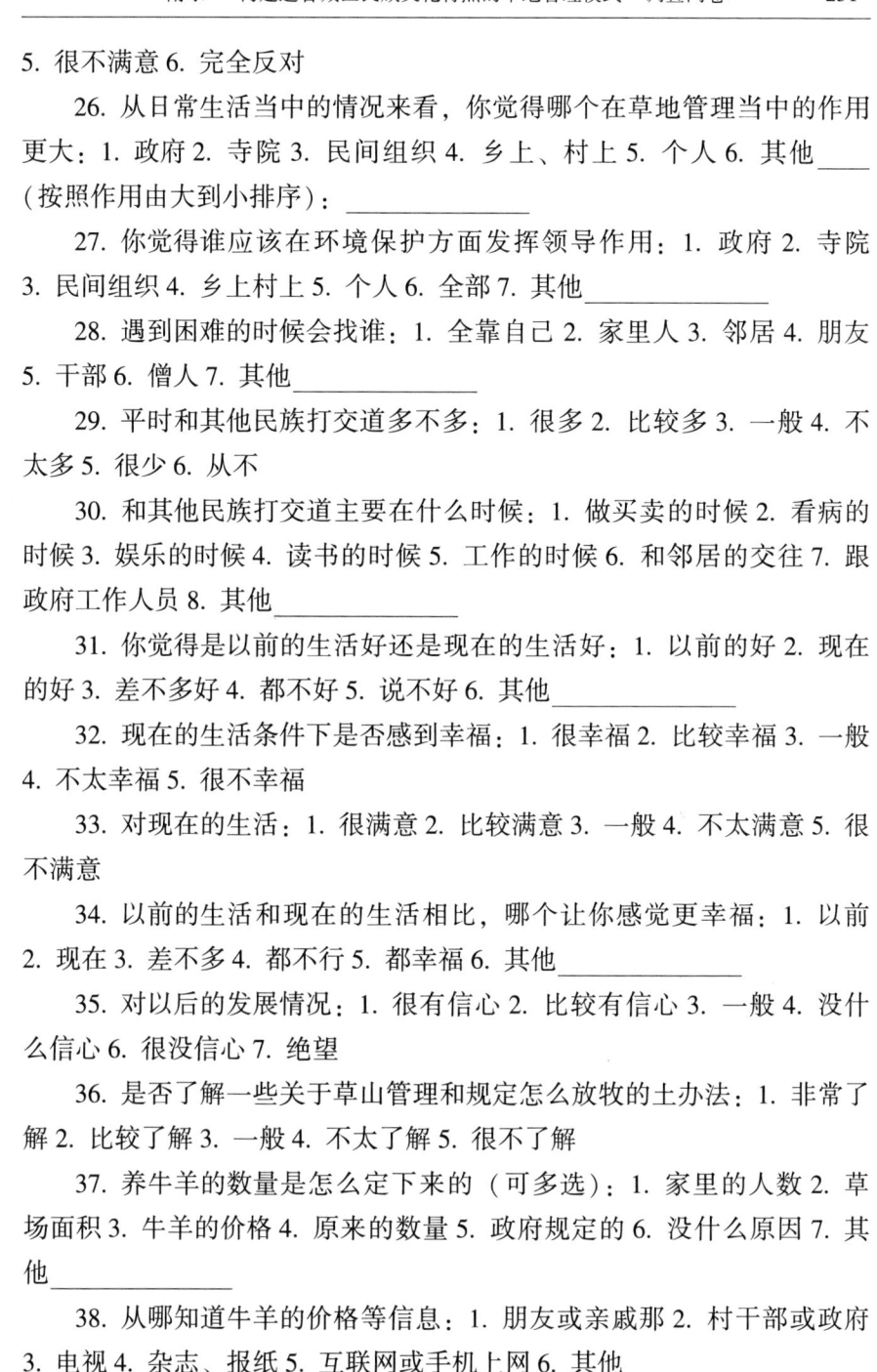

5. 很不满意 6. 完全反对

　　26. 从日常生活当中的情况来看，你觉得哪个在草地管理当中的作用更大：1. 政府 2. 寺院 3. 民间组织 4. 乡上、村上 5. 个人 6. 其他____（按照作用由大到小排序）：_____

　　27. 你觉得谁应该在环境保护方面发挥领导作用：1. 政府 2. 寺院 3. 民间组织 4. 乡上村上 5. 个人 6. 全部 7. 其他_____

　　28. 遇到困难的时候会找谁：1. 全靠自己 2. 家里人 3. 邻居 4. 朋友 5. 干部 6. 僧人 7. 其他_____

　　29. 平时和其他民族打交道多不多：1. 很多 2. 比较多 3. 一般 4. 不太多 5. 很少 6. 从不

　　30. 和其他民族打交道主要在什么时候：1. 做买卖的时候 2. 看病的时候 3. 娱乐的时候 4. 读书的时候 5. 工作的时候 6. 和邻居的交往 7. 跟政府工作人员 8. 其他_____

　　31. 你觉得是以前的生活好还是现在的生活好：1. 以前的好 2. 现在的好 3. 差不多好 4. 都不好 5. 说不好 6. 其他_____

　　32. 现在的生活条件下是否感到幸福：1. 很幸福 2. 比较幸福 3. 一般 4. 不太幸福 5. 很不幸福

　　33. 对现在的生活：1. 很满意 2. 比较满意 3. 一般 4. 不太满意 5. 很不满意

　　34. 以前的生活和现在的生活相比，哪个让你感觉更幸福：1. 以前 2. 现在 3. 差不多 4. 都不行 5. 都幸福 6. 其他_____

　　35. 对以后的发展情况：1. 很有信心 2. 比较有信心 3. 一般 4. 没什么信心 6. 很没信心 7. 绝望

　　36. 是否了解一些关于草山管理和规定怎么放牧的土办法：1. 非常了解 2. 比较了解 3. 一般 4. 不太了解 5. 很不了解

　　37. 养牛羊的数量是怎么定下来的（可多选）：1. 家里的人数 2. 草场面积 3. 牛羊的价格 4. 原来的数量 5. 政府规定的 6. 没什么原因 7. 其他_____

　　38. 从哪知道牛羊的价格等信息：1. 朋友或亲戚那 2. 村干部或政府 3. 电视 4. 杂志、报纸 5. 互联网或手机上网 6. 其他_____

　　39. 你觉得用铁丝网把草场围起来：1. 非常好 2. 比较好 3. 一般 4. 不太好 5. 很不好

40. 家里草地的大小够不够用：1. 完全够 2. 比较够 3. 一般 4. 不太够 5. 很不够

41. 你觉得你家草场的位置合适吗？（从草场的地理位置、距家远近、水资源情况几个方面考虑）1. 很合适 2. 合适 3. 一般 4. 不太合适 5. 很不合适 6. 说不上

42. 您是否在意控制牛羊的出栏情况 1. 非常在意 2. 比较在意 3. 完全不在意 4. 说不好

43. 现在的放牧方式有没有缓解草场承包之初遇到的问题：1. 从根本上改善 2. 改善了一些 3. 没什么变化 4. 反而糟糕了些 5. 糟糕了很多 6. 不知道

44. 喜欢现在的这种放牧方式还是以前的方式 1. 现在的 2. 以前的 3. 都喜欢 4. 都不喜欢 5. 不好说 6. 都无所谓

45. 你觉得草场退化的原因是：1. 牲畜太多 2. 人为破坏 3. 自然条件变坏 4. 不知道 5. 其他＿＿＿＿＿＿

46. 当地召开村民大会的频率是：1. 从不 2. 四五年一次 3. 两三年一次 4. 一年一次 5. 半年一次 6. 一季度一次 7. 不确定 8. 其他＿＿＿＿

47. 你觉得草场承包到户好还是草场公有好：1. 草场承包 2. 草场公有 3. 都好 4. 都不好 5. 说不上

48. 对下面这些放牧方式的接受情况：（在表中相应的地方打√）

	非常接受	比较接受	一般	不太接受	很不接受	无法接受
单户承包						
联户承包						
全村一起放不承包						
定居放牧						
游牧						
半农半牧						

49. 对以下各项工程的满意情况：（在表中相应的地方打√）

	非常满意	比较满意	一般	不太满意	很不满意	完全不满
圈舍暖棚						

续表

	非常满意	比较满意	一般	不太满意	很不满意	完全不满
人畜饮水						
人工种草						
牲畜改良						
科技培训技术服务						
防疫规范						

50. 怎么评价政府、宗教、民间组织、当地社区以及个人在草山管理和生态保护当中的作用？

51. 你觉得现在这些草山管理办法还有关于怎样放牧的规定和我们自己的老办法有啥不一样？

52. 怎么评价现在的草地管理办法？

53. 你现在最关心的事情是什么？

参考文献

专著

［英］布莱恩·特纳：《公民身份与社会理论》，郭忠华、蒋红军译，吉林出版集团有限责任公司2007年版。

［德］哈拉尔德·韦尔策：《社会记忆：历史、回忆、传承》，季斌、王立君、白锡堃译，北京大学出版社2007年版。

［美］克拉克·威斯勒：《人与文化》，钱岗南、傅志强译，商务印书馆2004年版。

［美］克莱德·M.伍兹：《文化变迁》，河北人民出版社1989年版。

［美］曼纽尔·卡斯特：《认同的力量》，曹荣湘译，社会科学文献出版社2003年版。

［德］米歇尔·施茂德尔：《什么是什么：游牧民族》，马立东译，湖北教育出版社2010年版。

［美］乔纳森·弗里德曼：《文化认同与全球性过程》，郭建如译，商务印书馆2003年版。

［美］史蒂文·瓦戈：《社会变迁》，王晓黎等译，北京大学出版社2007年版。

［美］史徒华：《文化变迁的理论》，台湾吴氏基金会，1996年。

［美］威廉·A.哈维兰：《文化人类学》（第十版），瞿铁鹏、张珏译，上海社会科学院出版社2006年版。

［美］威廉·费尔古·奥格本：《社会变迁：关于文化和先天的本质》，王晓毅、陈育国译，浙江人民出版社1989年版。

［美］约翰·H.米勒：《复杂适应系统》，隆云滔译，上海人民出版社2012年版。

［美］约翰·博德利：《发展的受害者》，何小荣等译，北京大学出版

社 2011 年版。

柴浩放：《草场资源治理中的集体行动研究——来自宁夏盐池数个村庄的观察》，中国农业出版社 2011 年版。

陈建文：《人格与社会适应》，安徽教育出版社 2009 年版。

陈洁、罗丹：《中国草原生态治理调查》，远东出版社 2009 年版。

陈永国：《游牧思想》，吉林人民出版社 2011 年版。

崔海洋：《人与稻田——贵州黎平黄岗侗族传统生计研究》，云南人民出版社 2009 年版。

达林太、郑易生：《牧区与市场：牧民经济学》，社会科学文献出版社 2010 年版。

戴双喜：《游牧者的财产——蒙古族苏鲁克民事习惯研究》，中央民族大学出版社 2009 年版。

丁柏峰：《青海古代游牧社会历史演进研究》，人民出版社 2012 年版。

额尔敦扎布·莎日娜：《游牧经济论》，内蒙古教育出版社 2006 年版。

高丙中、纳日碧力戈：《现代化与民族生活方式的变迁》，天津人民出版社 1997 年版。

高申春：《心灵的适应——机能心理学》，山东教育出版社 2008 年版。

郭建斌：《文化适应与传播》，云南大学出版社 2007 年版。

黄健英：《北方农牧交错带变迁：对蒙古族经济文化类型的影响》，中央民族大学出版社 2009 年版。

解志伟：《游牧：流动与变迁——新疆木垒县乌孜别克族游牧社会的人类学考察》，知识产权出版社 2012 年版。

李静：《民族心理学》，民族出版社 2009 年版。

罗康智、罗康隆：《传统文化中的生计策略：以侗族为例案》（生态人类学研究丛书），民族出版社 2009 年版。

罗康智、罗康隆：《传统文化中的生计策略——以侗族为例案》，民族出版社 2009 年版。

罗遐：《流动与定居——定居农民工城市适应研究》，社会科学文献出版社 2011 年版。

罗新:《历史的高原游牧——出古入今撰文》,中华书局 2011 年版。

麻国庆:《走进他者的世界》,学苑出版社 2001 年版。

娜拉:《清末民国时期新疆游牧社会研究》,社会科学文献出版社 2010 年版。

南文渊:《北方森林——草原生态环境与民族文化变迁》,民族出版社 2011 年版。

秦红增、韦茂繁:《瑶族村寨的生计转型与文变迁》,民族出版社 2008 年版。

陶玉坤:《北方游牧民族历史文化研究》,内蒙古教育出版社 2007 年版。

童星:《交往、适应与融合》,社会科学文献出版社 2010 年版。

王晓毅:《环境压力下的草原社区:内蒙古六个嘎查村的调查》,社会科学文献出版社 2006 年版。

王晓毅、张倩、荀丽丽:《非平衡、共有和地方性——草原管理的新思考》,中国社会科学出版社 2010 年版。

王族:《游牧者的归途》,新疆人民出版社 2006 年版。

肖爱民:《中国古代北方游牧民族两翼制度研究》,人民出版社 2007 年版。

徐平:《文化的适应和变迁:四川羌村调查》,上海人民出版社 2006 年版。

许又新:《调节与适应:心理健康之旅》,北京出版社 2000 年版。

杨彦平:《社会适应心理学》,上海社会科学院出版社有限公司 2010 年版。

张静:《社会冲突的结构性来源》,社会科学文献出版社 2012 年版。

张静:《身份认同研究》,上海人民出版社 2006 年版。

期刊

阿思跟:《试论少数民族地区一贯滞后的客观原因》,《内蒙古民族大学学报》2009 年第 6 期。

阿忠荣:《民族的心理诉求与趋同》,《青海师范大学学报》2001 年第 4 期。

艾丽曼:《从传统游牧走向定居游牧——青海省河南蒙古族自治县定

居游牧调查》,《柴达木开发研究》2010年第6期。

艾丽曼:《文化变迁下族群认同的多重表述——以青海省河南蒙古族自治县的蒙古族为例》,《西北民族研究》2008年第4期。

陈宝燕:《浅析新疆的人口问题及其对策》,《新疆师范大学学报》(自然科学版)2005年第3期。

陈坚、连榕:《心理健康标准三维层次模型探析》,《经济发展方式转变与自主创新——第十二届中国科学技术协会年会》(第三卷),2010年。

陈晓毅:《城市外来少数民族文化适应的社会意义——以深圳"中国民俗文化村"员工为例》,《广东技术师范学院学报》2005年第5期。

陈玉屏:《民族文化、民族心理素质与民族精神》,《西南民族大学学报》1996年第6期。

陈志明:《族群认同与国家认同——以马来西亚为例》(上、下),罗左毅译,《广西民族学院学报》2002年第5、6期。

陈中永、郑雪:《中国多民族认知活动方式的跨文化研究》,《内蒙古师大学报》1995年第4期。

崔成男、尹金山、方昌国:《西部大开发——解决民族关系深层问题的途径》,《满族研究》2000年第4期。

崔延虎:《游牧民定居的再社会化问题》,《新疆师范大学学报》(哲学社会科学版)2002年第6期。

[美]狄克·霍德尔:《排斥或包容:流动人口与社会发展》,曹南译,《山东社会科学》2010年第6期。

朵玉明等:《开展参与式草地管理提高牧民保护草地生态环境的意识》,《草业科学》2005年第5期。

范正勇:《土家族文化变迁的人类学思考》,《广西民族大学学报》(哲学社会科学版)2007年第3期。

方克立:《费孝通与和而不同文化观》,《中国社会科学院研究生院学报》2006年第6期。

方克立:《和而不同:作为一种文化观的价值和意义》,《中国社会科学院研究生院学报》2003年第1期。

高发元、刘峰:《论文化适应的双重性与调试取向的多样性》,《中央民族大学学报》2003年第5期。

高新才、王娟娟:《牧民定居工程的经济社会效应——基于玛曲县的调查分析》，《开发研究》2007 年第 5 期。

高永久：《论民族心理认同对社会稳定的作用》，《中南民族大学学报》2005 年第 5 期。

高永久、邓艾：《藏族游牧民定居与新牧区建设——甘南藏族自治州调查报告》，《民族研究》2007 年第 5 期。

高志英、熊胜祥：《藏彝走廊西部边缘多元宗教互动与宗教文化变迁研究》，《云南行政学院学报》2010 年第 5 期。

戈银庆：《环境资源的外部性及其内化研究——以黄河水源地甘南玛曲为例》，《北方民族大学学报》（哲学社会科学版）2009 年第 2 期。

谷禾：《大众传媒与少数民族身份认同的塑造》，《青海民族研究》2009 年第 1 期。

谷禾：《民族政策与少数民族身份认同的建构》，《学术探索》2007 年第 6 期。

关凯：《现代化与少数民族的文化变迁》，《中南民族学院学报》（人文社会科学版）2002 年第 6 期。

郭辉：《个体的社会适应与心理健康的相关性研究》，《攀登》2008 年第 5 期。

郭亮：《藏区牧民定居效应分析——以甘南藏族自治州为例》，《甘肃农业》2006 年第 3 期。

韩静：《社会认同理论研究综述》，《山西煤炭管理干部学院学报》2009 年第 1 期。

韩书明：《认同理论演变中的民族认同》，《思想战线》2008 年第 2 期。

韩玉斌：《藏族牧民定居后的文化调适》，《西北民族大学学报》（哲学社会科学版）2012 年第 6 期。

何明、袁娥：《佤族流动人口的文化适应研究——以云南省西盟县大马散村为例》，《西南民族大学学报》2009 年第 12 期。

贺卫光：《甘肃牧区牧民定居与草原生态环境保护》，《西北民族大学学报》（哲学社会科学版）2003 年第 6 期。

胡祖源：《定居与游牧的有机结合》，《中国民族》1991 年第 8 期。

贾英健：《当代民族国家的认同变化及价值重建》，《中共济南市委党校学报》2006 年第 3 期。

焦克源、王瑞娟：《蒙古族生态移民的文化变迁考察——基于对内蒙古李井滩的调查》，《前沿》2008年第5期。

李臣玲、贾伟：《民族社会学视野中的丹噶尔藏人家庭文化变迁研究》，《青海民族学院学报》2007年第3期。

李继莉：《族群认同及其研究现状》，《青海民族研究》2006年第1期。

李建：《孔子和而不同与和谐民族关系的构建》，《文史新鉴》2010年第3期。

李静：《保安族妇女宗教生活调查研究》，《西北民族大学学报》2009年第1期。

李静：《民族交往心理构成要素的心理学分析》，《民族研究》2007年第6期。

李静：《民族认知结构的心理学取向》，《民族研究》2004年第6期。

李静、戴宁宁、刘生琰：《西部草原牧区游牧民定居问题研究综述》，《内蒙古民族大学学报》（社会科学版）2011年第3期。

李静、刘有安：《制约藏族妇女发展的民族心理因素及其成因》，《西藏民族学院学报》2006年第4期。

李静、沙良波：《民族意识的内在体验与外在表现研究——一项关于民族意识内在体验与外在表现的调查》，《广西民族研究》2005年第3期。

李静、赵伟：《社会性别角色获得与民族文化系统》，《西北师大学报》2004年第1期。

李秋洪：《广西民族交往心理的比较研究》，《民族研究》1997年第1期。

李尚奎：《近十年国内文化变迁研究述评》，《重庆广播电视大学学报》2010年第2期。

李世业：《社会文化变迁与民族心理》，《东疆学刊》2004年第1期。

李天雪：《论宗教对民族心理的渗透作用》，《西北第二民族学院学报》2003年第4期。

李忠、石文典：《当代民族认同研究述评》，《西北民族大学学报》2008年第3期。

李忠、石文典：《国内外民族偏见理论及现状研究》，《广西民族研究》2008年第1期。

李忠、石文典:《文化同化与冲突下的民族认同与民族偏见》,《社会心理科学》2007年第5期。

李忠、石文典:《文化同化与冲突下的民族认同与民族偏见》,《社会心理科学》2007年第5期。

刘世理、樊葳葳:《民族文化心理的认知与超越》,《华中科技大学学报》2003年第6期。

刘巍文:《牧民定居后续发展问题调查研究——玛曲县扎西乐民新村调查报告》,《甘肃民族研究》2012年第2期。

刘有安:《论移民文化适应的类型及心理变化特征——以新中国成立后迁入宁夏的外地汉族移民为例》,《思想战线》2009年第6期。

罗康隆:《论民族生计方式与生存环境的关系》,《中央民族大学学报》2004年第5期。

马凤鸣:《社会学视野下的文化变迁理论》,《甘肃政法成人教育学院学报》2004年第3期。

马克林、邓美:《西部少数民族政治认同心理探析》,《北方民族大学学报》2009年第6期。

马戎:《经济发展中的贫富差距问题——区域差异、职业差异和族群差异》,《北京大学学报》2009年第1期。

马戎:《语言使用与族群关系》,《西北民族研究》2004年第1期。

闵文义:《关于西部大开发中民族关系新问题的几点思考》,《西北民族学院学报》2001年第4期。

牟钟鉴:《试论民族的宗教性和宗教的民族性》,《中国宗教》2006年第1期。

潘先伟:《论社会转型期民族心理的变迁》,《江苏社会科学》1996年第3期。

彭定萍:《关于牧民定居与社区构建的效益分析——以夏河县牧民定居桑科新村为例》,《技术与市场》2008年第5期。

彭定萍、贺卫光:《夏河游牧民定居社区适应性的现状研究——基于夏河牧区定居新村的实地调查》,《西北民族大学学报》(哲学社会科学版) 2009年第1期。

祁进玉:《公民身份与国家认同:我国少数民族地区的公民教育实践》,《黑龙江民族丛刊》2009年第1期。

祁进玉：《国家认同与公民身份的生成场域：学校教育的衍生功能》，《民族教育研究》2008年第6期。

钱雪梅：《从认同的基本特性看族群认同与国家认同的关系》，《民族研究》2006年第6期。

钱雪梅：《论文化认同的形成和民族意识的特性》，《世界民族研究》2002年第3期。

秦殿才：《改革开放与民族心理结构的调整》，《内蒙古社会科学》1988年第1期。

任弼霞：《改革开放后藏族社会文化变迁——以甘肃省甘南藏族自治州夏河县文化变迁为例》，《文学界》（理论版）2010年第5期。

荣观：《关于文化和文化变迁的研究》，《广西民族学院学报》1999年第1期。

邵二辉、张进辅：《中国少数民族心理研究综述》，《中南民族大学学报》2008年第5期。

石峰：《"文化变迁"研究状况概述》，《贵州民族研究》1998年第6期。

宋广文：《宗教心理功能初探》，《求是学刊》1996年第4期。

苏发祥、才贝：《论藏族牧民定居化模式及其特点——以甘肃省玛曲县、青海省果洛州为个案》，《中南民族大学学报》（人文社会科学版）2012年第4期。

王君玲、刘益梅：《社会转型中的文化身份认同——以阿克塞、肃北、肃南少数民族调查为个案》，《甘肃社会科学》2009年第1期。

王岚、吴蓉、崔庆五：《四川藏区牧民由"定居"转为"安居"的几个问题》，《西南民族大学学报》（人文社会科学版）2011年第5期。

王莉：《浅析民族认同和民族偏见的关系》，《社科纵横》2010年第6期。

王利民：《草原生态安全与少数民族地区经济社会可持续发展——以甘肃省甘南藏族自治州为例》，《发展水土保持科技、实现人与自然和谐——中国水土保持学会第三次全国会员代表大会学术论文集》，2006年。

王铭铭：《文化变迁与现代性的思考》，《民俗研究》1998年第2期。

王启富、史斌：《社会距离之概念及其他》，《晋阳学刊》2010年第

1期。

王晓毅:《制度变迁背景下的草原干旱——牧民定居、草原碎片和牧区市场化的影响》,《中国农业大学学报》(社会科学版)2013年第1期。

王亚鹏、李慧:《少数民族的文化适应及其研究》,《集美大学学报》2004年第1期。

王莹:《身份认同与身份建构研究评析》,《河南师范大学学报》2008年第1期。

吴正彪:《生态人类学视野中的生计方式调适——贵州麻山地区苗族调查》,《三峡文化研究》2010年第5期。

徐光兴、肖三蓉:《文化适应的心理学研究》,《江西社会科学》2009年第4期。

许然:《近年来我国文化变迁研究进展述评》,《中南民族大学学报》(人文社会科学版)2006年第5期。

严墨:《文化变迁的规律——碎片化到重构》,《中央民族大学学报》2006年第4期。

杨宝琰、万明纲:《文化适应:理论及测量与研究方法》,《世界民族》2010年第4期。

杨昌儒:《改革开放与民族心理》,《贵州民族研究》1993年第3期。

杨思维等:《北方农牧交错带草地使用权改革研究——以甘肃省永昌县马营沟村为例》,《草业科学》2010年第11期。

叶萍:《影响民族交往的心理原因及对策研究》,《考试周刊》2007年第8期。

尹可丽:《族群社会心理:民族心理学的研究对象》,《贵州民族研究》2006年第4期。

余伟、郑钢:《跨文化心理学中的文化适应研究》,《心理科学进展》2005年第6期。

张海云、冯学红:《青海农区藏人婚俗文化变迁调查——以贵德县昨那等四个藏族村落为例》,《宁夏大学学报》(人文社会科学版)2007年第4期。

张建世:《从游牧到定居——藏北牧民生活的变迁》,《西藏民俗》1996年第3期。

张京玲、张庆玲:《少数民族文化认同态度模式与文化适应关系》,

《中国组织工程研究与临床康复》2007年第2期。

张伦：《牧民定居：传统游牧业的重大社会经济变革》，《新疆社会经济》1994年第5期。

张树川等：《草原社区管理模式研究——以宁夏盐池为例》，《草地学报》2007年第5期。

张涛：《甘南藏族自治州牧民定居模式与效应分析》，《甘肃社会科学》2003年第6期。

赵雪雁：《高寒牧区生态移民、牧民定居的调查与思考——以甘南牧区为例》，《中国草地学报》2007年第2期。

赵志裕、温静、谭俭邦：《社会认同的基本心理历程——香港回归中国的研究范例》，《社会学研究》2005年第5期。

邹广文：《文化、文化本质与文化变迁》，《中共天津市委党校学报》2004年第6期。

外文文献

Berry, J. W., Conceptual approaches to acculturation. In: K. Chun, P. B. Organista, G. Marin (Eds.). Acculturation: advances in theory, measurement, and applied research. Washington D. C.: American Psychological Association, 2003.

Evans. Pritchard. The Nuer: a description of the modes of livelihood and political institutions of a Nilotic people. New York. Oxford: Clarendon Press, 1940, 1969.

Hardin. G. the Tragedy of the Commons. Science, 1968, 162: 1243-1248.

Lee S, Sobal J, Frongillo E. A. Comparison of models of acculturation: the case of Korean Americans. Journal of cross-cultural psychology, 2003.

Max Weber. Essays in Sociology. New York: Oxford University Press, 1946.

Rudmin F. W. Catalogue of acculturation constructs: Descriptions of 126 taxonomies, 1918-2003. In: W J. Lonner.

Rudmin F. W. Catalogue of acculturation constructs: Descriptions of 126 taxonomies, 1918-2003. In: W. J. Lonner, D. L. Dinnel, S. A. Hayes, et al.

(Eds.). Online Readings in Psychology and Culture (Unit 8, Chapter 8). Center for Cross-Cultural Research, Western Washington University, Bellingham, Washington, USA, 2003.

Ward C. The A, B, Cs of acculturation. In: D Matsumoto (Ed.). The handbook of culture & psychology. New York: Oxford University Press, 2001.

学位论文

蔡磊:《服饰与文化变迁》,硕士学位论文,武汉大学,2005年。

冯茹:《资源利用方式与社区生计问题研究》,博士学位论文,兰州大学,2009年。

贺素华:《教育发展与少数民族传统文化变迁》,博士学位论文,东北师范大学,2007年。

吉尔嘎拉:《游牧文明:传统与变迁——以内蒙古地区蒙古族为例》,博士学位论文,内蒙古大学,2008年。

蒋彬:《四川藏区城镇化进程与社会文化变迁研究——以德格县更庆镇为个案》,博士学位论文,四川大学,2003年。

李臣玲:《丹噶尔藏人社会文化变迁研究》,博士学位论文,兰州大学,2006年。

刘明:《环境变迁与文化适应》,博士学位论文,新疆师范大学,2007年。

彭定萍:《关于藏区牧民定居中社会适应的调查研究》,硕士学位论文,西北民族大学,2009年。

孙志军:《中国农村家庭教育决策的实证分析》,博士学位论文,北京师范大学,2003年。

汪俊:《从游牧到农耕:哈萨克族生计方式选择和文化适应》,博士学位论文,广西民族大学,2009年。

王海飞:《文化传播与人口较少民族文化变迁》,博士学位论文,兰州大学,2008年。

王鸣明:《布依族社会文化变迁研究》,博士学位论文,中央民族大学,2005年。

张国辉:《参与式社区草地承包经营模式的绩效评价——以永昌县马营沟村为例》,硕士学位论文,甘肃农业大学,2009年。

张娟:《甘南牧区藏族佐盖多玛乡社会生活方式变迁调查》,博士学位论文,西北民族大学,2007年。

张晓琼:《变迁与发展》,博士学位论文,中央民族大学,2003年。

植凤英:《西南少数民族心理压力与应对:结构、特征及形成研究》,博士学位论文,西南大学,2009年。